KB071555

청소년학총서 7

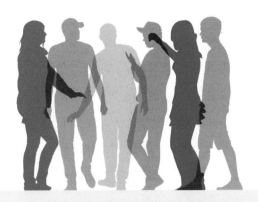

# 청소년지도방법론

## Youth Guidance Methodology

(사)청소년과 미래 편
이혜경 · 김도영 · 진은설 공저

학지사

# 청소년학총서 시리즈를 내며

우리는 그 어느 때보다 미래를 예측하기 힘들 정도로 빠른 변화의 시대에 살고 있습니다. 청소년들 역시 이러한 시대의 한가운데를 살고 있으며, 특히 이들은 인간의 발달 단계 중 변화가 빠른 시기를 보내고 있는 중이기도 합니다. 이처럼 급변하는 세상 속에서 미래를 준비하는 청소년들과 이들을 둘러싼 환경을 글로써, 이론으로써 다룬다는 것은 쉬운 일이 아닙니다. 더군다나 청소년학의 역사가 그리 길지 않은 것을 감안하면 청소년학의 이론서를 쓰는 것은 더더욱 고민이 되는 일이기도 합니다.

청소년현장에서 일을 하고 청소년학을 전공하면서 청소년학의 정체성, 청소년학의 현장 기여도 등에 대해 여러 생각과 고민이 있었고, 특히 청소년학을 전공으로 하는 이들을 위한 교재가 안팎으로 좀 더 풍부해야 한다는 생각을 늘 갖고 있었습니다. 이러한 고민은 청소년, 청소년지도사, 청소년현장 등을 좀 더 구체적으로, 제대로 알릴 수 있는 풍부한 고민의 장이 마련되어야 한다는 작은 결론에 이르게 되었습니다. 그래서 나름대로는 야심 찬 계획을 세웠고 청소년학을 전공한 박사님들을 한 분 한 분 만나기 시작했습니다.

박사님들의 공통적인 견해는 청소년 분야를 두루 아우르면서 각 영역의 이론과 지식을 전달할 수 있는 교재가 필요하다고 하였고, 특정 교재 한 권 정도로 한정 짓지 말자는 것이었습니다. 그래서 우선 현재 대학에서 청소년지도사 양성을 위한 전공 교과목을 중심으로 집필하기로 하였습니다.

교재를 집필하기 전에 8종 모두 청소년학을 전공한 박사학위 소지자들을 집필진으로 세웠고, 전 집필진이 모여서 워크숍을 개최하고 의견을 공유하였으며, 집필 중간중간에 모임을 갖고 교재의 통일성을 위해 논의를 하기도 하였습니다. 집필진 나름대로는 기존의 교재들을 조금이라도 보완하기 위하여 애를 쓰기는 하였지만 막상 다 완성된 시점에서 들여다보니 너무 많이 부족하다는 말씀을 전하셨는데, 독자 여러분은 어떻게 보실지 모르겠습니다.

이 교재들은 청소년지도사 2급 자격 검정을 위한 8개 과목, '청소년활동' '청소년 문화' '청소년복지' '청소년문제와 보호' '청소년심리 및 상담' '청소년육성제도론' '청소년지도방법론' '청소년 프로그램 개발과 평가'로 시리즈 형식으로 구성하였습니다. 청소년지도사 2급의 경우, 다른 급수에 비해 많이 배출되었을 뿐 아니라 청소년 활동 현장에서도 2급 청소년지도사들을 많이 볼 수 있습니다. 실제로 여성가족부 (2018)에 따르면, 우리나라 청소년지도사는 청소년지도사 양성 계획에 따라 1993년 부터 2018년까지 1급 청소년지도사 1,730명, 2급 청소년지도사 35,425명, 3급 청소 년지도사 12,691명 등 총 49,846명의 국가 공인 청소년지도사를 배출한 것으로 보 고하고 있습니다.

이와 같이 청소년지도사가 5만 명에 이르고 있으나 기존에 예비 청소년지도사를 포함한 청소년지도사들을 위한 교재는 그리 많다고 볼 수 없으며, 자격 검정을 준비 하는 이들이나 대학에서 강의하는 교수님들 역시 관련 교재가 충분하지 않음을 토 로하기도 합니다. 이러한 상황 역시 저희 법인에서 더욱 청소년지도사를 위한 교재 를 준비해야겠다고 생각하게 된 계기가 된 지점이기도 합니다.

본 법인이 이 교재를 기획하긴 하였지만 신규 법인이다 보니 집필진 여러분에게 큰 힘이 되어 드리지 못한 것 같아 송구스럽기도 합니다. 그럼에도 불구하고 저희 법인에서 용기를 낸 것은 기존에 출판되어 있는 청소년학 교재들이 단권이나 몇몇 교재에 한정하여 출판하는 경우가 많아 시리즈로 구성되는 사례가 많지 않고, 집필 진 전원을 청소년학을 전공한 이들로 구성하는 경우 또한 흔치 않아 이 부분을 지원 하면 좋겠다는 판단이 들었기 때문입니다.

이 책을 접하는 독자의 입장에서는 전체 교재가 나름의 일관성을 지니게 되어 책 을 보는 데 좀 더 수월하지 않을까 하는 기대와, 집필진의 입장에서는 책의 내용에 있어서 최대한 청소년학 전공자의 관점을 유지할 수 있지 않을까 하는 생각을 하게 되었기 때문이기도 합니다.

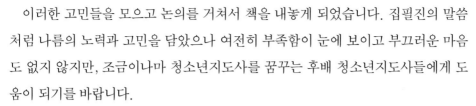

이러한 고민들을 모으고 논의를 거쳐서 책을 내놓게 되었습니다. 집필진의 말씀처럼 나름의 노력과 고민을 담았으나 여전히 부족함이 눈에 보이고 부끄러운 마음도 없지 않지만, 조금이나마 청소년지도사를 꿈꾸는 후배 청소년지도사들에게 도움이 되기를 바랍니다.

앞으로도 저희 사단법인 청소년과 미래는 청소년들과 청소년지도사들을 위한 다양한 연구와 사업에 매진할 것입니다. 여러분의 많은 관심과 응원 부탁드립니다.

2019년 청소년의 달, 5월에
사단법인 청소년과 미래 대표 진은설

청소년학총서 시리즈를 내며

　나는 두 번째 직장인 청소년수련원에서 청소년을 처음 만났다. 2001년 청소년지도사 2급 자격증을 취득하면서 본격적으로 청소년지도사로 일하기 시작하였다. 나의 청소년기를 떠올리며 오늘의 청소년과 내일의 주인공을 지도하면서 보다 전문적인 분야의 청소년지도사가 되기 위해 용기를 내어 박사과정에 도전하였다. 공부를 도전이라고 표현한 데는 여러 가지 이유가 있는데, 가장 큰 이유는 일, 가정생활, 공부를 동시에 잘할 수 있을까 하는 염려 때문이었다. 그 당시 첫아이가 초등학교 입학 전이고, 둘째 아이는 막 돌을 지나 엄마의 품이 많이 필요한 때였다. 그래서 직장을 다니면서 공부하는 것, 즉 일, 가족, 공부라는 세 가지를 동시에 하는 것이 어쩌면 어떤 것도 제대로 하지 못하는 무모한 도전이 되어 버릴까 봐 염려하였다. 다행히도 학위를 받은 후 쉬지 않고 청소년활동 현장에서 청소년을 직접 만나고, 정책과 제도의 효율적인 전달을 위한 행정가로, 예비 청소년지도자를 교육하기 위한 지지자로 일해 왔다.

　'그래, 사람은 배워야 한다. 배움은 끝이 없다. 배워서 아는 것이 없으면 부끄러운 일이지만, 충분히 배우고 이해했음에도 불구하고 실천하지 않으면 얼마나 유용하지 못한 배움인가!' 20여 년간 만났던 청소년은 어느덧 현장에서 열심히 일하는 동료 청소년지도사가 되어 있고, 나의 영향을 받아서일까? 집에 있는 2명의 청소년도 청소년과 관련된 일을 하고 싶어 한다. 청소년지도사가 청소년에게 긍정적인 영향을 주어야 하는 것은 당연하다. 그러나 그것은 쉽지 않다. 청소년에게 일방적인 가르침 외에 지도와 프로그램 개발, 정책 참여 등으로 긍정적인 영향력을 발휘하고 싶지만 무엇부터 준비하고 시작할지, 그리고 효율적인 방법은 무엇인지 막연할 때가 많았

다. 이와 같이 예비 청소년지도사가 궁금해하고, 고민하는 부분을 어느 정도 해결할 수 있는 배움의 과정이 '청소년지도방법론'이다. 특히 청소년지도방법론은 청소년뿐만 아니라 청소년지도사 자격증을 받는 과정에서 현장 경험의 부족과 정책의 변화에 따른 정보, 지식의 부족 그리고 청소년과의 활동에서의 괴리감을 감소시켜 줄 수 있는 자기개발 분야이기도 하다. 이 책은 부족한 현장 경험을 보완하고 청소년에 대한 민감성을 높이기 위해 자기 자신의 체계화나 조직화의 능력을 발달시킬 수 있는 자기개발서이다.

『청소년지도방법론』 집필에 참여하신 분들은 모두 청소년과 함께하는 현장 실무 경험 이후 박사과정을 통해 현장 실무 중심의 배움 지식을 확장하였고, 후배 청소년지도사를 위해 동지의식으로 똘똘 뭉쳐 청소년 학문을 가르치고 있다. 특히 청소년지도사에게 필요한 교육과정의 책을 집필하면서 아마도 청소년을 공부하고 연구하는 것 자체가 삶의 의미이며 청소년을 만나서 경험한 설레고 가슴 벅찬 감동을 함께 나누고 싶은 마음이 절실하지 않을까 조심스레 이야기해 본다.

이 책은 청소년지도사가 청소년활동 현장에서 청소년을 위한 내실 있는 활동을 할 수 있도록 청소년활동 지도에 대한 가이드라인을 제시해 준다. 1장에서는 청소년의 개념과 발달적인 특성 등 청소년의 이해를 다루었다. 2장에서는 청소년지도의 개념 및 원리를, 3~5장에서는 지도자의 이해와 청소년지도사에게 필요한 역량, 청소년지도 환경의 변화와 지도방법이 무엇인지를 다루었다. 6~11장에서는 청소년활동(봉사활동, 교류활동, 동아리활동, 참여활동, 캠프활동)에 따른 지도방법론을 다루었다. 마지막 12장에서는 향후 청소년지도에 영향을 줄 수 있는 다양한 사회환경의 변화와 지도방법의 과제를 다루었다.

이 책이 세상으로 나올 수 있도록 도와주신 학지사 관계자 여러분께 감사드린다. 그리고 집필기간 동안 빈자리를 탓하지 않고, 묵묵히 지원하고 응원해 준 가족에게 미안함과 고마움을 전하고 싶다. 또한 이 책을 통해서 청소년지도사를 준비하는 예비 청소년지도사가 청소년지도에 대한 안목을 넓히는 기회가 되기를 기대한다.

2020년 9월
집필진을 대표하여 20년지기 청소년지도사 이혜경

차
례

## 차례

 **1장** **청소년의 이해 … 13**

 **2장** **청소년지도의 개념 및 원리 … 39**

 **3장** **청소년지도자의 이해 … 69**

차
례

차
례

## 전망과 과제 … 303

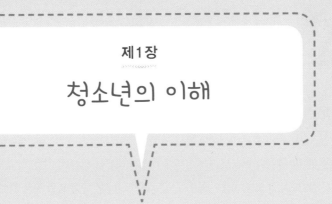

제1장

# 청소년의 이해

청소년은 생명의 존엄성을 부여받고 가정과 사회적 관계 속에서 건강하게 성장해야 한다. 따라서 청소년이 건전하게 성장 · 발전해야 한다는 것은 매우 중요한 과제가 아닐 수 없다.

청소년은 여러 가지 가능성을 가진 주체로서 그들은 자신의 일생에 중요한 영향을 미치는 많은 선택과 결정을 스스로 내려야 한다. 이러한 이유로 청소년은 그들의 주체적인 성장과정에서 성인으로 하여금 이해 · 조언 · 상담 · 격려 · 훈련 · 규율 등과 같은 지도를 받을 필요가 있다.

청소년지도의 당위성을 놓고 볼 때 청소년을 지도 · 육성해야 할 책임을 지닌 청소년지도사는 어떤 전문적인 역량을 가져야 하는가? 청소년지도사는 청소년을 주된 대상으로 삼아 그들을 만나는 사람으로서 청소년에 대한 전문 지식을 습득하고 청소년활동 분야에 종사하는 전문가이다. 청소년지도사는 무엇보다도 청소년에 해당되는 모든 연령대의 특성을 이해하고, 그 특성에 맞추어 청소년활동 프로그램을 개발하고 지도한다.

이 장에서는 청소년을 지도하는 전문가로서 청소년에 대한 정의, 청소년기의 특성, 사회 환경과 청소년에 대한 다양한 이슈를 설명함으로써 청소년지도를 준비하고 적용할 수 있도록 대상자인 청소년에 대한 이해를 돕고자 한다.

# 01 청소년의 정의

청소년(adolescence)이라는 말은 원래 라틴어의 '성장하다' 혹은 '성숙에 이르다'라는 의미의 'adolescere'에서 파생된 것이다. adolescence는 '성인으로 자라나다'(to grow into adulthood)라는 의미를 갖고 있다. 다시 말해, 이 어원은 '성숙한 사람으로 성장해 간다'라는 의미로, 모든 사회에서 청소년은 미성숙한 아동기로부터 성숙한 성인기로 옮겨 가는 성장의 시기로 보고 있다(정옥분, 2008). 즉, 신체적·생리적·사회적·심리적으로 질적·양적 변화가 이루어지고 있는 시기라고 할 수 있다. 그래서 경우에 따라 청소년을 아동으로 취급하기도 하고, 때로는 성인으로 취급하기도 하는 과도기적 특징으로 설명한다. 이러한 변화와 발달로 많은 학자는 청소년을 다양하게 정의내리고 있다.

홀(Hall)은 청소년을 '질풍노도의 시기(storm and stress period)' '부정기(negative period)'라고 정의하였다. 또한 심리적 이유기라고도 하며, 아직 기성문화에 흡수되지 않은 아동도 아니고 성인도 아닌 주변인, 중간인(intermediate man)이라고도 한다. 또는 손상되거나 손상될 위험이 있으며(Benson, Scales, Hamilton, & Sesma, 2006), 위험하거나 이미 위험에 직면해 있으며(Anthony, 1969), 관리되어야 할 문제들(Roth, Brooks-Gunn, Murray, & Foster, 1998)처럼 묘사되기도 한다.

프랑스 문화학자 아리에스(Aries)의 견해에 따르면, 서구에서도 18세기까지는 청소년을 아동으로부터 구분하지 않고 혼용하여 사용하여서, 성인이 되기까지의 아동을 가리키는 일반적인 프랑스 단어인 앙팡(enfant)으로 청소년을 불렀다. 케트(Kett) 또한 17~18세기 미국에서는 아동(child), 청소년(youth), 젊은이(young person)는 비슷한 말이었으며, 도시화·공업화가 확산되기 시작한 19세기에 들어서 초등 의무교육이 마련되고, 이후 고등학교 확산됨으로써 청소년이라는 구분이 가능해지게 되었다는 점을 지적하고 있다(권두승·조아미, 1998).

우리나라에서 청소년이라는 용어를 사용한 시기를 탐색한 연구 결과에 따르면,

청소년이라는 용어는 1940년 『조선어사전』에서 시작되었다는 것을 잠정적으로 규명하였고, 일상생활에서는 그 이전부터 사용되기 시작하였다. 청소년이란 단어가 실린 이 사전에서는 청소년을 청년과 소년으로 규정하고 있고, 청소년을 아동이나 성인과는 구분되는 연령층으로 보고 있다. 또한 청소년에 대한 규정 방식의 변화가 사회문화적 맥락과 매우 관련이 깊다는 것을 함께 밝혀 내면서 학교교육이 인력 양성의 역할을 충실히 수행하던 시기에는 청소년을 주로 학생으로 규정함으로써 노동청소년을 근로청소년으로 배제하였으며 청년문화운동과 학생운동이 왕성하던 시기에 대학생이 청소년 범주에서 배제되기 시작하였다. 또한 대중소비사회의 도래로 청소년은 대중문화의 소비자로 규정되고, 이후 청소년을 대중문화의 소비와 생산의 주체로 규정하게 되었다(이혜숙, 2006).

청소년이 다르게 적용되는 기준은 무엇일까? 이것은 크게 청소년을 바라보는 관점에 따라 청소년을 '문제로서의 청소년(youth as problem)'과 '자원으로서의 청소년(youth as resource)'의 두 축을 들 수 있다(Benard, 1990; Denstad, 2009; Walther, Hejl, Jensen, & Hayes, 2002). 먼저, '문제로서의 청소년' 관점은 청소년기를 심리적·신체적으로 불안정하고 미성숙한 시기로 보면서 청소년이 처한 문제를 해결하기 위한 보호와 개입, 통제를 강조한다. 반면, '자원으로서의 청소년' 관점은 청소년이 사회 구성원으로서 '자율성'과 '잠재력'을 가진 독립적 존재이며, 청소년이 가정·학교·지역사회의 다양한 환경 속에서 경험을 통해 학습하고 성장해 나갈 수 있는 능동적인 존재임을 강조한다(김효연, 2015; 이광호, 2010).

이러한 청소년은 우리 사회에서 늘 보호와 선도의 대상으로 인식되어 왔다. 성인과 달리 아직 보호를 필요로 하는 존재이며 그렇기 때문에 교육이나 선도에 의해 이끌어야 하는 존재로 여겨진 것이다. 그러나 20세기 말과 21세기 초에 와서는 선도의 대상이 아닌 한 주체로서 이해하고 수용하려는 접근들이 등장하기 시작했다. 청소년은 그들의 주체적인 성장과정에서 성인(청소년전문가)에 의한 이해·조언·상담·격려·훈련·규율 등과 같은 지도를 받는 것이 필요하며 또 그렇게 하는 것이 바람직한 일이다. 그러나 이 경우에 있어서 지도는 기성문화의 일방적 전달이나 강요, 지시가 아니라 자율적인 참여를 기반으로 하는 지도여야 한다.

## 02 청소년의 연령

청소년은 2차 성징이 나타나서 신체적 · 심리적 성장이 급격히 이루어지는 시기로서 사춘기라고 하거나, 또는 성인기를 준비하는 시기 또는 전환기에 해당된다. 대체로 청소년 시작 연령은 초등학생에 해당되는 연령이다. 아동의 연령과도 혼용되어 사용하지만 일반적으로 초등학생부터 시작된다고 해도 무리가 없을 것이다. 그러나 청소년기가 시작되는 연령과 더불어서 청소년기가 끝나는 시기에 대해서는 여러 가지 관점과 배경들이 고려될 필요가 있다. 특히 청소년기는 아동기에서 성인기로 옮겨 가는 시기로 실제로 아동기는 18세 미만이기 때문에 아동기, 청소년기, 성인기라고 명확하게 시기를 구분하기는 쉽지 않다. 그래서 청소년은 아동도 아니고 성인도 아닌, 때로는 아동이면서도 신체적으로는 성인에 가까우므로 혼란과 불균형을 경험하고 있다. 이러한 이유로 청소년기는 성인과는 달리 호르몬의 변화와 같은 생리적인 변화를 수반하여 심리적 스트레스를 가중시켜 심리적 부적응이 즉각적인 반사회적 행동으로 표출될 수도 있다. 이러한 청소년의 심리적 부적응은 일탈행동, 비행, 폭력 그리고 범죄와 같은 반사회적 행동으로 표출되기도 한다(이지언 · 정익중 · 백종림 · Batzolboo, 2014).

'청소년'이라 부르는 중 · 고등학생은 법마다 아동, 청소년, 소년, 연소자, 미성년자 그리고 형사미성년자 등의 용어로 제각각 지칭된다. 게다가 특정 연령마다 복잡한 법 조항이 있어서 더욱 혼란스럽다. 10대에 관한 법을 나이별로 구체적으로 구분해 보면 다음과 같다. 만 19세가 되면 법적으로 어른(성년)이 된다. 부모 없이 혼자 휴대폰 개통 등 법률 행위를 할 수 있다. 「민법」 제4조(성년)에는 "사람은 19세로 성년에 이르게 된다."라고 되어 있다. 2013년 7월 법이 바뀌면서 20세에서 19세로 내려갔다. 만 19세에 대학에 가거나 사회로 진출했는데도 미성년자로서 행동에 여러 제약을 받는 현실이 고려된 결과다. 2005년 법 개정으로 19세가 선거 연령이 된 것도 성년 연령 조정에 영향을 미쳤다. 만 18세만 되면 부모 동의가 필요하지만 약혼 · 결혼을 할 수 있고(「민법」), 운전면허를 취득할 수도 있다(「도로교통법」). 8급 이하 공무원시험도 응시할 수 있으며(공무원임용시행령), 원한다면 군대도 갈 수 있다(「병역법」).

청소년에 대한 정의는 법에 의해 구체적으로 정의되어 있다. 「청소년 기본법」은 9세 이상 24세 이하인 연령에 속한 사람을 청소년으로 규정하고 있다. 그러나 모든 영역에서 「청소년 기본법」에 따른 청소년의 연령을 따르는 것은 아니다. 청소년에 대한 적용을 다르게 할 필요가 있는 경우에는 따로 정할 수도 있기 때문이다. 「청소년 보호법」과 「아동·청소년의 성보호에 관한 법률」에 따르면, 청소년이란 만 19세 미만인 사람을 말한다. 다만, 만 19세가 되는 해의 1월 1일을 맞이한 사람은 제외한다. 또한 「소년법」에 의한 소년은 19세 미만인 자를 말한다. 문화 관련 3법(「영화 및 비디오물의 진흥에 관한 법률」 「음악산업진흥법에 관한 법률」 「게임산업진흥에 관한 법률」)에서의 청소년은 18세 미만(고등학교에 재학 중인 학생 포함)이고, 「아동복지법」의 아동은 18세 미만, 그리고 「청소년고용촉진 특별법」의 청년은 취업을 원하는 사람으로서 15세 이상 29세 이하 등으로 제도에 따라 다양하게 적용하고 있다.

우리나라 외에 외국의 사례를 비교해서 살펴보면 다음과 같다. 먼저 유엔(UN)에서는 인구와 교육, 취업과 보건 등의 통계적인 자료 수집을 목적으로 통상 아동을 18세 미만으로 하고, 청소년은 15세에서 24세로 규정하고 있다. 유엔 산하기구에서는 각 기구의 정책과 사업 목적에 맞게 아동, 청소년 혹은 청년에 대한 연령을 구분하여 사용하고 있다. 「유엔 아동권리협약」에서는 아동을 18세 미만으로 하고, 세계보건기구(WHO)에서는 청소년을 10세에서 19세(adolescent), 10세에서 24세(young person), 15세에서 24세(youth)로 구분하고 있다. 국제노동기구(ILO)에서는 청소년을 15세에서 24세로 규정하고 있다.

일본의 경우, 법령에서 청소년, 미성년자, 소년, 아동, 연소자 등으로 구분하여 사용하고 있으며 정책 영역에 따라 연령 기준을 달리하고 있다. 「민법」과 「소년법」은 각각 미성년자와 소년을 20세 미만으로, 「노동기준법」은 연소자를 15세 이상 18세 미만으로 규정하고 있다. 또한 청소년이 안전하게 안심하고 인터넷을 이용할 수 있는 「환경의 정비 등에 관한 법률」에서는 청소년을 18세 미만으로 규정하고 있다. 「아동복지법」에서는 대상 연령을 세 가지로 구분하고 있는데 이때 소년을 소학교 취학 시기에서 만 18세 미만으로 제시하고 있다. 「자녀·젊은이 육성지원 추진법」에서는 연령을 규정하고 있지 않으나 관련 정책에서는 30대 연령층까지, 즉 30세까지 그 법률의 대상으로 삼고 있다(이광호, 2012).

독일의 경우, 「아동·청소년 지원법」에서는 아동을 14세 미만으로 규정하고 있고, 청소년은 별도 2단계로 나누어 14세 이상에서 18세 미만과 18세 이상과 21세 미만으로 구분하고 있다.

미국의 경우, 지원 정책에 따라 다르게 연령을 규정하고 있는데 「인력투자법」에서는 청소년 연령을 14세 이상 21세 이하로 규정하고 있고, 「가출청소년법」에서는 청소년 연령을 21세 이하로 규정하고 있다.

아동, 청소년 및 청년의 연령 범위는 관련 법령이 시대적·사회적·정책적 필요에 영향을 받아 제정·개정되어 왔는데(홍완식, 2007), 법적 연령의 상이함은 관련 부처 간 정책 내용 및 대상자 중복, 정책 사각지대 발생 등 정책의 비효율성을 초래할 수도 있다. 연령 기준의 상이함은 실생활에서 큰 문제가 되지 않을 수 있지만 정책을 집행하는 주체의 편리성을 도모할 수 있으며 개별 법상의 목적을 달성하는 데 효과적일 수 있으나, 아동·청소년·청년을 아우르는 전 생애적인 정책 방향을 설정하고 추진하기 위해서는 현재 연령 기준에 대한 검토 및 논의가 필요하다고 지적하고 있다(문호영·최창욱, 2015).

## 03 청소년의 특징

청소년은 신체적 성숙과 심리사회적 성숙 간의 불균형, 환경의 변화에 대한 효과적인 조절과 대처의 어려움과 다양한 역할수행에 따른 압박감과 그로 인한 상충적인 요구와 역할들로 쉽게 우울감과 좌절감을 느끼고 갈등에 휩싸이게 된다(이해리, 2007). 과도기에 해당되는 청소년기는 인간의 발달과 성장에서 가장 중요한 시기이기도 하다. 이처럼 청소년기는 구체적 조작기에서 최상위 단계인 형식적 조작기로 이행하는 과도기로서, 일어난 사실에 대한 지각과 사고 수준에서 점점 더 고차원이고 추상적인 논리가 가능해진다. 이는 이 시기에 전두엽이 시각, 청각 등의 감각기능 처리 부분부터 고차원적 사고를 담당하는 전전두엽으로 발달되는 것과 연관이 있다. 이러한 인지발달은 주변의 환경과 학습 등에 의해 더 높은 수준의 단계에 도달하기도 하고, 미치지 못하기도 한다.

청소년기는 앞에서 청소년 연령에서 정의하였듯이 청소년기의 연령은 매우 넓기 때문에 오히려 특정 연령대에 속하는 청소년에게 집중하기 쉽다. 이러한 이유로 우리나라의 청소년정책은 주로 중·고등학생을 중심으로 한 18세 이하의 10대를 중심으로 하는 정책과 실천 연구를 지속하여 왔으며, 19세 이상에서 24세에 이르는 연령층은 그 주요 관심 대상에서 배제되어 왔음이 사실이다.

따라서 연령에 따른 청소년특성을 고려하여 청소년정책이 반영되어야 한다. 이러한 점을 고려하여 일반적인 특징과 연령에 따른 청소년의 특징을 구분하여 살펴보았다.

## 1) 일반적인 청소년의 특징

### (1) 신체적 특징

청소년의 신체발달은 외적으로 나타나는 가장 현저하고도 급격한 변화이다. 청소년기에 있어서 신체적 특징은 성장급등, 성장폭발이라는 단어가 청소년을 상징하듯, 발달특성 중에 외형적인 신체적 성장이 부각되는 측면이다. 특히 청소년의 신체적·생리적 변화는 이 시기의 발달을 확연하게 구분 짓는 특성으로 간주되고 있다. 이러한 신체적 발달 특징은 다음과 같다.

첫째, 체격 변화로 인한 급성장이 나타난다. 청소년의 시기는 일생을 통해 출생 후 3년간을 제외하고는 가장 큰 성장을 보이는 것이 특징이다. 이 시기에 일어나는 신장의 급성장을 가리켜 이른바 성장급등이라고 하듯이 성장의 정점에 이르게 된다. 이때 청소년의 신장은 대개 1년에 10~15cm, 체중은 4~5kg 정도가 증가한다. 성장이 급증하는 데 있어서 남자와 여자에 따라 조금 차이가 있는데, 여자의 경우는 12세에, 남자의 경우는 14세에 급증기를 맞는다. 우리나라 청소년의 경우는 12세까지는 여자가 남자보다 2년 정도 성장이 앞서는 편이다. 그러나 남자의 14세부터는 여자의 성장을 압도하는 경향이 있다. 이러한 급성장은 체중과 근육, 머리, 얼굴, 생식기관 등의 신체 전반에 나타난다. 청소년의 사춘기는 초기와 중기로 구분되며 각각의 성장 특징이 있으며, 남자와 여자도 조금 다른 양상을 보이게 된다. 초기 사춘기 때는 성장의 과정에서 부위별 성장 속도가 고르지 않은 것이 특징이다. 이러한 성장 특징은 외형상 조화를 이루지 못하여 부적응적인 결과로 나타날 수도 있다. 이 외형적 특징을 잘못 이해하는 청소년의 경우 자신의 신체에 대한 불만족과 열등감을 느끼는 것이 보통이다. 이에 따라 남을 지나치게 의식하게 되면 자신의 신체적 약점을 가리기 위해 바람직하지 못한 심리적·정신적 자세를 취하기도 한다. 그것은 대개 신체적인 것이 심리적인 변화에 영향을 주는 것으로 나타난다. 예를 들어, 신체적 약점에 대해 고민하거나, 기형적 특성이 있지 않나 하는 의심, 특히 성적 기능이 정상적인가 하는 의구심 등이다. 그러나 초기를 지나 사춘기의 중기에 이르면 성장이 조화를 이루어 외형상으로는 성인의 형태를 갖추게 된다. 따라서 초기에 가졌던 심리적 불안에서 해방됨으로써 신체적·성적 기능에 자신감을 가지며 정서적으로는 일단 안정된 상태가 된다. 사춘기 중기에는 여자와 남자의 성장 변화가 초기와는 다르게 나타난다. 여자의 경우는 성장이 초기 때보다 느린 반면, 남자의 경우 빨라져 초기 여성의 성장을 앞지르게 된다. 청소년의 신체적 성장은 심리적·정신적으로 연관성을 갖고 있기에 초기에는 정신적으로 여자가 우세하였던 것이 중기에는 여자와 남자가 비슷한 수준이 된다.

둘째, 신체적 성숙에 따른 사회적 성장이다. 청소년의 신체적 성장은 신체변화에 그치지 않고 사회적 성장이라는 정신적인 것으로 연결된다. 이는 신체적 성장이 정신적인 것을 자극하여 사회적 의식과 감각으로 발전되는 것을 의미한다. 물론 여기서 말하는 청소년의 사회적 성장이란 일반적인 수준의 의식적 성장이 아니다. 청소년이 사회적 존재로서 자신을 의식한다는 단순한 차원이다. 그것도 외모적인 특징으로 하여 자신의 존재를 의식하는 성격이 짙다. 그러나 이러한 성장 특징도 보편적 특성으로 나타나는 것은 아니다. 개인에 따라 차이가 있을 수 있기 때문이다. 실제로 청소년의 신체적 성장은 매우 급격하면서 개인차가 크다는 점이 특징이다. 즉, 성장이란 개인마다 다르고, 그 속도나 폭에도 어느 정도 차이가 있다. 어떤 청소년의 경우 초기에 성장이 이루어지는가 하면 후기에 이루어지는 청소년도 있으며, 매우 서서히 성장이 이루지는 경우 등 형태가 동일하지 않다. 여자의 경우 신체, 특히 얼굴에 대한 아름다움에 관심이 높아지게 된다. 그것은 신체에 대한 미적 감각의 발달이라고 할 수 있고, 신체의 새로운 세계에 눈뜨게 된다. 이때 청소년은 외모에 열등감이나 자신감을 갖는 현상을 보인다.

셋째, 청소년기는 성적 성숙이 두드러진다. 성적 성숙은 청소년기의 특징이다. 이 시기에 접어들어 신체적 발달로 남자와 여자의 모습을 갖추게 된다. 체모가 나타나고, 목소리에 변화를 경험하고, 여성의 경우 초경을 경험하게 된다. 이러한 생리적 현상은 오늘날 연령이 낮아지고 있는 추세인데, 그 원인은 영양분, 기후, 사회적 환경 등이다. 영양 상태가 좋고, 기후가 더운 지방일수록 빠른 성장을 보인다고 한다. 또한 성문화 개방과 다양한 문화 속에서 성장하는 청소년일수록 빠른 변화를 보이고 있다.

### (2) 지능 및 사고의 발달

청소년기에는 지능 및 사고에서 본격적인 발달이 이루어진다. 지능이란 논리적인 사고를 할 수 있는 정신적 능력을 말하는데, 이 정신적인 능력은 학습사고, 추리, 추상적 사고를 의미하고, 새로운 생황에 적응할 수 있는 것 등까지 포함한다. 이러한 점에서 지능이란 전체 환경에 적응할 수 있는 한 개인의 정신적인 종합능력이라고 본다. 그러나 이 시기에 변화되는 사고의 특징은 성인에 비하면 완벽한 사고력을 갖춘 상태로 평가할 수는 없다. 청소년기의 지능 및 사고의 특징은 다음과 같다.

첫째, 사고의 논리성이 주어진다. 이것은 자기 주체성이 확립되는 것으로 인해 논리적으로 분석하려는 경향이 두드러진다. 청소년이 성인이 시키는 대로 복종하지 않기 때문에 일종의 반항적 태도를 취하는 시기라고 한다. 기성세대에 반발하는 성향을 보인다고 일컫는데, 이는 논리적으로 분석하려는 경향이 비판적인 반응을 나타내어 행동으로 나타난 결과이다.

둘째, 논리의 추상성이 특징으로 나타난다. 구체적이고 현실적인 사고에서 추상적이고 본질적인 사고로 변하게 된다. 때로는 현실적인 감각보다는 추상적이고 이상적인 개념이 지배적이고 주도적인 경향을 보인다. 이것은 청소년의 이상성이나 낭만성에 기초하는 특성을 의미한다. 청소년은 현실보다는 이상적인 성향에 기우는 특성 때문에 기성세대의 이해타산적이며 인습적인 것에 반기를 드는 경향이다.

셋째, 사색과 명상이 특징으로 나타난다. 청소년기는 자신만의 세계를 갖고자 하는 특성 때문에 사색하고 명상하는 시간이 많아진다. 이는 진정한 사색과 명상이라기보다는 청소년기의 심리적 갈등으로 인해 발생되는 현상의 하나라 볼 수 있다.

마지막으로, 청소년기의 추상성의 발달은 이상과 현실에 대한 갈등에서 비롯되는 수가 많다. 그것은 현실에 대한 모순을 느껴 이상을 추구하건, 이상을 추구하여 현실에 대한 불만을 갖건 간에 정서적인 불만과 불안이 자리하게 된다.

### (3) 정서적 특징

청소년기는 정서가 일정치 않은 현상을 보인다. 그것은 정서의 불안정성을 의미하는 것으로 흔히 변화가 무쌍하다는 말은 이 청소년기를 두고 한 말이다. 이러한 청소년기의 정서는 크게 두 가지로 볼 수 있는데, 감정의 자유로운 발달과 민감한 정서이다. 먼저, 감정의 자유로운 발달이란 발달적 특성에 기초한 것으로 청소년기에는 감정이 특히 자유롭게 발달한다. 다음으로, 민감한 정서는 청소년기에 정서적으로 특히 민감해진다는 것을 의미한다. 청소년은 불안, 근심, 분노, 공포, 신경질, 죄의식, 긴장 등의 정서가 지나치게 나타나는 경우도 있다. 청소년기의 정서적 특징은 다음과 같다.

첫째, 감정이 극단적이다. 청소년이 갖는 편향적 감정은 주관적인 경향이 높다. 청소년은 분노, 애정, 기쁨, 슬픔 등의 감정을 강하게 나타난다. 청소년은 자신이 좋아하고 맘에 드는 것에는 열정적으로 몰두할 수 있는 반면, 싫어하는 것에는 강한 증오감을 나타낸다. 이러한 강렬한 감정이 부정적으로 작용하면 스스로의 편견이 일어난다. 청소년은 때로 자신은 실제 자기의 존재보다도 오해받고 있다고 느끼기 쉽다. 아무도 자기를 정확하게 평가해 주고 있지 않고, 공감받지 못한다는 감정을 가지기 쉽다. 어떤 청소년은 때로 유달리 소리를 지르거나 연예인에게 지나치게 빠지기도 한다. 이런 현상은 상당히 병적으로 보일 수 있으나 실제로는 청소년 특성에 기초한 일시적 감정에 불과하다.

둘째, 감정이 유동적이다. 청소년은 대개 감정이 유동적이고 일관성이 결여되어 있기 때문에 정서적 불안을 경험하는 편이다. 정서적 불안은 감정의 변화가 다양하게 나타남으로 인해서 발생된다. 즉, 청소년이 어떤 상황에서 자신감을 갖고 있다가도 또 다른 상황에서는 열등감을 갖는 등 감정의 편차가 반복적으로 나타나게 되면서 경험하는 감정들이다. 따라서 청소년기에는 편차가 큰 감정보다는 정서적으로 안정을 갖게 하는 환경이 더 요구된다. 청소년기에 정서적 안정감을 줄 수 있는 환경으로 또래관계, 즉 자신을 이해해 줄 수 있는 친구가 필요하다. 청소년은 자신을 이해해 줄 수 있는 상대가 없는 경우에는 패쇄적인 성격으로 발전할 위험성이 높기 때문에 자신에 대하여 관심을 갖고 긍정적인 정서에 도움이 되는 친구관계 유지가 중요하다.

셋째, 자기만의 세계를 추구한다. 청소년은 자아의식의 발달로 인해 자기만의 세계를 추구하는 경향이 있다. 이러한 욕구는 독자적인 자기만의 세계를 갖고 싶어 하는 심리적인 경향이며, 이는 자기만이 아는 비밀세계, 아무도 알아서는 안 되는 은밀하고도 폐쇄적인 세계를 갖고 싶어 하는 욕구이다. 이러한 이유로 청소년은 고독에 빠지기도 하고, 이상향의 세계를 꿈꾸기도 한다. 이러한 현상이 심하면 사회에 적응을 잘 하지 못하는 성인으로 발전할 수도 있다. 이를 예방하기 위해서 부모의 세심한 관찰과 부모와의 긍정적인 관계 유지가 중요하다.

넷째, 성적 상상이 많다. 청소년의 두드러진 신체적 변화는 성적 관심을 유발한다. 이 시기의 남녀 청소년은 대개 자기의 신체에 관심이 많다. 자신의 신체가 멋있는지 아니면 남에게 부끄러운 상태가 아닌지에 대해 관심을 기울인다. 그러한 현상은 신체적 성장으로 인해 성적인 관심이 증대되었음을 의미한다. 그리고 때로는 어떤 인물조차도 성적인 시각으로 생각하려는 경향도 보이는데 이는 누구를 좋아하는 현상도 그 일환이다.

### (4) 심리적 특성

청소년의 심리적 특성은 변화되는 청소년기의 특징만큼이나 다양한 것이 특징이다. 따라서 청소년기의 심리적인 특성을 이해하는 것은 무엇보다 중요하다. 그런 심리적 특성을 이해하게 될 때에 청소년지도는 이미 절반이 이루어진 것이나 다름없다. 대개 청소년기의 심리적 특성은 개인의 특수한 상황보다는 청소년이라는 일반적인 상황이 그 특징을 이루고 있다. 청소년의 심리적 특징은 개인의 이해 차원으로 접근할 필요가 있다. 청소년의 심리적 특징은 다음과 같다.

첫째, 심리적인 고독감 문제이다. 이 고독감은 청소년의 심리에 가장 높은 비중을 차지하는 것으로 나타난다. 청소년의 가장 큰 고민으로 친구에 관한 주제가 높게 나타나는 것은 이 시기의 특징을 반영하는 것이다. 그들은 진정으로 대화를 나눌 수 있는 친구가 없어서 외로움을 느낀다. 이에 따라 청소년은 자신의 무가치에 대한 비판, 열등의식 등으로 심한 고독감에 빠지기 쉽다.

둘째, 심리적 소외감의 문제이다. 가정환경이 원만치 않은 경우의 청소년은 심리적으로 심한 소외감을 느낄 가능성이 높다. 그것은 대개 가정이 기능적·구조적으로 원만하지 않은 경우에 발생하기 쉬운데, 여기에는 부모의 별거나 이혼, 경제적 곤란, 부모와의 충돌(갈등), 부모에 대한 불신 및 소외감, 가정적인 압박감, 부모와의 대화 부족, 자녀에 대한 부모의 이해 부족, 인정받지 못한다는 데서 오는 고통의 상황, 가정의 냉랭한 분위기, 서로 엇갈린 견해로 인한 고민, 가정 밖의 사람들에 대한 냉담, 사회적 관심의 부족 등과 관련되는 것이다. 이러한 상황이 더 발전하면 청소년은 가정적 고민으로 인한 무단가출, 비행, 자살시도에까지 이르기도 한다.

셋째, 사회에 대한 불만감의 문제이다. 청소년은 사회의 조직, 국가적·제도적인 문제 등 기존의 기성세대에 대한 이유 없는 반항을 한다. 그것은 자기 자신이 수동적으로 따라야만 하는 데 대한 맹목적인 불만으로 나타나는 현상으로 볼 수 있다. 이런 갈등이 심화하면 행동 개시적인 성향을 보인다.

반면, 긍정적인 측면에 열의를 보인다. 창의적이고 능동적인 면의 개발에 절제를 모르고 열심히 할 수 있는 성향이 그것이다. 이러한 불안감은 대개 청소년의 주관성에 기초하는 특성이다. 청소년은 객관성보다는 주관성에 치우치는 경향이 있어 자기 자신의 생각과 자아 확립으로 인해 성인의 생각을 참조하거나 의견을 참고하려는 측면이 약하다.

청소년기는 심리적으로 주변인의 느낌을 가지며 독립된 개체로서 자신을 깨닫기 시작하며 또래와의 사회적 상호작용에 민감한 시기이며, 이 시기의 특징으로 이기적인 행동만 하는 독선적 성향과 자기중심적인 성향을 보인다(성은제, 2009).

### (5) 사회적 특성

청소년기는 청소년 자신이 자주적으로 선택한 친구와 상호 대응적·수평적 입장에서 자신의 내면적 생활에 대한 의견을 교환하는 친구에의 의존도가 높은 시기이다. 청소년의 인간관계는 전 생애를 통해서 개인 발달에 매우 체계적인 영향을 받는다. 즉, 안정적인 애착관계를 갖고 있는 아동은 전형적으로 유아기 때 민감하고 반응적인 보살핌(sensitive and responsive caregiving)을 받은 경험을 갖고 있다(박민정, 2012).

청소년은 시기적 특성상 사회적 관계를 확대해 나가는데(박수원·김샛별, 2016), 이렇게 청소년 자신을 둘러싼 주변 환경과의 상호작용이 확대되는 과정에서 사회적 관계가 발달하게 된다. 청소년기 사회적 관계는 부모와 친구, 교사 등과 상호작용을 하며 자신이 속한 집단의 규범과 가치를 수용하게 되며, 그 안에서 사회적 역할을 수행하기 위한 구성원으로서 성장한다(최후남·김태균, 2012).

가족은 가족환경에서 청소년에게 미치는 요인으로, 청소년 개인의 일생에서 가장 절실하고 막대한 영향을 미친다(김민주, 2010). 가족요인으로는 가족응집력(주석진·좌동훈, 2011), 부모폭력(박재화, 2010), 부모-자녀 간 의사소통(박완경, 2014) 등이 있다. 그중 부모-자녀 간 의사소통은 부모와 자녀를 연결시켜 주는 도구로서 개인의 심리발달과 사회 적응에 기초가 되는 요소이며, 청소년이 건강한 성인으로 성장할 수 있는 데 매우 중요한 도구가 된다(최인재, 2007). 부모가 청소년 자녀의 심리적 이유를 지지하고 격려해 준다면 커다란 갈등 없이 청소년기를 보낼 수 있게 된다. 하지만 청소년은 부모에게 의존함과 동시에 부모로부터 독립해야 하는 상황에서 끊임없이 갈등을 하게 되며, 부모 역시 자녀의 독립을 원하지만 동시에 계속해서 의존해 주기를 희망한다. 이러한 이중적 상황과 청소년 자녀와 중년기 부모의 급격한 발달상의 변화로 인하여 부모와 십대 자녀 간에 갈등관계를 형성하게 되는 경우가 많아진다.

학교는 청소년이 생활하고 사회적 관계를 맺는 중요한 장소로서 매우 중요한 의미를 갖는 요인이다. 특히 학교에서 친구와의 관계, 교사와의 관계 등은 사회적 자본을 형성하게 하는 중요한 요소라고 할 수 있다. 사회적 특성 중 또래요인은 청소년이 학교에 들어서기 시작하면서부터 교사와의 관계나 학교요인보다 더 많은 영향을 주기 시작한다. 또래요인에는 또래지지(김민주, 2010), 또래관계(방현숙, 2009), 또래압력(이혜경, 2012) 등이 있으며, 이러한 또래요인 중 또래압력은 청소년의 행동양식을 결정하는 데 중요한 역할을 한다. 이 행동양식은 긍정적 행동뿐만 아니라 음주나 인터넷 중독 등의 부정적 행동의 학습까지도 포함된다(이혜진, 2001). 한편, 학교는 변화하는 사회 환경 속에서 효과적으로 적응할 수 있는 힘을 길러 주고, 단순히 지식 습득의 차원을 넘어서 사회적으로 동화하고 능동적으로 적응할 수 있는 인격을 형성하는 것에 목적을 두는 곳이다. 이러한 이유로 청소년의 발달과정에 있어서 가장 많은 영향력을 미치는 곳이라 할 수 있다(김미록, 2006).

또한 청소년은 개개인이 갖는 다양한 관심 분야의 정보와 지식으로 형성된 관계가 모여 하나의 결과물로 완성되어 집단지성[1]을 형성하게 된다. 이러한 관계의 발달로 인한 개인 간의 다양한 관계는 아주 사소한 일상에서부터 취미, 전문적인 지식 등에 이르기까지 다양한 집단을 형성하고, 호기심이 많은 청소년들로 하여금 약한 관계의 용이함과 유용함은 더 많은 참여를 이끌어 낼 것으로 보인다. 특히 인터넷을 통한 새로운 관계의 형성과 유지는 오프라인보다 행위자에게 여러 가지 편의를 제공하고, 관계 자체에 대한 사회적인 제약이나 제재가 약할 수 있다는 점에서 훨씬 더 자유롭게 이루어진다(배영, 2005).

## 2) 연령에 따른 청소년의 특성

청소년기는 아동기와 성인기의 사이에서 신체적·심리적·사회적 발달을 급격하게 경험하게 되는 시기이다. 이러한 급격한 변화는 대다수의 청소년에게서 나타나는 공통적인 특성이며, 동시에 각 개개인의 특성과 상황에 따라 독특한 발달특성을 보이는 경우도 있다. 여기에서는 청소년기를 초기 청소년과 후기 청소년으로 나누어 각 시기에 나타나는 공통적인 특성에 대해 육체적 변화, 사고의 변화, 사회적 변화, 정서적 변화로 구분하여 본다.

### (1) 초기 청소년

일반적으로 초등학교 시기와 중학교 저학년에 해당하는 초기 청소년기에는 문제행동이 없는 것처럼 보이더라도 겉으로 표현되지 않은 우울, 불안 등의 부정정서가 내재되어 있을 확률이 과거에 비해 증가하고 있는데(박미라, 2015), 후기 청소년기나

---

1) 집단지성(集團知性)이란, 다수의 개체가 서로 협력 혹은 경쟁을 통하여 얻게 되는 결과이다. 쉽게 말해 집단적 능력을 말한다.

성인기와는 달리 우울이 '조증(mania)' 또는 '가장된(masked)' 형태로 나타날 수 있어 부모나 교사가 발견하기가 어렵다. 초기 청소년기의 청소년은 생물학적 발달에 따른 스트레스와 함께 학업에서의 경쟁으로 환경적 스트레스를 경험하게 되면서 다른 OECD 국가와 비교해 볼 때 행복지수가 낮고, 우울증과 같은 정신적으로 건강하지 않은 경우가 많다(염유식 · 김경미 · 이승원, 2016). 특히 최근에는 '중2병'이라는 용어가 통용될 정도로 중학생의 사회성과 도덕성 등이 사회적 이슈가 되고 있으며(한국일보, 2012), 미디어중독과 학교폭력 등의 청소년 문제가 점차 저연령화되고 있는 실정이다(교육과학기술부 · 한국교육개발원, 2012).

특히 초기 청소년기는 또래관계의 중요성이 가장 강조되는 시기이다. 청소년은 또래관계를 통해 자기주장, 협동, 공감, 자기통제 등 사회적 관계에 필요한 긍정적 사회기술을 적용하기도 한다. 또한 갈등 및 대립과 같은 부정적 상황을 경험하기도 하며 인간관계를 맺는 기초를 마련하게 되므로 또래관계는 사회화 발달에 중요한 기능을 한다(송길연 · 이지연, 2008). 특히 이 시기에 경험하는 또래관계는 청소년기 전반에 걸쳐 정체감 형성과 심리사회적 적응에 미치는 영향이 크기 때문에 매우 중요하다(윤혜경 · 이지연, 2010; 이은해 · 고윤주 · 오원정, 2000).

청소년의 성장발육 속도는 부모 세대에 비해 최소 2~3년 이상 빨라지고 있으며, 많은 경우 초등학교 고학년에 초경과 같은 신체적 변화를 경험하면서 정서적으로 불안정한 사춘기가 오는 청소년이 된다(김영훈, 2012). 이렇듯 사춘기가 앞당겨짐에 따라 초등학교 저학년에게 다양한 사회적 문제들도 빠르게 늘어나고 있는데, 청소년이 처음으로 흡연과 음주를 경험하는 연령은 12~13세로 초기 청소년기이며 최소 초등학교 5학년에 시작되는 것으로 보고되었다(여성가족부, 2015).

초기 청소년기는 자기중심성에서 벗어나 상황 전체를 조망하고 다른 사람의 입장이나 관점을 이해하기 시작하는 시기이며, 여기에는 구조화 능력, 서사화 능력, 공감 능력 등이 중요한 역할을 한다. 반면, 초기 청소년기는 공격성이 증가하는 시기이며 다양한 위험행동이 발생할 가능성이 높고 문제 행동의 발달적 패턴이 결정될 수 있는 핵심적 시기이다(서미정, 2009). 초기 청소년기의 스트레스가 후기 청소년기의 심리적 증상과 정신건강 문제에 영향을 미치며, 초기 청소년기에 스트레스를 많이 경험할수록 지위비행[2]이 높다는 연구 결과도 있다(김희영 · 권혜진 · 김경희 · 김수강 · 염순교, 2005). 즉, 초기 청소년기의 변화에 적절하게 대응하지 못하면 후기 청소년기 및 성인기에도 영향을 미칠 수 있음을 의미한다.

초기 청소년 비행과 관련이 있는 심리적 특성 중 대표적인 것이 공격성이다 (Dryfoos, 1989). 공격성은 삶의 전반기에서 발달하기 시작하는 것으로 보고되었으며(Farrington, 1989), 청소년 초기 단계에서 발현된 공격성은 이후 청소년기 동안 증가하여 성인기의 심각한 공격성(Coie & Dodge, 1998) 및 약물 사용, 비행, 만성적 폭력 등의 문제행동을 예측한다고 보고되었다(Farrell, Sullivan, Esposito, Meyer, & Valois, 2005).

초기 청소년기는 부모의 사회경제적 위치의 영향력 아래에서 또래집단이나 사회자원의 영향을 가장 민감하게 받아들이며 그에 따르는 스트레스가 다른 어떤 시기보다 높을 수 있다(Jung, Tsakos, Sheiham, Ryu, & Watt, 2010). 청소년기의 사회경제적 수준으로 가장 많이 활용되어 온 것은 부모의 직업 · 학력 · 소득수준 등이다. 특히 초기 청소년기의 청소년이 부모와의 관계로부터 많은 영향을 받는 것처럼 청소년기 자녀의 발달적 변화는 부모에게도 스트레스를 주고, 양육방식의 변화를 요구하게 된다(유일영, 2005). 따라서 초기 청소년기 자녀가 구체적으로 어떤 영역에서 스트레스를 경험하는지 파악하며 이를 완화시키기 위해 부모−자녀 간에 원활한 의사소통이 이루어질 수 있도록 부모의 노력이 매우 중요한 시기이기도 하다.

## (2) 후기 청소년

초기 청소년기에 학업성취에 영향을 미치는 것으로 알려져 있는 다양한 예측요인에 주목하였다면, 청소년 후기가 되면 학업성취에 유의미하게 영향을 미치는 요인들이 더 이상 영향력이 감소하거나 유의미하지 않게 된다. 즉, 청소년의 학업성취는 고등학교 진학 이후로는 가족 및 학교 관련 변인의 영향이 크지 않다(김선숙 · 고미석, 2007). 특히 후기 청소년의 시작 연령인 고등학생의 경우 중학생보다 발달단계상 자신의 정체성에 대한 고민과 환경으로부터의 부담으로 인한 갈등이 집중적

---

2) 지위비행이란, 청소년이라는 사회적 지위 때문에 일탈로 간주되는 일탈 행위로 음주, 흡연, 음란물 접촉, 반항, 가출 등이 속한다.

으로 일어나는 시기이다(박병금, 2006). 청소년 초기에 속하는 중학생과는 달리 고등학생은 키나 몸무게가 성인다운 신체적 조건에 이르게 된다고 볼 수 있지만, 개인에 따라 신체에 대한 관심 정도는 다르게 인식하고 있다. 따라서 중학교 때에는 신체의 변화에 따라 심리적으로 신체에 관심이 높아지거나 낮아질 수 있는 경우도 있지만, 고등학생의 경우는 신체적 변화 여부에 관계없이 오히려 외모 만족도가 높을수록 타인과의 관계도 긍정적이다(장선철·송미현, 2004). 이러한 결과를 통해서 유추할 수 있는 고등학생의 특징은 자신감이라는 정서적 기능이 중요한 역할을 한다는 점이다.

한편, 후기 청소년 연령에 속하는 고등학생과 대학생 청소년은 진학 이후에 경험하게 되는 교육, 취업, 결혼 등과 관련한 성인기 이행에 따른 모습이 과거의 일반적인 양상이나 방식과는 다르게 전개되고 있다는 점을 고려해야 한다. 70%를 넘는 대학 진학률로 고학력을 추구하는 우리나라 문화는 중·고등학교 시절 오로지 대학 진학을 위해 학력 중심으로 인한 노동시장 이행의 지체와 청년실업의 장기화, 평균 초혼 연령이 남녀 모두 30세를 전후한 결혼과 출산의 지연 등의 현상이 국가사회적 관심을 받고 있다(안선영·김희진·박현준, 2011). 이러한 현상은 최근에는 취업 위주의 대학 교육 스펙 쌓기 열풍, 글로벌시대·정보화시대의 무한경쟁 분위기, 등록금과 거주 비용 등을 마련하기 위한 아르바이트의 일반화와 휴학률 증대 등의 현안 문제를 제기하고 있다(조혜영·김지경·전상진, 2012).

후기 청소년기에 속하는 청소년은 좁은 취업문으로 인해 취업 준비 기간이 길어지고 있으며 이에 따라 취업 준비생이 증가하고 있다. 이에 따라 결혼 적령기도 높아지고, 자녀 출산 시기와 자녀의 수도 점차 늦춰지고 감소하고 있는데, 이는 저출산 고령화의 원인이 되기도 한다. 이처럼 연장되고 분화된 청소년기에 머물러 있는 후기 청소년은 장기화되고 있는 경기 침체 및 고용불안과 세대 간 및 세대 내 불평등의 심화 등 사회경제 체제의 변화와 구조적인 문제로 인하여 한 사회의 독립된 성인으로서 갖는 역할과 의무에서 유예되어 있으며, 보다 더 정확하게는 유예당한 상태에 있다(오찬호, 2010; 전상진, 2011). 또 한편에서는 대학에 진학하지 않은 후기 청소년이 노동시장에 안착하기 어려운 불안정한 저임금노동자로 노동시장에 편입되고 있다.

아네트(Arnett)는 정상적 발달의 측면에서 후기 청소년기가 그 이전의 청소년기나 그 이후의 성인기와 구별되는 특징으로 ① 정체성 탐색의 시기, ② 불안정성의 시기, ③ 자기 자신에 대한 집중의 시기, ④ 중간에 낀 어중간한 정체감의 시기, 그리고 ⑤ 가능성의 시기로 제시하였다. 이러한 특징들이 후기 청소년기에만 고유하게 나타나는 것은 아니지만 다른 연령 시기보다 후기 청소년기에 더욱 현저하게 나타난다는 점에서 주목할 필요가 있다(Arnett, 2007).

특히 후기 청소년에 대한 특징을 분류하기 위하여 남성의 경우는 7가지 상태(즉, 학교재학, 군복무, 취업준비, 취업, 혼인, 취업+혼인, 니트족) 간에 변동의 유형을 도출하고자 하였으나, 매우 복잡하고 다양한 패턴을 보여 주고 있어 주된 유형(dominant pattern)이 드러나고 않지 않는 것으로 나타났다. 이러한 결과는 성인기 이행 양상이 일괄적이지 않으며 매우 분화되고 있음을 확실히 보여 주는 결과이다. 즉, 후기 청소년의 특징은 남성과 여성이 다소 차이가 있고, 다양한 특징을 가지고 있으며, 특히 점차 후기 청소년의 연령대가 길어질 수도 있음을 시사하고 있다.

후기 청소년 개념의 도입은 현대 사회의 성장 조건이 변화하였음을 반영한다. 예전에는 20대를 젊은 성인(young adult)의 연령집단으로 간주하였다. 그리고 청년과 청소년을 가르는 중요한 기준으로 교육의 종료와 직업세계로의 진출과 같은 경제적 자립, 결혼 등 사회적 자립을 들었다. 과거에는 경제적·사회적 자립이 주로 20대 초반에 이루어졌지만 근래에는 자립 연령이 20대 후반이나 30대로 이전되는 추세이다. 교육 기간의 연장과 직업 획득, 결혼이 이후 연령대로 지연되면서 후기 청소년 개념은 청년의 청소년화 경향을 적절히 파악하기 위해 고안된 것이라 볼 수 있다(전상진·정주훈, 2006).

후기 청소년은 성인기로의 진입을 앞두고 직업 선택이나 새로운 대인관계 형성을 준비해야 하는 중요한 과업을 지니고 있다. 특히, 군인청소년은 그동안 익숙해져 있던 가정과 사회환경을 떠나 전혀 다른 생활 방식을 요구하는 군 조직에서 새로운 인간관계와 생활적응을 요구받기 때문에 긴장감이 높고 스트레스를 많이 느끼게 된다(서혜석·이대식, 2008). 우리나라 군입대 평균 연령대는 25세 미만이다. 이들은 군인이라는 특성과 청소년이라는 특성을 동시에 가지고 있다(유형식, 2014). 이들은 생애주기 단계에는 청소년기로 급격한 신체적 성장과 함께 자아정체감을 형성해야 하므로 여러 가지 면에서 갈등을 경험하는 시기이며, 심리적 어려움을 완충할 수 있는 능력이 미숙한 시기이다(장경숙, 2008). 군인청소년은 군인으로서의 역할수행과 청소년으로서 발달과업을 동시에 이루어야 하는 시기로 건강하게 이 시기를 통과할 수 있도록 군인청소년을 위한 연구와 실천적 개입이 필요하다.

후기 청소년의 시작 시기는 관계 법령에 의해서 시대와 사회의 요구에 따라 준거기준이 다양하다. 일반적으로 「청소년 기본법」에 의한 청소년 대상이 9세에서 24세이므로 후기 청소년은 19세에서 24세로 한다(김지경·이광호·김종성·정윤미, 2013). 후기 청소년과 유사한 개념인 청년은 「청년고용촉진 특별법」 제2조에서 "취업을 원하는 사람으로서 대통령령으로 정하는 나이에 해당하는 사람"으로 정의하고, 「같은 법」 시행령 제2조에서 "15세 이상 29세 이하인 사람"으로 정의한다. 단, 공공기관과 지방공기업이 청년 미취업자를 고용하는 경우에 "15세 이상 34세 이하인 사람"으로 확대 적용된다(국가법령정보센터, 2018).

후기 청소년의 개념을 정의하기 위해서 선행연구에서 학자들이 주장한 이론을 바탕으로 일반적인 후기 청소년의 개념을 정리하였다. 홀(Hall, 1994)의 재현이론은 청소년을 전기와 후기로 구분하였는데, 청소년 전기(youth)는 8~14세로 연습과 훈련을 통해 기술을 획득하는 시기이고, 청소년 후기(adolescence)는 14~25세로 문명으

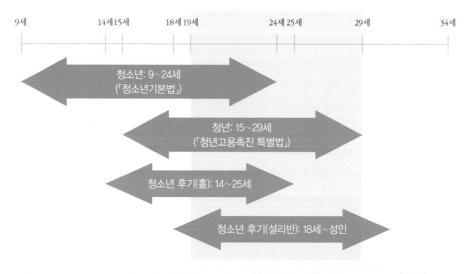

[그림 1-1] 청소년기의 구분과 청소년의 연령범주

로 진입하기 전 단계로 급진적이고 변화가 많고 안정적이지 못한 특성의 시기이다. 설리반(Sullivan, 1953)은 청소년기를 청소년 초기(early adolescence)와 청소년 후기 (Late Adolescence)로 구분하여 청소년 초기를 17~18세까지로, 청소년 후기를 18세 부터 성인기까지라 하였다(Sullivan, 1953). 「청소년 기본법」과 「청년고용촉진 특별법」, 그리고 학자들이 정의하는 청소년과 청년의 연령 범주를 [그림 1-1]과 같이 비교해 보면, 18세부터 24세까지의 연령대가 중첩되는 것을 알 수 있다.

## 요약

1. 청소년은 신체적·생리적·사회적·심리적으로 질적·양적 변화가 이루어지고 있는 시기라고 할 수 있다. 이로 인해 청소년은 아동으로 취급되기도 하고, 때로는 성인으로 취급되기도 하는 특징을 가진다.

2. 청소년은 법에 따라 연령층이 다양하게 적용되고 있는데, 아동·청소년·청년의 연령 범위는 관련 법령이 시대적·사회적·정책적 필요에 영향을 받아 제정 및 개정되어 왔기 때문이라 할 수 있다. 법적 연령의 상이함은 관련 부처 간 정책 내용 및 대상자 중복, 정책 사각지대 발생 등 정책의 비효율성을 초래할 수도 있다.

3. 일반적인 청소년 특징으로 신체적 특징, 지능 및 사고의 발달, 정서적 특징, 심리적 특징, 사회적 특징으로 나누어 살펴볼 수 있다.

4. 초기 청소년기는 또래관계의 중요성이 가장 강조되는 시기이다. 청소년은 또래관계를 통해 자기주장, 협동, 공감, 자기통제 등 사회적 관계에 필요한 긍정적 사회기술을 적용하기도 하고, 갈등·대립 등의 부정적 상황을 경험하기도 하며, 인간관계를 맺는 기초를 마련하게 되므로 또래관계는 사회화 발달에 중요한 기능을 한다.

5. 후기 청소년 연령에 속하는 젊은이들은 교육, 취업, 결혼 등과 관련한 성인기 이행에 따른 모습들이 과거의 일반적인 양상이나 방식과는 다르게 전개되고 있다. 후기 청소년기에 속하는 청소년은 좁은 취업문으로 인해 취업 준비 기간이 길어지고, 이에 따라 취업 준비생이

증가하고 있다. 이에 따라 결혼 적령기가 높아지고, 자녀 출산 시기가 점차 늦춰지고, 자녀의 수도 감소하고 있어 저출산 고령화의 원인이 되기도 한다.

6. 후기 청소년의 개념을 정의하기 위해서 선행연구 학자들이 주장한 이론을 바탕으로 일반적인 후기 청소년의 개념을 정리하였다. 홀의 재현이론은 청소년을 전기와 후기로 구분하였는데, 청소년 전기(youth)는 8~14세로 연습과 훈련을 통해 기술을 획득하는 시기이고, 청소년 후기(adolescence)는 14~25세로 문명으로 진입하기 전 단계로 급진적이고 변화가 많고 안정적이지 못한 특성의 시기이다.

## 참고문헌

권두승 · 조아미(1998). 청소년 세계의 이해. 서울: 문음사.

김미록(2006). 아동이 지각한 가족체계가 학교생활적응에 미치는 영향: 자아탄력성과 비합리적 신념을 매개로. 한양대학교 대학원 석사학위논문.

김민주(2010). 청소년의 인터넷 게임중독에 미치는 생태체계적 요인. 평택대학교 상담대학원 석사학위논문.

김선숙 · 고미선(2007). 청소년의 학업성취 변화에 영향을 주는 요인. 한국청소년연구, 18(3), 5-29.

김영훈(2012). 빨라지는 사춘기. 서울: 시드페이퍼.

김지경 · 이광호 · 김종성 · 정윤미(2013). 후기 청소년 세대 생활 · 의식 실태조사 및 정책 과제 연구 II. 세종: 한국청소년정책연구원.

김효연(2015). 아동 · 청소년의 정치적 참여와 선거권 연령. 고려대학교대학원 박사학위논문.

김희영 · 권혜진 · 김경희 · 김수강 · 염순교(2005). 중학생의 지위경험에 영향을 미치는 예측요인에 관한 연구. 청소년학연구, 12(2), 77-99.

문호영 · 최창욱(2015). 생애주기에 따른 아동 · 청소년 · 청년 연령구분 실태와 방향. 청소년정책 이슈브리프, 21, 1-16.

박미라(2015). K-HTP를 통해 나타난 아동 · 청소년의 우울 및 불안과 내담자의 심리적 특징 연구. 한국기독교신학논총, 98, 275-300.

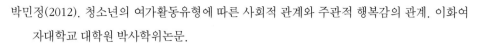

박민정(2012). 청소년의 여가활동유형에 따른 사회적 관계와 주관적 행복감의 관계. 이화여자대학교 대학원 박사학위논문.

박병금(2006). 청수년 자살생각에 관한 생태체계 요인 분석. 충북대학교 대학원 박사학위논문.

박수원 · 김샛별(2016). 자기회귀교차지연 모형을 적용한 청소년의 사회적 관계성과 공동체 의식간의 종단적 관계 검증. 한국청소년 연구, 27(2), 5-32.

박재화(2010). 청소년의 인터넷게임중독에 영향을 미치는 요인 연구. 침례신학대학교 대학원 석사학위논문.

박완경(2014). 중학생의 인터넷게임중독 특성과 영향요인에 관한 연구: 여가요인과 가족요인을 중심으로. 전북대학교 대학원 석사학위논문.

방현숙(2009). 게임 유형에 따른 초등학생의 인터넷 게임 중독 경향과 심리적 · 사회적 요인과의 관계. 성균관대학교 대학원 석사학위논문.

배영(2005). 사이버 공간의 사회적 관계: 개인미디어를 이용한 관계의 형성과 유지를 중심으로. 한국사회학, 39(5), 55-82.

서미정(2009). 초기 청소년의 외현적 공격성 변화와 비행, 우울/불안 및 학업성취감: 잠재 성장 분석. 한국청소년연구, 20(2), 141-167.

서혜석 · 이대식(2008). 신세대 병사의 진로결정 수준과 자기효능감이 군 생활적응에 미치는 영향. 한국사회복지학회, 16(1), 33-49.

성은제(2009). 청소년의 인터넷 메신저 이용과 대인관계, 심리 및 행동특성의 관계에 대한 경로분석. 명지대학교 대학원 박사학위논문.

송길연 · 이지연(2008). 사회성격발달. 서울: 시그마프레스.

안선영 · 김희진 · 박현준(2011). 청년기에서 성인기로의 이행과정 연구 II: 총괄보고서. 세종: 한국청소년정책연구원.

여성가족부(2015). 2015 청소년 백서. 서울: 여성가족부.

염유식 · 김경미 · 이승원(2016). 한국 어린이 · 청소년 행복지수: 국제비교연구조사결과보고서. 연세대학교 사회발전연구소.

오찬호(2010). 후기청소년세대들이 '민주주의 이슈'를 이해하는 방식에 대한 연구. 기억과 전망, 22, 214-251.

유일영(2005). 청소년기 자녀의 발달적 갈등과 부모의 스트레스. 부모자녀건강학회지, 8(1), 17-22.

유형식(2014). 군인청소년의 군 생활 적응과 적응유연성에 관한 연구. 청소년행동연구, 19, 127-156.

윤혜경·이지연(2010). 중학생이 지각하는 또래관계 역량의 개념과 수준. 한국심리학회지: 학교, 7(1), 1-18.

이광호(2010). 시민청소년관점에서 청소년정책의 진단. 한국사회연구, 13(1), 157-183

이광호(2012). 전후 일본 청소년정책의 단계적 변화과정과 특성에 관한 연구. 청소년연구, 19(5), 319-343.

이은해·고윤주·오원정(2000). 청소년기 친구에 대한 만족감과 친구의 지원 및 갈등해결. 한국심리학회지: 발달, 13(3), 105-121.

이지언·정익중·백종림·Batzolboo(2014). 친사회적, 반사회적 행동에 영향을 미치는 관련 변인에 대한 메타분석. 한국아동복지학, 47, 125-155.

이해리(2007). 청소년의 역경과 긍정적 적응: 유연성의 역할. 한양대학교 대학원 박사학위논문.

이해숙(2006). '청소년' 용어 사용시기 탐색과 청소년 담론 변화를 통해 본 청소년 규정방식. 아시아교육연구, 7(1), 43-59.

이혜경(2012). 청소년 인터넷 중독에 영향을 미치는 요인에 관한 연구: 생태체계변인을 중심으로. 한일장신대학교 대학원 석사학위논문.

이혜진(2001). 청소년 인터넷 중독과 개인, 가족, 학교 및 또래 환경요인과의 관계연구. 가톨릭대학교 대학원 석사학위논문.

장경숙(2008). 신세대 병사의 자아존중감 스트레스 군 생활적응에 미치는 영향. 숭실대학교 대학원 석사학위논문.

장선철·송미현(2004). 고등학생의 외모만족도와 자아존중감 및 학교적응의 관계. 청소년학연구, 11(3), 115-133.

전상진(2011). 미래예측, 복고, 청소년-후기근대 청소년의 위험과 도전과제에 대한 시간사회학적 고찰-. 청소년문화포럼, 27, 152-178.

전상진, 정주훈(2006). 한국 후기청소년 세대의 발달경로와 성장 유형: 서울지역 대학생들을 중심으로. 한국사회학, 40(6), 261-285.

정옥분(2008). 청년발달의 이해. 서울: 학지사.

조혜영·김지경·전상진(2012). 후기청소년 세대 생활·의식 실태조사 및 정책과제 연구 I: 대학 재학 후기청소년을 중심으로. 세종: 한국청소년정책연구원.

주석진·좌동훈(2011). 청소년들의 인터넷 게임중독에 미치는 예측모형: 인구사회학적 특성과 가족관련 특성을 중심으로. 청소년학연구, 18(5), 165-191.

최인재(2007). 부모-자녀 간 의사소통이 청소년기 자녀의 자아분화 및 우울과 불안에 미치는 영향. 한국심리학회지 임상, 26(3), 611-628.

최후남 · 김태균(2012). 가족구성에 따른 부모양육태도가 청소년들의 사회성에 미치는 영향. 인권복지연구, 12, 63-84.

한국일보(2012. 2. 21.). 몸은 급성숙, 정신은 미성숙 '위기의 중2'. http://news.hankooki.com/lpage/society/201202/h2012022102361721950.htm.

홍완식(2007). 아동 · 청소년 등의 연령기준. 입법정책, 1(1), 9-33.

Arnett, J. J. (2007). Afterword: Aging out of care: Toward realizing the possibilities of emerging adulthood. *New Directions for Youth Development, 113*, 151-161.

Benson, P. L., Scales, P. C., Hamilton, S. F., & Sesma Jr., A. (2006). Positive youth development: Theory, research, and applications. In R. M. Lerner, & W. Damon, (Eds.), *Handbook of child psychology* (6th ed., Vol. 1), Theoretical models of human development (pp. 894-941). Hoboken, NJ: John Wiley & Sons, Inc.

Coie, J. D., & Dodge, K. A. (1998). Aggression and antisocial behavior. In W. Damon, & N. Eisenberg (Eds.), *Handbook of child psychology: Social, emotional, and personality development* (pp. 779-862). Toronto: Wiley.

Dryfoos, J. (1989). Family planning clinics: A story of growth and conflict. *Plann Perspect, 20*(6), 282-287.

Farrell, A. D., Sullivan, T. N., Esposito, L. E., Meyer, A. L., & Valois, R. F.(2005). A latent growth curve analysis of the structure of aggression, druguse, and delinquent behaviors and their interrelations over time in urban and rural adolescents. *Journal of Research on Adolescence, 15*(2), 179-204.

Farrington, D. P. (1989). Early predictors of adolescent aggression and adult violence. *Violence and victims, 4*(2), 79-100.

Hall, G. S.(1904). *Adolescence: Its Psychology and its Relations to Physiology, Anthropology, Sociology, Sex, Crime, Religion, and Education.* Englewood Cliffs, NJ: Prentice Hall.

Jodie, R., Jeanne, B. G., Lawrence, M., & William. F. (1998). Promoting Healthy Adolescents: Synthesis of Youth Development Program Evaluations. *Journal of Research on Adolescence Volume, 8*, 423-459.

Jung, S. H., Tsakos, G., Sheiham, A., Ryu, J. I., & Watt, R. G. (2010). Socioeconomic status and oral health-related behaviors in Korean adolescents adolescents. *Social Science &*

*Medicine, 70*, 1780-1788.

Sullivan, H. S. (1953). *The Interpersonal Theory of Psychiatry*. New York: Norton.

국가법령정보센터 http://whttp://www.law.go.kr

제2장

# 청소년지도의 개념 및 원리

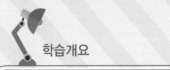

## 학습개요

　　청소년지도의 개념이 명확하게 규정되어 있지 않지만, 청소년지도의 개념을 정의하는 것은 청소년을 지도하는 데 있어 매우 중요하다. 이를 위해 먼저 청소년지도의 형성과정에 대해 살펴보고 청소년지도의 학문적 개념 분석을 통해 청소년지도의 개념을 정의하고자 한다. 또한 실제 청소년지도의 실행을 위해서는 여러 고려해야 할 실천원리와 특성을 살펴보는 것이 필요하다.

　　청소년지도에 있어 관점을 확인할 필요가 있다. 왜냐하면 청소년지도의 이론적 관점에 따라 지도의 방향이 달라지기 때문이다. 따라서 청소년지도의 이론적 관점을 살펴보고, 실제 적용이론에 대해 확인해 보고자 한다.

# 01 청소년지도의 등장 배경과 개념

청소년지도의 개념은 아직까지 명확하게 규정되어 있지 않다. 청소년지도의 개념 정의는 학자들의 편의에 따라 그리고 단체 및 기관의 이익에 따라 제각기 사용되고 있다(한상철·권두승·방희정·설인자·김혜원, 2007). 실제로 청소년지도의 개념은 한 마디로 규정될 수 있는 것이 아니다. 왜냐하면 사회적·문화적·시대적 추세의 변화에 따라 그 강조점이 달라질 뿐만 아니라, 오늘날의 청소년지도의 의미가 일제강점기나 1960~1970년대의 의미와는 다르기 때문이다(한국청소년개발원 편, 1993). 따라서 청소년지도의 개념을 정의하기 위해서는 청소년지도의 형성과정을 살펴볼 필요가 있다. 왜냐하면 그 용어가 어떻게 형성되었는지를 확인하지 않으면 용어가 담고 있는 본질적인 개념을 파악하기가 어렵기 때문이다.

청소년지도는 전근대적인 농업사회가 산업혁명을 통해 산업사회로 전환되는 과정에서 필연적으로 생겨날 수밖에 없는 사회교육의 필요성에 대한 응답으로서 생겨난 것이라고 볼 수 있다(한국청소년개발원, 2000). 우리나라 또한 이와 유사하다고 볼 수 있다. 청소년지도의 개념 변화 추세를 살펴보면, 1950~1960년대에는 학교교육의 보충 수단으로 유행했고, 1970년대 이후에는 부적응 청소년(가출·비행·범죄 청소년) 선도에 관심이 커짐에 따라 이러한 청소년을 위한 시설이 생겨났다. 1980년대에 들어오면서부터 사회 일부에서 청소년선도라는 개념을 불순하게 여기게 되고 오히려 사회적 비판의식을 고양시키려는 시도가 일어났다(한국청소년개발원 편, 1993).

최근에는 다양한 모습의 청소년지도활동이 전개되고 있다. 청소년의 긍정적 문화에 주목하고 선도·계도·인도하는 차원의 지도가 아니라 보다 조화롭고 바람직한 삶을 살아갈 수 있도록 공동체적 삶을 체험시키려는 방향으로 발전하고 있다. 이러한 방향의 청소년지도에서 특징적인 것은 청소년지도가 과거의 소수 문제청소년 지도가 아니라는 점, 그리고 기관 및 단체 중심의 일회적 행사 중심이 아니라는 사실이다. 이는 청소년의 개인적 성장과 공동체적 삶의 체험 증가를 조력하기 위하여

보다 전문적이고 체계적이며 지속적으로 지도해야 할 필요성을 시사하고 있다(한상철, 1996).

우리나라에서의 청소년지도에 대한 공식적인 국가적 관심은 1964년 청소년보호대책위원회의 발족을 기점으로 하며, 이 위원회가 1977년 격상되어 국무총리를 위원장으로 하는 청소년대책위원회로 바뀐다. 그러다가 1987년 「청소년육성법」이 생겨 제도적 틀로 정착되기에 이른다. 1991년에는 체육청소년부에 의해서 「청소년기본법」이 제정되어 국가 수준에서의 청소년에 대한 법적 요건을 갖추게 된다. 정리하면, 1987년 「청소년육성법」 이전의 관심은 보호 · 감독적 차원의 관심이었으며 결코 지도 차원의 대책과 관심은 아니었다. 1987년 「청소년육성법」과 1991년 「청소년 기본법」의 제정에 이르러서야 비로소 현대적 의미의 '지도의 관심'이 부상되기에 이른다(한국청소년개발원 편, 1993). 김진화(1999)는 현대적 의미의 청소년지도는 1965년 15개의 청소년단체가 '한국청소년단체협의회(약칭: 청협)'을 발족하면서 보다 조직적인 모양새를 갖추어 범사회적인 청소년지도활동이 이루어지게 되었으며, 그 이후 '세계청소년의 해'(1985)를 기점으로 국가 차원에서 1987년 「청소년육성법」이 제정되고 '청소년헌장'(1990)이 선포되면서 본격적으로 출발하였다고 하였다. 오치선(2000)은 1991년 12월 31일에 「청소년 기본법」이 국회를 통과하고 '제1차 청소년육성 5개년 계획(1993~1997년)'이 수립되면서 본격적으로 현대적 의미의 청소년지도가 뿌리내리고 자리 매김하게 되었다고 하였다.

하지만 아쉽게도 서두에서 언급한 것처럼, 청소년지도의 개념은 학문적으로 명확하게 합의된 것은 없다. 김진화(2004)는 청소년지도의 개념을 "청소년들이 자신들의 생활세계에 직면한 여러 가지 문제(교육적 · 가정적 · 사회적 · 직업적 · 신체적 · 정서적 문제)를 해결할 수 있도록 적극적으로 개입하고 지원하며 청소년들의 잠재력(인지적 · 사회적 · 정서적 · 신체적 영역)이 바람직하고 건전하게 성장할 수 있도록 조력하고 지원하는 조직적인 일련의 과정"이라고 하였다. 또한 청소년지도의 의미를 "덕 · 체 · 지를 겸비한 도덕적이고 전인적인 인간으로 청소년이 성장할 수 있도록 청소년지도사, 청소년상담사와 같은 청소년지도 전문가에 의해서 청소년시설, 청소년단체 등에서 청소년활동 프로그램을 중심으로 이루어지는 지속적이고 체계적인 안내 · 지원활동"(김영인 · 김민, 2018)이라고 정의하고 있다. 한국청소년정책연구원(2014)은 청소년지도를 "청소년의 긍정적인 잠재적 역량을 최대한 계발하여 인간적 성장과 시민적 역량 강화를 도모하는 체계적이고 의도적인 지도자의 안내활동"이라고 하면서 이를 소극적인 차원과 적극적인 차원으로 구분하여 정의하였다. 소극적 차원에서의 청소년지도는 "청소년문제의 발생을 예방하고 위험요인으로부터 보호하는 활동"이며, 적극적 차원에서의 청소년지도는 "청소년을 긍정적으로 보고 청소년의 역량을 계발하고 강화하려는 활동"이라고 정의하였다. 이와 같은 청소년지도에 대한 다양한 개념 정의는 청소년지도에 관련된 정책과 연구, 실천의 장에서 혼란을 야기하는 요인이 되기도 하지만 한편에선 신생 학문인 청소년학 또는 청소년지도학에서 건강한 학문적 경쟁과 활발성을 촉진하는 요인이 되기도 한다(김영인 · 김민, 2018).

청소년지도의 다양한 개념 정의를 살펴보면 공통적으로 추구하는 내용을 담고 있다. 첫째, 청소년지도는 전문성을 인준받은 지도자에 의해 이루어지는 동태적 · 지속적 · 체계적인 개입활동이자 조력활동이다. 이는 청소년지도를 위한 절차와 방법에 관한 것으로 청소년지도자는 청소년의 욕구 분석, 목표 설정, 프로그램 설계와 개발, 실행, 종결 및 평가를 통해 수련활동을 지도할 수 있어야 한다. 이런 점에서 청소년을 지원하고 조력할 수 있는 청소년지도의 핵심 주체는 청소년지도사, 청소년상담사, 사회복지사로 대표되는 청소년지도 전문가라고 할 수 있다. 이들은 국가검정자격제도에 의해 인준을 받고 그에 상응하는 전문적 역량과 경험을 갖추어야 한다. 한편, 조력과 지원을 받는 청소년은 객체가 된다. 하지만 여기에서 의미하는 객체는 단순히 수동적이며 일방적인 서비스 수혜자가 아닌 자기 의사결정의 주체이자 청소년지도자와 수평적이고 유기적인 상호작용 관계를 맺고 변화를 일으키는 동력으로서의 의미를 지니고 있다(오윤선 · 황인숙, 2018).

둘째, 청소년지도는 고유한 가치와 목적을 지향하며 청소년의 전인적 성장을 위해 청소년활동을 중심으로 이루어지는 있는 활동이다. 앞서 정리한 개념들을 살펴보면, "여러 가지 문제를 해결할 수 있도록 적극적으로 개입하고 지원" "바람직하고 건전하게 성장" "덕 · 체 · 지를 겸비한 도덕적이고 전인적인 인간" "청소년의 긍정적인 잠재적 역량을 최대한 계발하여 인간적 성장과 시민적 역량 강화" "청소년문제의 발생을 예방하고 위험요인으로부터 보호" "청소년을 긍정적으로 보고 청소년의 역량을 계발하고 강화" 등과 같은 문구에서도 나타났듯이, 청소년지도는 청소년을 중심으로 이루어지는 청소년을 위한 활동이다. 청소년지도의 가장 최우선 목적은 청소년이 지성·감정·의지를 균형 있게 갖추어 조화롭게 발달된 인간으로의 성장을 위해 청소년활동을 중심으로 지원하고 조력하는 데 있다.

이러한 내용을 토대로 이 장에서는 청소년지도를 "청소년이 지성·감정·의지를 균형 있게 갖춘 조화롭게 발달된 인간으로 성장하기 위해 전문성을 인준받은 청소년지도 전문가가 청소년활동을 중심으로 이루는 조력활동"이라고 정의한다.

## 02 청소년지도의 실천원리

청소년지도의 실행에 있어서는 여러 가지 고려해야 할 사항이 존재한다. 청소년지도의 실행에 있어서 일반적으로 간주해야 할 중요 실천원리를 살펴보면 다음과 같다(한국청소년개발원, 2000).

첫째, 청소년지도는 청소년의 욕구를 충족시킬 수 있어야 한다. 청소년지도는 사회교육의 한 영역으로서 청소년의 직접적인 욕구와 관심에 초점을 맞추어 필요한 도움과 급부를 제공할 필요가 존재한다. 청소년활동이 청소년의 자율참여를 기본으로 한다면, 이 자율참여는 청소년의 욕구가 가장 큰 요소로 작용한다. 어떠한 욕구를 가지고 있느냐에 따라 그들이 활동 프로그램에 참여하게 하는 방향점이 되기 때문이다. 인간은 욕구를 가지며 그 욕구를 충족시키기 위한 노력을 한다. 그 욕구가 충족될 때 행복감을 느낀다. 하지만 이 행복의 반대편에서는 비판적 의견도 존재한다. 모든 욕구에 대한 직접적 만족과 충족이 거부되어야 하는 경우도 있다. 이 점에서 볼 때, 청소년지도는 이러한 상반된 관계를 어떤 전략으로 만족시켜 가면서 행해져야 하는지에 대한 명료한 해답을 찾아야 하는 과제를 가지고 있다.

둘째, 청소년지도는 자기결정 능력을 향상시킬 수 있어야 한다. 청소년기는 시기적으로 성인으로서의 발달과정에서 개인적 자율성, 스스로의 책임성 등을 열망하는 시기이다. 이런 열망의 충족과 그들의 자기결정 능력을 키워 나가는 데 도움을 주는 청소년지도 과업이 존재한다. 이 과업은 청소년이 비판적인 문제 직시와 해결

능력, 사회연대적이고 책임감 있는 행위, 그리고 자발적 참여능력을 키우는 것으로 볼 수 있다. 청소년지도원리에 있어서 자발적 참여는 자발적으로 함께 행함으로 연결된다. 함께 행함이란 참가한 또래 청소년들과의 활동에 적극적으로 참여함을 의미한다.

셋째, 청소년지도는 자율참여를 원칙으로 한다. 청소년지도는 청소년에게 강제성을 띠어서는 안 된다. 반강제적 또는 뒤에서 밀어붙이는 식으로 청소년을 동원하며 활동 프로그램에 참가시킨다면 그 사업은 도덕적으로 실패한 것이다. 자율적 참여는 교육적 의미 뿐만 아니라 민주주의 기본 원칙을 학습해 나가는 청소년지도의 이론적 정의를 형성하는 의미를 갖는다.

넷째, 청소년지도는 청소년의 흥미와 관심이 중요하다. 관심은 주로 언어적 형태로 표현된다. 청소년이 자신의 관심을 언어적 형태로 표현했을 때 지도자는 그것을 관심으로 알 수 있게 된다. 관심은 항상 의식적 · 표현적 모습을 보인다. 흥미는 만족을 추구할 뿐만 아니라 실현 가능성을 높여 준다. 흥미는 청소년사업 외에도 이미 교육 사업에서 중요한 요소로 자리 잡고 있다. 이 점에서 볼 때, 흥미와 관심은 청소년지도의 중요한 요소가 된다.

다섯째, 청소년지도는 청소년을 존중해야 한다. 고대로부터 현대에 이르기까지 청소년을 보는 관점은 문제와 일탈 그리고 비행을 일삼는 소수 집단으로 보는 부정적 입장이 팽배하였다. 하지만 대다수의 청소년은 부모나 친구들과 원만한 관계를 유지하는 동시에 사회적인 가치도 아무런 문제 없이 수용하며 행동하는 등 순조롭게 적응한다(Offer, 1981: 오윤선 · 황인숙, 2018 재인용). 지도자가 청소년을 어떠한 관점으로 바라보느냐 하는 것은 청소년지도자가 청소년을 대하는 태도는 물론 청소년과 청소년지도자의 관계 형성 및 프로그램의 효과, 그리고 궁극적으로 청소년의 전인격에 영향을 미친다. 청소년은 비인격적인 존재가 아니라 이 시기만의 독특한 발달특성을 지니고 있으며 자율성 · 책임성 · 권리 · 참여 · 시민성을 지닌 존재라는 점을 인식해야 한다.

여섯째, 청소년지도는 즐거움이 있어야 한다. 청소년을 지도하는 방법에 있어 강조되어야 할 가장 중요한 요소 중 하나는 즐거움이다. 영상매체의 숲에서 자란 오늘날의 청소년은 과거에 비해 매우 감각적이고 감수성이 풍부하다. 심각하고 따분한 것은 싫어하고 재미있고 즉각적인 반응을 추구한다. 이들은 '지금-여기'의 현실 중심적 가치를 추구하며 일상의 소중함과 즐거움을 추구하는 행동양식을 지니고 있다. 따라서 청소년지도방법에 있어서도 오락적 기능을 발휘할 수 있는 지도방법을 활용하는 것이 요구된다. 청소년이 프로그램을 통하여 진심으로 즐거움을 느끼고 감동을 받을 때 비로소 그들은 자발적 · 적극적으로 참여하게 되고 지도자가 의도했던 변화에 도달할 것이다. 다만 유의해야 할 사항은 청소년지도가 단순 즐거움만으로 끝나지 않도록 목적 및 방향성을 유지하는 것이다.

일곱째, 청소년지도는 활동중심이어야 한다. 청소년지도는 청소년 스스로의 체험을 통해서 탐구하고 깨닫도록 하는 데 주안점을 두는 것이기 때문에 지도자의 일방적인 주입이나 교화가 되어서는 안 된다. 활동을 중심으로 방법이 구안될 때 청소년의 흥미와 동기를 유발할 수 있어 청소년지도의 목표인 청소년의 전인적인 성장과 시민역량 강화에 효과적으로 기여할 수 있다. 활동중심의 원리가 구현되기 위해서는 청소년이 활동 자체에 몰입될 수 있도록 청소년지도방법이 설계될 필요가 있는데, 이에는 칙센트미하이(Csikszentmihalyi, 2000)의 몰입이론이 도움이 될 수 있다. 칙센트미하이(2000)에 따르면, 청소년에게 몰입 경험을 유발하는 활동은 활동 과제 수준과 청소년 능력 간의 적절한 균형에 의한 도전감, 활동 자체의 재미, 분명하고 즉각적인 피드백, 명확한 목적성 등의 특징을 갖는다. 지도자는 활동을 중심으로 지도방법을 설계하고 운영할 때 이런 점을 유념해야 한다. 몰입 외에도 활동을 통해서 청소년이 전인적으로 성장하려면 지도방법에 활동의 의미를 내면화시키는 반성적 과정이 포함되어야 한다. 반성적 과정을 통해서 청소년은 신체적 · 감각적 경험 내용의 의미를 자신에 맞게 구성하여 내면화할 수 있다. 하지만 지도자는 반성적 과정이 이루어질 수 있도록 분위기를 조성하는 데 있어 신중을 기해야 한다.

여덟째, 청소년지도는 맥락에 따라 구성 · 적용되어야 한다. 이는 청소년이 처한 상황과 관계를 총체적으로 고려하여 청소년을 이해하고 그 삶의 맥락에 적합한 방법을 구성 · 적용하여야 함을 의미한다. 맥락이란 언어적으로 보면 '사물 따위가 서로 이어져 있는 유기적 관계'를 뜻한다. 따라서 청소년을 맥락적으로 이해한다는 것은 청소년을 다른 모든 것과 분리하여 이해하지 않고 청소년을 둘러싼 사람, 상황,

문화, 역사적 배경 등과의 유기적인 관련성 속에서 구체적으로 파악하는 것을 의미한다. 청소년을 포함한 모든 사람은 이런 맥락 속에서 삶을 영위하는 존재이기 때문에 맥락을 함께 고려하지 않고서는 어떤 사람을 온전히 이해한다고 할 수 없다. 청소년을 정확하게 이해하기 위해서는 그 청소년을 둘러싼 모든 요소의 관계, 즉 맥락을 파악하여 전체 속에서 청소년을 바라보아야 한다. 이렇게 청소년을 이해하게 되면 청소년은 구체적·다원적·상대적인 모습을 띠게 된다. 왜냐하면 청소년이 처한 맥락은 다양하고, 이 다양한 맥락은 시간과 공간에 따라서 변화되기 때문이다. 청소년을 효율적으로 지도하기 위해서는 지도방법도 맥락에 따라서 다르게 구성되어야 한다. 학자가 되기 위한 청소년과 음악가가 되기 위한 청소년, 건강한 청소년과 허약한 청소년, 부유한 청소년과 가난한 청소년에게 획일적으로 같은 지도방법을 적용해서는 지도의 효과를 거두기 어렵다. 지도자는 청소년이 처한 맥락을 파악할 수 있어야 하며 이 맥락에 맞게 지도방법을 탄력적으로 변형하거나 창조할 수 있어야 한다. 이런 맥락의 원리는 기계론, 환원주의, 획일주의 등을 배제한다. 어떤 하나의 이론이나 방법을 교조적·기계적으로 모든 시간과 공간에서 적용하려는 것은 맥락의 원리에 비추어 보면 타당하지 않다.

아홉째, 청소년지도는 청소년 간에 유기적인 협력이 이루어질 수 있도록 해야 한다. 청소년지도방법을 실행할 때 청소년활동의 모습은 경쟁적·개별적·협동적 모습의 세 가지로 나타난다. '경쟁적 활동구조'는 승-패 관계, 영합관계(Zero sum relation)를 활동의 기본적인 상호관계로 삼는다. 경쟁적 활동구조는 서로 목표 선점을 위한 경쟁과정을 통해 능률성을 증진시킨다. 하지만 경쟁이 지나쳐 갈등과 대립을 조장하고 소수만이 목표를 달성하여 다수가 낙오하는 문제점을 낳는다. 또한 다른 사람의 잘못이 나에게는 이득이 되는 부정적인 상호 의존 관계 때문에 심성이 왜곡될 가능성이 커진다. '개별적 활동구조'는 다른 사람과 관계를 갖지 않는 무상호의존성을 기본으로 한다. 개별적 활동구조는 청소년 각 개인의 수준에 적합한 활동과 방법을 제공하여 개인의 자율성과 특수성을 최대한 살릴 수 있지만 다른 사람과의 관계를 단절시켜 극단적이고 편협한 개인주의자를 만들 가능성이 크다. '협동적 활동구조'는 경쟁적 활동구조와 개별적 활동구조의 문제점을 극복할 수 있게 해 준다. 협동적 활동구조는 상생관계를 바탕으로 한다. 따라서 상대방의 발전이 나의 발전이 되고 나의 이득이 상대방의 이득이 될 수 있는 긍정적인 상호 의존성이 형성된다. 활동을 중심으로 하는 청소년지도방법에서 협동적 활동구조의 창출을 통해서 의사소통 기능, 사회적 책무성, 협동심 등을 함양하여 민주시민으로서 역량을 갖추게 할 수 있다. 청소년지도방법에서는 청소년과 청소년 간의 협동적 활동구조의 창출뿐만 아니라 청소년과 지도자 간, 그리고 지도자와 학교·가정·지역사회 간의 협동적이고 유기적인 관계가 창출될 필요가 있다.

열째, 청소년지도에 있어서 효과성과 능률성을 염두에 두어야 한다. 효율성은 효과성과 능률성의 합성어이다. 이때 효과성은 어떤 행위가 원래 설정한 목표를 달성하는 정도를 나타낸다. 능률성은 투입된 비용과 산출된 성과를 비교하여 적은 비용으로 많은 성과를 얻는 정도를 나타낸다. 효율성은 이 양자의 개념을 합한 것으로서 능률적인 방법으로 목표를 달성하는 것을 나타낸다. 따라서 효율성의 원리는 능률적인 방법, 즉 가장 적은 시간·비용·에너지 등을 투입하여 원래 설정한 청소년지도의 목표를 달성하는 것을 나타내는 개념이다. 청소년지도방법은 이런 효율성의 개념에 구속될 수밖에 없다. 청소년지도방법의 실행에 있어서 시간·돈·에너지 등과 같은 자원을 쓸 수밖에 없고, 이런 자원은 희소성의 원리에 지배되기 때문이다. 따라서 청소년지도방법의 설계나 실행에 있어서 최소의 자원을 투입해서 목표를 달성하는 것을 염두에 두어야 한다. 이것은 이 지구상에서 유한한 자원을 가지고 지속적으로 살아갈 수밖에 없는 인간의 존재적 요청이자 규범적인 당위이기도 하다.

## 03 청소년지도의 특성

청소년지도의 특성을 살펴보면 다음과 같다(한상철 외, 2007).

첫째, 청소년지도는 청소년 개개인의 다양한 욕구와 사회적 욕구를 반영한다. 이는 개인의 욕구충족과 사회 및 기관의 목적 달성을 동시에 고려하는 것으로 이를 기초로 지도 목표를 설정하게 된다.

둘째, 청소년지도는 지도 목표를 갖는 의도적인 활동이다. 따라서 무의식적이거나 반의도적인 교육과는 구별된다.

셋째, 청소년지도는 지도 목표, 내용 선정 및 조직, 실행 계획, 평가의 전 과정을 체계적으로 설계한 결과물인 프로그램에 근거하여 이루어지는 계획적인 활동이다. 청소년지도는 프로그램 중심의 경험학습이다. 즉, 학교교육이 교과중심의 지적 학습에 중심을 둔다면 청소년지도는 전문적인 교수 설계에 의해 개발된 프로그램에 기초한 경험학습이라고 할 수 있다. 청소년지도는 개발되는 프로그램의 성격과 종류에 따라 다양한 유형으로 구분되는데, 청소년활동 영역에 포함되는 청소년 자아계발 지도, 문화활동 지도, 놀이 및 여가 지도, 자연체험활동 지도, 봉사활동 지도 등으로 나누어질 수 있다.

넷째, 청소년지도는 청소년의 자발적인 참여를 전제로 한다. 학교나 가정 또는 사회기관 등에 의해 강제적 또는 반강제적으로 동원된 청소년을 대상으로 하는 훈육 및 행사 활동은 엄격한 의미에서 청소년지도라고 보기 어렵다. 자발적인 참여에 의한 지도야말로 지도의 효과성·효율성을 극대화할 수 있으며, 진정한 의미의 청소년지도가 가능하다고 할 수 있다. 이를 위해서는 청소년기관의 적극적인 홍보 전략과 다양한 프로그램을 개발하려는 노력이 있어야 하며, 청소년정책의 개선과 행정적·제도적 대책이 보완되어야 할 것이다.

다섯째, 청소년지도는 청소년지도 전문가에 의한 활동이다. 청소년은 욕구가 매우 다양할 뿐만 아니라 다변적·역동적이며, 사회문화적 역할과 지위 또한 고정되어 있지 않다. 이와 같은 속성과 더불어 청소년은 그들 나름의 세상을 창조하고 무한한 잠재력을 실현하기 위해 투쟁 중에 있는 존재이다. 그들은 이러한 경험을 통해 보다 완전하고 가치 있는 한 성인으로 성장해 나갈 것이다. 따라서 청소년지도 과정에는 청소년의 특성을 보다 과학적으로 이해하고 그들의 잠재력과 욕구 충족 그리고 사회적응을 보다 합리적으로 조력하기 위한 청소년지도 전문가, 즉 청소년에 대한 폭넓은 이해와 충분한 지식을 지닌 지도자를 필요로 한다.

여섯째, 청소년지도는 지속적인 활동이다. 청소년지도는 행사중심의 일회성 활동이 아닌 지속적인 활동이며 피드백을 통해 계속적인 개선과 발전을 지향해 나가는 활동이다.

일곱째, 청소년지도는 청소년활동의 조력과정이다. 여기서 과정이 의미하는 것은 청소년지도가 의도한 목표의 성취 정도에 초점을 두는 것이 아니라 지도 및 활동 자체에 초점을 두며 평가를 통한 피드백과 계속적인 수정·개선을 전제로 하고 있음을 뜻한다. 그리고 평가는 효과성과 효율성, 매력성을 준거로 한다. 또한 조력이란 올바른 방향으로 나아가도록, 그리고 합리적인 선택을 하도록 '지원한다' '촉진한다' 등의 의미를 지닌 말로서 지시·통제·감시·훈련 등의 개념과 대치된다.

## 04 청소년지도의 이론

### 1) 청소년지도의 이론적 관점

청소년지도에 있어서 청소년에 대한 관점은 매우 중요하다. 왜냐하면 어떤 관점으로 바라보느냐에 따라 해석하는 방식이 달라지고 전혀 다른 결과에 다다를 뿐만 아니라 관점을 바꾸면 보이지 않던 것들이 보이기 시작하기 때문이다(박용후, 2013). 이 절에서는 청소년지도에 대한 관점으로 '문제중심적 관점'과 '긍정적 청소년개발 관점'에 대해 살펴본다.

첫째, 문제중심적 관점은 청소년지도에 있어서 오랫동안 지속되어 온 전통적인 이론적 관점이다. 청소년을 대상으로 보아 위험요인으로부터 보호하고 격려함으로써 청소년 문제와 비행 발생을 억제하는 데 청소년지도의 주안점을 둔다(천정웅 외, 2013). 문제중심적 관점은 규칙이나 규범을 위반한 사안에 대해 사후 처리하는 데 지도의 중심이 있다. 따라서 문제가 다시 발생되지 않도록 이를 해결하고자 각종 프로그램을 운영함으로써 문제를 해결하고자 한다. 문제중심적 관점은 청소년문제 자체에 집중한다는 데 장점이 있고 결과적으로 청소년문제를 일시적·단기적으로 차단하는 데 지도의 효과가 있다. 하지만 문제중심적 관점은 청소년문제 해결을 위한 접근 시기가 너무 늦고, 청소년문제 자체에 초점을 두기 때문에 청소년문제가 더 심화될 우려가 높다(오승근 외, 2016).

둘째, 긍정적 청소년개발 관점은 "모든 청소년은 성공적으로 자신을 건강하게 개발할 수 있는 잠재력을 지니고 있다."(오승근 외, 2016)라는 가정하에서 출발한다.

즉, 청소년을 문제나 비행의 원천이 아니라 잠재성·자산·자원을 가진 존재로 여긴다. 청소년의 성장을 위해 문제예방만으로는 충분하지 않기 때문이다. 긍정적 청소년개발의 관점에서는 청소년의 건강과 삶의 질에 기여하는 조건과 긍정적인 개발의 증진을 강조한다. 또한 청소년이 자신의 잠재력을 완전히 펼쳐 내도록 하는 것이 문제나 비행에 빠지지 않도록 하는 가장 좋은 방법이며 성공의 경험을 가지도록 지원하는 것이 필요하다(천정웅 외, 2017).

## 2) 청소년지도의 이론

청소년지도는 주요 이론에 토대를 두고 있다. 여기에서는 '경험학습 이론'과 '구성주의 이론'을 살펴본다.

### (1) 경험학습 이론

#### ① 경험학습의 의미

경험학습은 누군가의 지시나 명령에 의해서 이루어지는 활동이 아니라 학습자가 스스로 알고 싶었던 분야나 관심 영역을 찾아가는 것이며, 모든 물리적·심리적 에너지를 학습 대상에 집중하여 경험을 통해 배우는 것을 의미한다(한국청소년개발원, 2003). 경험학습에서 학습자는 실제적인 사물·사안·사람 등에 직접적으로 접촉함으로써 학습활동을 하게 된다. 경험학습에서는 학습자가 주도적이고 활동중심적이 되며 경험이 핵심적인 요소가 된다(김영인·김민, 2018). 경험은 처음에는 과거를 배우는 일부터 시작되며 현재의 활동과 결합하여 의미 있는 경험을 구성하고 환경 및 주위의 모든 대상과 상호작용한다. 다양한 경험이 이어질 때 경험의 연속성으로 인하여 선행경험은 후속경험에 영향을 미친다(오윤선·황인숙, 2018). 이를 요약하면, 경험이란 "대상과 직접적이고 전체적인 접촉을 말하는 것으로 인간의 감각기관인 오감을 통해 외부의 자극을 정보로 받아들이는 과정"(김진호 외, 2010)을 말한다. 특히 경험에 의한 자료는 다른 감각과 시각, 감정을 수반하고 기억의 통합이 잘 이루어지기 때문에 매우 유익한 교육의 수단이라 할 수 있다. 이러한 경험은 인간의 기억

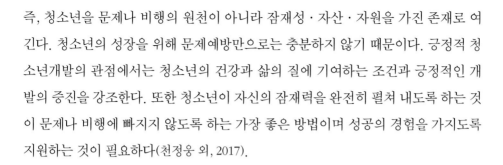

과정에 강렬한 영향을 미치고 인간의 기존의 기억구조에 부단히 새로운 것을 통합해 가며 경험을 재구성하고 학습하게 되는데 이러한 학습과정이 바로 경험학습이라 할 수 있다(김진호 외, 2010). 콜브(Kolb, 1984)는 경험학습을 "경험의 전환을 통해 지식을 창조하는 과정"이라고 정의하였으며, 오해섭(2002)은 "학습자의 경험을 학습과정에 통합하는 교육이며 학습자가 자신의 생각, 느낌, 신체적 · 정신적 · 감성적 · 사회적인 존재로서 표출할 수 있는 감각을 총체적으로 활용하는 것"이라고 하였다. 경험학습은 학습자가 직접 참여하는 실제적 활동, 실제적 체험을 통해서 학습함을 의미한다(Lang & Evans, 2006).

### ② 경험학습의 과정

경험학습의 이론을 모형화한 콜브(1984)는 경험학습을 학습자가 구체적인 경험에 대한 분석적인 관찰과 반성을 통하여 경험으로부터 추상적인 개념화, 즉 행동에 대한 일반화할 수 있는 원리를 도출하고, 이를 바탕으로 새로운 시각을 갖고 새로운 행동을 계속적으로 시도함으로써 학습자의 행동변화와 성장을 가져오게 하는 학습의 과정으로 정의하였다.

경험학습에 있어서의 학습의 과정은 순환적으로 주기를 이루며 단계적으로 이루어진다. 학습의 과정에서는 구체적인 경험이나 체험에 대한 학습자의 적극적인 참여와 경험에 대한 반성, 즉 반성적 관찰이 대단히 중요한 요인이 된다. 그리고 이러한 반성을 통해 새로운 개념의 형성과 수정된 행동계획을 수립하고, 이를 시도하여 보는 단계적이고 순환적인 실제의 경험 혹은 행위를 중시하는 학습의 과정을 밟게 된다(김지자 · 정지웅, 2001).

경험학습의 과정을 구체적으로 설명하는 이론적 모형으로서 가장 많이 알려져 있고 또 활용되고 있는 모형이 콜브의 경험학습 모형이다(Kolb, 1984). 콜브의 경험학습모형은 4단계로 이루어지는데, 학습자의 구체적 경험(concrete experience), 반성적 관찰(reflection observation), 추상적 개념화(abstract conceptualization), 적극적 실험(active experience)으로 구분된다. 구체적 경험은 감각기관을 통한 대상과의 직접적 접촉을 의미하며, 반성적 관찰은 구체적 경험에 대한 회상적 관찰과 의미 찾기의 과정을 의미한다. 추상적 개념화는 논리적 분석과 이해를 통해 추상화된 명제(혹은

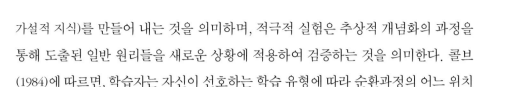

가설적 지식)를 만들어 내는 것을 의미하며, 적극적 실험은 추상적 개념화의 과정을 통해 도출된 일반 원리들을 새로운 상황에 적용하여 검증하는 것을 의미한다. 콜브 (1984)에 따르면, 학습자는 자신이 선호하는 학습 유형에 따라 순환과정의 어느 위치에서라도 학습을 시작할 수 있다. 그러나 깊이 있는 학습을 수행하기 위해서 4단계를 모두 거쳐야 하는 것은 필수적이다. 예컨대, 청소년이 현장견학(=구체적 경험)을 실시한 경우 견학에 대한 소감문이나 일지의 작성(=반성적 관찰)이 이루어져야 한다. 그리고 청소년은 현장견학에 대한 결론을 도출하기 전에 추가적인 독서 내용과 이미 발견한 내용의 의미들을 서로 토의하는 과정을 통해 나름대로의 가설적 지식을 도출해 내는 과정(=추상적 개념화)이 이루어져야 한다. 마지막으로, 청소년이 새롭게 설정된 가설을 검증하기 위해서 다른 장소에서의 현장견학에 착수(=적극적 실험)하게 함으로써 경험학습의 순환을 다시 시작하게 한다(김진호 외, 2010).

경험학습 모형은 다음과 같은 몇 가지 중요한 점을 시사하고 있다. 첫째, 학습의 순환은 끊임없이 되풀이되는 것으로 학습자는 그들의 경험과 경험에 대한 반성을 통하여 얻은 개념과 원리들을 끊임없이 실험하고 관찰하면서 이를 계속 수정해 간다는 지속성의 원리이다. 둘째, 학습이 이루어지는 방향은 학습자의 필요와 목적에

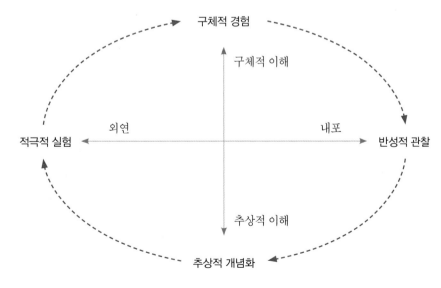

[그림 2-1] 콜브의 경험학습 모형

*출처: Kolb (1984).

의해 결정된다(Kolb, Osland, & Rubin, 1995). 학습자는 그들의 목적과 관련된 경험을 추구하고, 그 목적에 비추어 경험을 해석한다. 또한 필요한 목적에 부합되게 개념을 형성하고, 그 개념들을 적용하는 실험을 하게 된다. 아울러서 개인적인 목적이 뚜렷하지 않을 경우 학습의 과정은 궤도를 이탈하거나 비효과적인 학습이 될 수 있다. 셋째, 학습의 과정이 개인적인 필요와 목적에 지배되기 때문에 학습의 방식 또한 그 방향이나 과정에 있어 고도로 개별화된다. 수학자는 추상적인 개념에 크게 비중을 두는 반면, 시인은 구체적인 경험을 보다 높이 평가할 것이다. 경영자의 관심은 개념의 실제적인 적용에 쏠리는 반면, 자연과학자는 특수한 관찰 기술의 개발에 쏠리기 마련이다. 모든 사람은 누구나 경험에 뛰어들지만 그 경험으로부터 배워야 할 교훈을 관찰하지 못할 수도 있고, 나름대로 개념을 형성할지라도 이를 검증하는 데는 실패를 할 수도 있다. 어떤 부문에서는 사람들의 목적과 필요가 명료하게 그들을 학습으로 이끌어 주지만, 어떤 경우에는 목적이 없이 방황만 하는 경우도 있다(김지자 · 정지웅, 2001; Kolb et al., 1995).

### ③ 경험학습의 특징

콜브(1984)는 경험학습의 특징을 다음의 여섯 가지로 구분하였다(김정렬, 2015).

첫째, 경험학습에서는 학습을 결과물이 아니라 과정으로 이해하며 아이디어나 지식을 고정적이고 불변의 것이 아니라 경험을 통해서 계속적으로 형성 · 재형성되는 것으로 이해한다. 즉, 경험학습에서는 학습을 지식이 경험을 통해서 지속적으로 산출되고 수정되는 과정으로 이해한다. 이러한 점에서 학습을 행위적 산출 또는 결과물로 이해하는 전통적인 행동주의 학습이론과는 다르다. 경험학습 이론의 학습에 대한 관점은 '은행식 교육'과는 대비된다. '은행식 교육'은 교사가 은행에 돈을 예금하듯이 지식을 학생의 머릿속에 저장하고 학생은 이러한 지식을 은행에서 돈을 인출하여 쓰듯이 단순히 받아서 암기하고 반복 · 재생하는 것이다.

둘째, 경험학습에서는 학습을 경험에 토대를 둔 계속적인 과정으로 이해한다. 지식은 학습자의 경험 속에서 계속적으로 창출되고 검증된다. 경험을 통해서 만들어진 지식은 기존의 지식구조에 통합되며, 이러한 지식은 새로운 경험 속에서 검증되어 대체되거나 수정 · 보완된다. 경험은 시간적으로 계속되기 때문에 학습도 시간적인 연속성을 가지고 계속된다. 이와 같은 계속적인 과정을 통해서 지식은 확대 재생산된다.

셋째, 경험학습에서 학습의 과정은 세상에 적응해 가면서 나타나는 대립적인 방식들 간의 변증법적인 교호작용으로 이루어진다. 즉, 구체적인 체험과 추상적인 개념화, 사고와 행동, 동화(assimilation)와 조절(accommodation), 관찰과 활동, 기존의 지식과 새로운 지식 등과 같은 대립되는 요소들의 변증법적인 교호작용을 통해서 새로운 통합과 균형 모색이 이루어지는 것이다. 경험학습은 본질적으로 이와 같은 대립적인 요소들 간의 긴장 속에서 이루어지는 과정이다. 그리고 이러한 긴장 속에서 필요한 지식을 획득하려면 학습자는 새로운 체험활동에 아무런 편견 없이 완전히 참여할 수 있는 구체적인 체험능력, 다양한 관점으로부터 자신의 체험활동을 반성하고 관찰할 수 있는 반성적 관찰능력, 이 관찰의 결과를 이론에 통합할 수 있도록 개념을 창출할 수 있는 추상적 개념화 능력, 또한 이러한 이론과 개념을 현실세계에 적용하여 문제를 해결하고 의사결정을 할 수 있는 행동적 실천능력을 갖추어야 한다.

넷째, 경험학습에서는 학습을 세상에 적응해 가는 종합적인 과정으로 본다. 학습은 인지·지각과 같이 인간이 지닌 기능이나 능력 가운데 단 하나의 특수한 영역에 관련되는 것이 아니라 사고·감정·지각·행동 등과 같은 유기체의 전체적 기능을 종합적으로 활용하는 것과 관련된다. 또한 학습은 사회적·물리적 환경에 적응해 가는 인간활동이기 때문에 생활의 장에서 학습자의 모든 기능을 총체적으로 활용하는 과정이다.

다섯째, 경험학습에서는 학습을 사람과 환경 간의 교호작용으로 본다. 경험학습에서는 인간의 내면적인 인지과정과 환경적 자극 요소의 유기적 관련성과 상호작용으로 이루어진 학습의 생태학적 체계를 중요시한다.

여섯째, 경험학습에서는 학습을 지식 창조의 과정으로 본다. 학습은 생활의 장에서 환경에 적응해 가는 과정이다. 환경에의 효과적인 적응을 위해서 학습자는 경험학습을 통해서 지식을 창출하고 축적한다. 끊임없이 변화하는 환경에서 새로운 체험활동을 통해 창출된 새로운 지식은 기존의 지식에 통합되거나 기존의 것을 대체하게 된다.

(2) 구성주의 이론

청소년지도방법은 청소년 스스로 다양한 체험활동과 사고를 통해서 자신의 처지에 적합한 지식과 능력을 형성하는 것을 강조한다. 청소년지도방법에서는 만들어진 지식을 주입하지 않는다. 이런 점에서 청소년지도방법은 구성주의 이론을 토대로 한다(배규한 외, 2007).

① 구성주의의 의미

구성주의는 '인식의 대상은 무엇인가'와 '인식은 어떻게 이루어지는가'의 두 물음을 설명하려는 존재론과 인식론 철학에 근거를 둔 학문이다. 이러한 물음에 대해 구성주의자는 인간이 경험하는 실재의 세계는 객관주의자가 주장한 것처럼 독립된 것이 아니라 개개인 그 자신들이 부여한 의미에 의해 성립된다는 것이라고 여긴다(정환금, 2000). 즉, 구성주의는 지식이 무엇이며, 지식이 어떻게 구성되는지에 대한 인식론으로서 객관주의적 인식론과 대조된다. 객관주의적 관점에서의 지식은 인식의 주체인 개인의 인식과 독립적으로 존재하는 것으로 어떤 대상으로부터 내부로 전달되는 것이다(Lebow, 1993). 즉, 객관주의에 따르면, 교수는 교사에 의해 이미 존재하는 객관적인 지식을 학습자에게 효율적으로 잘 전달하는 것이고 학습은 학습자가 전달되는 객관적인 지식을 수동적으로 잘 암기하는 것으로 해석된다. 이와는 대조적으로, 구성주의적 지식은 인식의 주체인 개인적 인식의 터 위에 존재하는 것이며, 이는 어떤 대상으로부터 수동적으로 전달되는 것이 아니라 개인적 경험의 터 위에서 능동적으로 그 의미가 해석되고 재구성된다(주호수, 2000). 따라서 구성주의의 기본 입장은 보편적인 진리와 법칙으로서 지식이 존재하는 관점을 부정하고 각자의 개별적인 경험과 배경을 바탕으로 하는 인지적 작용에 의해서 지속적으로 구성된다는 관점을 취하고 있다(강인애, 1997; 전제아, 2001; Fosnot, 1996; Von Glasersfeld, 1995).

이러한 구성주의는, 브루너(Bruner, 1986)에 따르면, 선험적 지식이 모든 이성(reasoning)에 선행한다고 주장한 칸트(Kant)의 순수이성비판에서 시작되었다(류완영, 2014). 퍼킨(Perkin, 1992)은 구성주의를 인식론의 가정에 따라 개인을 지식의 구성자로 보는 관점과 지식의 이해자로 보는 관점으로 구분된다고 하였다. 지식의 구성자로 보는 관점에 따르면, 공유하는 실체가 없기 때문에 객관적인 지식은 있을 수 없다. 즉, 지식은 인간의 내부에서 경험을 통해 구성되는 것이지 인간의 외부에 객관적으로 존재하는 것이 아니다. 한편, 개인이 어떤 현상을 접했을 때 그 현상을 이해하거나 설명하고자 하는 과정에서 자신에게 의미 있는 지식을 만들어 낸다. 따라서 동일한 현상에 대해 사람에 따라 그 의미를 다르게 해석할 수 있으며, 각자의 해석에 따라 지식이 구성된다(정환금, 2000). 이처럼 비교적 초기의 구성주의가 개인의 인지적 구성과정에서 지식을 파악하는 데 중점을 두었다는 점에서 인지적 구성주의라면, 사회적 구성주의는 인간의 상호작용과 사회문화적 동화과정에서 지식을 파악하는 관점에 중점을 두었다고 할 수 있다. 사회적 구성주의는 객관적 실체로서의 지식관을 부정하는 점에서는 인지적 구성주의와 공통점이 있지만, 상대주의의 문제에 대하여 더 민감하다고 할 수 있다. 이와 같이 구성주의는 인지적 구성주의와 사회적 구성주의로 구분할 수 있다. 하지만 인지적 구성주의와 사회적 구성주의는 앎의 과정을 자극하는 요인, 즉 지식의 평형 상태를 깨뜨리는 것을 각각 물질적 환경으로 보느냐 혹은 사회적 상호관계로 보느냐의 차이에 있을 뿐이지 궁극적으로는 개체적인 인지 구성과정을 중심으로 지식을 파악하는 점에서는 공통적이다. 즉, 앎의 과정 자체는 개체적으로 진행된다고 보는 점에서는 양자가 같은 입장이며 그 과정을 개인의 심리적인 구성으로 설명하는 것과 사회적 상호작용의 내면화로 설명하는 점에 있어서의 차이점을 가지고 있다(전제아, 2001).

② 구성주의 유형

• 인지적 구성주의

인지적 구성주의는 지식의 형성과정에서 인간의 인지적 작용을 주요 요인으로 보고 상대적으로 사회적·문화적 측면과 역할은 크게 관심을 두지 않는다. 대표적인 학자로는 피아제(Piaget), 본 글래저즈펠트(von Glasersfeld), 콥(Cobb) 등이 있다. 인지적 구성주의는 주로 피아제(1970)의 발달심리에 그 이론적 근거를 두고 교수-학습 환경에서의 실제 적용하기 위한 교수-학습 전략이나 원칙에 대하여 논한다. 인지적 구성주의(von Glaserleld, 1989)는 지식이란 이미 생물학적으로 결정된 발달

고정의 틀 안에서 동화(assimilation)와 조절(accommodation)이라는 인지적 작용에 의해 구성된다고 보았다(Russell, 1993). 즉, 개개인의 인지적 구조 변화와 활동에 두고 상대적으로 사회적·문화적 요인은 크게 고려되지 않았다(강인애, 1995).

구성주의는 지식이 임시적·발달적·비객관적인 것으로 보며, 내적으로 구성되고, 사회와 문화에 의해 중재된다. 지식은 보편적인 형태로 존재하는 것이 아니라 저마다 능동적이고 자발적인 인지적 구성과정을 통하여 형성된다. 구성주의는 특히 지식의 객관적인 성격을 강조하는 관점과 대비된다. 이러한 차이점은 지식에 관한 다음의 사항에서 뚜렷하게 나타난다(전제아, 2001).

첫째, 구성주의는 지식이 이미 고정되어 있는 것이 아니라 개체적인 인간의 경험에 의해 구성된다고 본다. 구성주의에서는 지식을 창조하고 구성해 가는 과정을 중요하게 여긴다. 즉, 구성주의는 객관적 진리 또는 지식이 외부에 놓여 있는 것이 아니라 각자의 경험에 기초하여 구성된다고 본다.

둘째, 지식은 일방적으로 외부에서 내부로 '전수'되거나 '주입'될 수 없다고 본다. 지식은 그들이 개별적 경험을 토대로 어떻게 의미를 부여하느냐에 따라 구성된다. 따라서 지식은 개인적·주관적 성격을 띤다. 또한 지식은 고정 불변의 절대적인 덩어리로 존재하는 것이 아니라 자신의 외부 환경과 상호작용하는 과정에서 산출하는 결과이다.

셋째, 개별적으로 구성한 지식은 타인과의 상호작용 속에서 그 타당성을 검토하여 지식으로 형성된다. 따라서 지식은 객관적인 실체가 아니라 단지 현재 사회구성원들이 상황에 대하여 내린 해석 가운데 가장 타당한 것이라고 본다(Savery & Duffy, 1995).

넷째, 구성주의에서의 지식의 형성과정은 기존의 지식을 바탕으로 새로운 지식을 구성하고 창출하는 과정으로 본다. 교육은 학습자의 주관적 경험에 근거하여 지식을 구성하고 실제 세계의 상황적 맥락 속에서 일어나는 개인적 의미 창출의 연속적인 과정인 것이다. 따라서 교육과정에서 다룰 지식은 상황적·맥락적 특성을 반영할 수 있어야 한다.

이와 같이 인지적 구성주의는 지식의 개체적 성격을 옹호하는 경향이 강하며 고유한 경험과 이해를 존중한다는 점에서 강한 호소력을 지닌다. 더욱이 20세기 후반 이후로는 지식의 보편 타당성이라는 개념 자체가 공공연한 도전의 대상이 되는 상황과 맞물려서 인지적 구성주의는 지식의 개체성을 지지하는 주요한 흐름으로 여겨졌다. 인지적 구성주의 관점은 사회적 상호관계를 통해 인지적 평형 상태가 깨어질 수 있고, 그 결과보다 높은 수준의 새로운 구조를 지니게 되는 촉진요인이 될 수 있다는 점에서 사회적인 관계의 중요성을 배제하지 않고 있다. 하지만 사회적 상호작용이 개인의 인지적 발달에 절대적인 영향을 미치는 것으로 보는 사회적 구성주의 입장과는 상당한 차이가 있다고 평가된다(양미경, 2002).

## • 사회적 구성주의

인지적 구성주의가 지식의 형성과정에서 개별적인 인지적 구성에 초점(Cobb, 1994; von Glaserleld, 1989)을 두는 반면, 사회적 구성주의는 비고츠키(Vygotsky, 1978)의 발달심리 이론에 근거하여 인지적 발달은 '사회적 상호작용이 내면화되어 이루어지는 것'으로 본다(Bruffe, 1986; Cole, 1992; Cunningham, 1992; Lave, 1988; Rogoff, 1990; Wertsch, 1985). 즉, 사회적 구성주의자는 인지적 혼란을 평정하려는 방법보다는 인지적 혼란을 일으키는 원인인 사회적 상호작용에 더욱 관심을 기울인다. 따라서 사람과의 의견 충돌이 있을 때, 인지적 구성주의자와 같이 의견을 조정하여 일치점에 도달하는 과정을 중요시 여기지 않는다. 대신 이견들 간의 갈등과 차이에 더욱 가치를 두고 그런 견해 차에 노출됨으로 인해 오히려 자신의 견해와 관점에 대한 자아성찰(Cole, 1992)이 이루어질 수 있다고 본다(Holt, 1994; Qually & Chainer-Strater, 1994). 사회적 구성주의는 인지적 구성주의가 지식 구성의 과정에서 사회적 관계, 활동 등을 도외시했다고 비판한다(Cunningham, 1992; Wertsch, 1985). 대표적인 학자로는 커닝햄(Cunningham), 그리노(Greeno), 레이브(Lave), 라고프(Rogoff), 워치(Wertsch) 등이 있다(양미경, 2002).

사회적 구성주의자에 따르면, 인간을 동물과 구분시켜 주는 것은 사회라는 세계이며, 사회라는 곳은 인간이 태어나 자라면서 그들의 속한 사회만이 지니고 있는 독특한 문화적 · 행동적 양식을 습득하는 곳이다. 따라서 한 개인이 성장한다는 것은 그가 속한 사회와 그 구성원 간의 상호작용을 통해서이다(강인애, 1995). 사회적 구성주의자에 따르면, 인간은 어느 특정 사회에서 태어나 자라면서 그 사회의 독특한 문화와 행동양식을 습득한다(강인애, 1997). 사회적 구성주의자는 인간의 인지적 구성작용에 의해서 지식을 파악할 뿐만 아니라 각자가 속한 특정한 사회에서 다른 구성원과의 지속적인 상호작용, 지속적인 사회적 참여 등을 통하여 그 사회가 공유하는 행동양식, 지식과 기술을 습득하는 과정에서도 파악한다. 사람들 사이의 역동적인 관계 그리고 그들이 만들어 내어 공유되는 사회적 행동 등을 강조하고, 아울러 그 안에서 사회적 참여와 그 구성원들과의 상호작용 등의 의미를 부각시킨다. 물론 사회적 구성주의는 여전히 구성주의라는 기본적인 특징을 유지하고자 하기 때문에 지식의 개체적 성격을 추구한다(전제아, 2001). 즉, 사회적 구성주의자는 개인의 개별성(내면적 인지적 작용)과 사회문화적 관계를 서로 분리시켜 생각할 수 없다고 보기 때문에 개개인의 개별성은 "매우 탄력성 있게 대처할 수 있는 생물학적 기본 체제 위에 독특한 특성을 지닌 사회역사적 요소가 가미되어 생성된 결과이며, 또한 이렇게 형성된 개개인의 독특한 특성은 이번에는 역으로 역동적인 사회문화적 그물망이라 할 수 있는 다른 사람과의 집합체에 영향을 미쳐 그 집단의 발전을 이끄는 원동력"(Russell, 1993)이 된다. 비고츠키(1978)의 '근접발달 영역(Zone of Proximal Development: ZPD)'이라는 개념은 사회적 구성주의 원칙의 가장 핵심인 '지식은 사회적 참여를 통해 구성된다.'는 원칙을 가장 잘 설명해 준다. 근접발달 영역은 학습할 영역에 대해 전문적 지식과 기술을 지닌 사람이 학습자의 학습을 도와줄 경우, 학습자 개인이 혼자 도달할 수 있는 인지적 발달 수준보다 더 나은 수준에 이를 수 있다는 것이다(Cunningham, 1992; Perkins, 1992). 이때 이들에 의한 학습적 도움은 기존의 지식이나 기술의 전달 방식처럼 일방적 · 직접적으로 지식을 전달하는 형태와는 달리 '안내자(guidance) · 조언자(scaffolder)'의 형태를 띤다. 따라서 학습자 스스로 완전히 문제해결의 전 과정을 다룰 수 있는 단계에 이르기까지 점차 안내자 · 조언자의 참여 · 간섭을 줄여 가고 결국에는 완전히 사라지는(fading) 것이다(강인애, 1995).

이처럼 인지적 구성주의와 사회적 구성주의는 관점에 있어서 차이점을 보이지만 둘 다 구성주의라는 공통점을 지닌다. 스코터(Shotter, 1998)는 인지적 구성주의와 사회적 구성주의의 공통점을 다음과 같이 제시했다(방석욱, 2005). 첫째, '사물'과 '실체'에 초점을 두는 대신 '활동'에 초점을 둔다. 둘째, 지식의 발달에 있어서 '의미를 만드는 것'은 '의미를 찾는 것'보다 더 중요하며 창의적인 과정이 발견의 과정보다 더 중요하다. 셋째, '외부 세계'라고 일컬어질 수 있는 독립적인 세계가 존재하지 않기 때문에 절대적 실재에 대한 지식을 논하는 것은 무의미하다. 넷째, 만일 인간이 구성적인 틀을 넘어서서 어떤 '사물'이나 '활동'을 접할 수 있다면 그 특성들은 우리에게 이해될 수 있는 활동과 관련된 경우를 제외하고는 아는 것이 불가능하다. 다섯째, 구성적인 활동에 관한 우리의 주된 관심은 비록 대부분이 가정된 외부 세계와 일치하는가의 관점에서 이론들을 논하기보다는 여전히 이론들 자체에 초점을 둔다. 그리고 그 가치를 평가함에 있어서는 일관성, 유용성, 효과성, 표현성, 적절성과 같은 개념들을 기준으로 삼는다. 여섯째, 이는 우리 사이에서 또 다른 일반적인 동의가 이루어진다는 것을 시사한다. 즉, 원인과 결과보다는 의미와 중요성을 고려한다는 것이다. 일곱째, 모든 사람이 상호작용에 초점을 두기는 하지만 그중 몇몇은 그 과정 중에서 발생한 일을 강조하는 반면, 다른 사람은 이미 구성된 산출물을 중시한다. 하지만 우리 모두가 사회적으로 발전되었거나 발전되고 있는 상호작용의 과정에서 발생하는 것에 초점을 두지는 않는다. 여덟째, 이론과 실천 사이의 관계에 대한 일반적인 동의는 없다.

### ③ 구성주의의 특징

구성주의는 실제에 대한 주관적인 의미를 이해하는 것에 있어서 학습자 개개인이 구성할 수 있도록 인지구조를 변형 또는 형성시키는 것으로 정의한다. 즉, 구성주의는 학습 대상인 실제에 대하여 학습자 개개인이 자신의 지적 학습모형이나 개인적 이해모형을 구성할 수 있도록 선험적 인식구조를 재구조화시켜 주는 것으로 앎(학습)의 본질을 설명한다(이행원, 1999). 전통적 교사중심의 교육에서는 주로 교사가 중심이 되어 학습자에게 일방적으로 지식을 전달하고 학습자는 전달된 지식을 수동적으로 받아들이는 식으로 간주되어 왔으나, 구성주의는 인식의 주체인 학습자에 의해서 능동적으로 지식을 구성해 가는 것으로 인식한다. 다시 말해, 구성주의에서의 지식은 외부의 자극이나 강화에 의해서 수동적으로 반응한다는 행동주의적 시각을 거부하며, 인식의 주체인 학습자의 내면세계에서 능동적으로 구성되는 것을 의미 있게 받아들인다(주호수, 2000). 이러한 구성주의의 특징을 정리하면 다음과 같다(Brown, Collins, & Duguid, 1989; Duffy & Jonassen, 1991; Von Glasersfeld, 1987).

첫째, 지식은 주관적인 인식에 의해 구성된다. 우리가 인식하고 있는 모든 지식은 인식의 주체인 각 개인에 의해 구성된다는 것이다. 즉, 세상에는 시공을 초월하여 불변하는 객관적인 지식이란 없으며, 단지 주관적인 인식에 의해 재해석될 뿐이며 재구성될 뿐이다.

둘째, 지식은 능동적인 경험에 의해서 구성된다. 사람은 어떤 상황에서 지식을 받아들일 때 수동적으로 받아들이는 것이 아니라 스스로 과거의 경험을 바탕으로 능동적으로 받아들인다. 각 개인은 과거의 다양한 경험을 통해 형성된 자신의 인지구조(schema) 체계 내에서 독창적·역동적으로 자신의 행동을 자기가 생각하고 바라는 방향으로 능동적으로 인식한다.

셋째, 안다고 하는 것은 이해하고 활용할 줄 안다는 것이다. 어떤 사람이 어떤 것을 안다고 하는 의미는 그 사람이 그것에 대해 이해하고 있으며 또한 그것을 다른 장면에서 활용할 수 있다는 뜻이다. 즉, 이해되고 활용될 수 없다면 그것은 안다고 할 수 없다는 시각이 구성주의적 시각이다. 어떠한 것을 안다고 하는 것은 그것이 무엇인지를 명확히 이해하고 활용할 수 있다는 전제가 깔려 있다.

넷째, 지식은 사회적 상호작용을 통해 맥락적으로 형성된다. 지식은 개인의 주관적인 인식에 따라 구성되는데, 개개인의 주관성에서 구성된 지식은 타인과의 긴밀한 상호작용에서 그 타당성이 검증되고 지식으로 생명력을 가지게 된다. 따라서 지식의 습득은 항상 사회적인 상황과 맥락 속에서 그 타당성이 검증되며 인식의 주체에 의해서 구성된다. 따라서 구성주의 학습과 평가는 학습자 중심·책임으로 이루어져야 하며, 학습자의 사전적 지식을 적절히 활용해야 한다.

④ 구성주의 학습 원리

구성주의 학습 원리는 다음의 다섯 가지로 정리할 수 있다(강인애, 1998).

첫째, 체험학습(learning by doing)이다. 이것은 기존 학습환경에서 주어진 지식을 흡수하는 수동적 입장의 학습자에게 적극적이며 자율적인 지식 형성자로서의 변화를 의미한다. 따라서 모든 학습환경도 이런 적극적·자율적인 학습자의 생각과 지식 그리고 능력을 적극 발휘시킬 수 있도록 조성되어야 한다.

둘째, 자아성찰적 학습(learning by reflection)이다. 이것은 자신의 모든 개인적 경험, 일상적인 사건과 현상에 대하여 아무런 생각 없이 무심코 지나쳐 버리지 않고, 그 하나하나의 사건과 경험의 의미와 중요성에 항상 의문을 가지고 분석을 하는 인지적 습관을 일컫는다. 즉, 당연하게 받아들이던 모든 것에 대하여 질문을 던지고 분석을 해 보며 그 대안을 구해 보는 것이다. 이런 일련의 인지적 사고를 해 봄으로써 지금껏 그냥 지나쳐오거나 당연하게 받아들였던 현상이나 사건에 대한 새로운 시각과 차원을 발견하게 되고 나아가 자신의 생각이나 견해를 좀 더 논리적이며 설득력 있게 정리할 수 있는 것이다.

셋째, 협동학습(learning by collaboration)이다. 구성주의에서 말하는 지식 구성은 사회적 요소와 개인의 인지적 요소 간의 통합을 통해 이루어지는 것을 의미한다. 따라서 구성주의적 학습환경은 반드시 학습자가 속해 있는 사회구성원 간의 협동학습 환경을 전제로 이루어져야 한다는 것을 의미한다. 이는 개인의 인지적 작용 결과로서의 의미 부여와 해석에 대한 검증의 역할을 하기 때문이다. 또한 학습자는 협동학습 환경을 통해 특정 경험이나 현상에 대한 다양한 접근과 시각에 노출될 수 있

**표 2-1** 구성주의 학습원리

| 구분 | 주요 내용 |
|---|---|
| 체험학습 | • 학습자의 선수지식, 관심, 배경에서 학습의 출발<br>• 문화적 동화를 통한 전문인으로서의 변화 |
| 자아성찰적 학습 | • 자기주도적 학습, 자기규율적 학습, 문제해결 능력<br>• 토론을 통한 성찰적 사고 실천 |
| 협동학습 | • 다른 학습자와의 대화 참여를 통한 문화적 동화<br>• 집단 시너지 효과(학습효과, 다양한 시각 노출)<br>• 개인 생각이나 견해에 대한 타당성 검증 및 심화학습 |
| 과제중심 학습 | • 학습과 성과의 연계성(지식의 전이성 증가)<br>• 학습과제의 상황성과 실제성 고려<br>• 학습동기의 증가(주인의식) |
| 교사의 역할:<br>동료-학습자 | • 학습의 조력자, 코치<br>• 학습자와의 대화 참여를 통해 새로운 시각, 내용 등을 학습할 기회<br>  (동료-학습자로서의 역할)<br>• 학습자에 대한 참된 의미의 신뢰와 권위 이양 실천 |

다. 이는 비고츠키의 '근접발달영역' 개념과 연결되어 매우 중요한 구성주의 학습원리가 되고 있다.

넷째, 과제중심 학습(learning by authentic task)이다. 구성주의는 교육과 성과(혹은 수행), 또는 교육과 실생활과의 연계성을 매우 강조한다. 이러한 연계가 이루어지려면 과제의 성격이 실제 생활과 밀접하게 연결되어 있어야 하고, 그 과제를 풀어 가는 학습의 장은 반드시 구체적 '상황성'이 전제되어야 한다. 이렇게 실제 상황성이 깃든 과제나 학습내용은 기존의 교과서 중심적 학습내용이나 과제보다 훨씬 인지적으로 도전적이고 깊은 사고를 요하게 한다. 당연히 학습자로부터 과제에 대한 주인의식과 학습에 대한 내적 동기부여를 기대할 수 있다.

다섯째, 학습의 조력자(facilitator)이며 동료-학습자(co-learner)로서의 역할이 있다. 전통적으로 교사에게 부여되었던 역할(지식의 전달자이며 학습의 최종적 평가자)을 학습자에게 이양한다는 것이다. 구성주의에서 강조하는 것은 교사 역할이나 존재의 부정이 아니라 역할의 변화를 의미한다.

## 요약

1. 청소년지도는 "청소년이 지성·감성·의지를 균형 있게 갖추어 조화롭게 발달된 인간으로의 성장을 위해 전문성을 인준받은 청소년지도 전문가에 의해 청소년활동을 중심으로 이루어지는 활동"이다.

2. 청소년지도의 실천원리는, 첫째, 청소년지도는 청소년의 욕구를 충족시킬 수 있어야 한다. 둘째, 청소년지도는 자기결정 능력을 향상시킬 수 있어야 한다. 셋째, 청소년지도는 자율참여를 원칙으로 한다. 넷째, 청소년지도는 청소년의 흥미와 관심이 중요하다. 다섯째, 청소년지도는 청소년을 존중해야 한다. 여섯째, 청소년지도는 즐거움이 있어야 한다. 일곱째, 청소년지도는 활동중심이어야 한다. 여덟째, 청소년지도는 맥락에 따라 구성·적용되어야 한다. 아홉째, 청소년지도는 청소년 간에 유기적인 협력이 이루어질 수 있도록 해야 한다. 열째, 청소년지도에 있어서 효과성과 능률성을 염두에 두어야 한다.

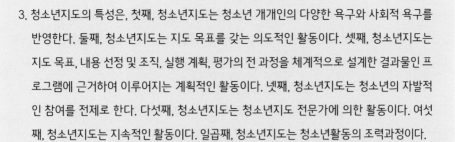

3. 청소년지도의 특성은, 첫째, 청소년지도는 청소년 개개인의 다양한 욕구와 사회적 욕구를 반영한다. 둘째, 청소년지도는 지도 목표를 갖는 의도적인 활동이다. 셋째, 청소년지도는 지도 목표, 내용 선정 및 조직, 실행 계획, 평가의 전 과정을 체계적으로 설계한 결과물인 프로그램에 근거하여 이루어지는 계획적인 활동이다. 넷째, 청소년지도는 청소년의 자발적인 참여를 전제로 한다. 다섯째, 청소년지도는 청소년지도 전문가에 의한 활동이다. 여섯째, 청소년지도는 지속적인 활동이다. 일곱째, 청소년지도는 청소년활동의 조력과정이다.

4. 청소년지도의 이론적 관점은 문제중심적 관점과 긍정적 청소년개발 관점으로 구분할 수 있다. 첫째, 문제중심적 관점은 청소년지도에 있어서 오랫동안 지속되어 온 전통적인 이론적 관점이다. 청소년을 대상으로 보아 위험요인으로부터 보호하고 격리함으로써 청소년 문제와 비행 발생을 억제하는 데 청소년지도의 주안점을 둔다. 둘째, 긍정적 청소년개발 관점은 모든 청소년은 성공적으로 자신을 건강하게 개발할 수 있는 잠재력을 지니고 있다는 가정하에 출발한다. 즉, 청소년을 문제나 비행의 원천이 아니라 잠재성·자산·자원을 가진 존재로 여긴다.

5. 청소년지도 이론을 경험학습 이론과 구성주의 이론으로 나누어 살펴볼 수 있다. 첫째, 경험학습이론의 대표적인 모형인 콜브(Kolb)의 경험학습 모형은 4단계로 이루어지는데, 학습자들의 구체적 경험, 반성적 관찰, 추상적 개념화, 적극적 실험으로 구분된다. 둘째, 구성주의 이론은 인지적 구성주의와 사회적 구성주의로 구분된다. 인지적 구성주의는 지식의 형성과정에서 개별적인 인지적 구성에 초점을 두며, 사회적 구성주의는 사회적 상호작용이 내면화되어 이루어진다고 본다.

참고문헌

강인애(1995). 인지적 구성주의와 사회적 구성주의에 대한 간략적 고찰. 교육공학연구, 11(2), 3-20.

강인애(1997). 왜 구성주의인가?. 서울: 문음출판사.

강인애(1998). 구성주의적 교수-학습의 원리와 적용. 교육이론과 실천, 8(1), 23-44.

김영인 · 김민(2018). 청소년지도방법론. 서울: 창지사.

김지자 · 정지웅(2001). 경험학습의 개념 및 이론과 발전방향. 평생교육학연구, 7(1), 1-18.

김진호 · 권일남 · 이광호 · 최창욱(2010). 청소년활동론. 서울: 한국방송통신대학교 출판부.

김진화(1999). 청소년지도사의 전문성과 자격검정제도에 관한 연구. 명지대학교 대학원 박사학위논문.

김진화(2004). 청소년지도방법론의 이해. 서울: 한국청소년개발원편.

류완영(2014). 구성주의에서 의미의 의미. 교육공학연구, 30(1), 1-18.

박용후(2013). 관점을 디자인 하라. 경기: 프롬북스.

방선욱(2005). 인지적 구성주의와 사회적 구성주의에 대한 비교 고찰. 한국사회과학연구: 일반, 27(3), 181-198.

배규한 · 김민 · 김영인 · 김진호 · 김호영 · 문성호 · 박진규 · 송병국 · 이춘화 · 조아미 · 조혜영 · 최창욱 · 한상철 · 황진구(2007). 청소년학개론. 경기: 교육과학사.

오승근 · 조승희 · 김태균 · 이진숙 · 하성민 · 반기완 · 박정배 · 진은설(2016). 청소년문제와 보호. 경기: 정민사.

오윤선 · 황인숙(2018). 청소년지도방법론. 서울: 양서원.

오해섭(2002). 교육학개론. 서울: 학지사.

이행원(1999). 구성주의적 체육 교수-학습의 탐색. 한국체육대학교 대학원 박사학위논문.

전제아(2001). 교육과정 구성에 있어서 지식의 개체성과 보편성: 구성주의 관점을 중심으로. 교육과정연구, 19(2), 207-224.

정환금(2000). 구성주의와 교육적 인식론의 교육관 비교를 통한 초등교육론 탐색, 초등교육연구, 14(1), 107-128.

주호수(2000). 구성주의 관점에서 개념도 평가방법에 관한 소고. 초등교육연구, 13(2), 221-237.

천정웅 · 김민 · 김진호 · 박선영(2013). 차세대 청소년학총론. 경기: 양서원.

천정웅 · 이채식 · 안명선 · 박주현 · 이지민(2017). 청소년지도방법론 적극적 관점. 서울: 신정.

한국청소년개발원(2000). 청소년 욕구를 중심으로 본 청소년지도방법 연구. 서울: 한국청소년개발원.

한국청소년개발원(2003). 청소년 수련활동론. 서울: 교육과학사.

한국청소년개발원(2005). 청소년 자원봉사 및 동아리 활동론. 경기: 교육과학사.

한국청소년개발원 편(1993). 청소년지도론. 서울: 한국청소년개발원.

한국청소년정책연구원(2014). 청소년학개론. 경기: 교육과학사.

한상철(1996). 청소년지도 참여자들의 동기유발 및 유지를 위한 전략. **경산대학교 논문집.** 53-78.

한상 · 권두승 · 방희정 · 설인자 · 김혜원(2007). **청소년지도론.** 서울: 학지사.

Brown, J., C, Collins, A. & Dugid, P. (1989). Situated cognition and the culture of learning. *Educational Researcher,* January–February, 33-40.

Bruffe, K. (1986). Social construction, Language, and the authority of knowledge: A bibliographic essay. *College English, 48*(4), 773-790.

Bruner, J. (1986). Actual minds, possible words. Cambridge, MA: Harvard University Press.

Cobb, P. (1994). Where in the mind?: Constructivist and sociocultural perspectives on mathematical development. *Educational Researcher, 23,* 13-20.

Cole, P. (1992). Constructivism revistited: A search for common ground. *Educational Technology, 32*(2), 27-35.

Cunningham, D. (1992). Assessing constructions and constructing assessments: a dialogue. In T. Duffy & D. Jonassen, (eds.), *Constrctism and the technology of instruction: A Conversation.* Hillsdale, NJ: Lawrence Erlbaum Associates.

Csikzentmihalyi, M. (2003). **몰입의 기술**(*Beyond boredom and anxiety: Experiencing flow in work and play*). (이상출 역). 서울: 학지사. (원저는 2000년에 출판)

Devries, R, & Kohlberg, L. (1987). Program of early education view. White Plains, NY: Longman, Inc.

Duffy, T. M., & Jonassen, D. H. (1991). Constructivism: New implications for instructional technology. *Educational Technology, 31*(5), 7-12.

Fosnot, C. (ed.). (2001). **구성주의 이론, 관점, 그리고 실제.** 조부경 · 김효남 · 백성혜 · 김정준, 2001 역. 서울: 양서원. (원전은 1996에 출판).

Hart, R. A. (1997). *Children's Participation: The Theory and Practice of Involving Young Citizens in Community Development and Environmental Car.* Unicer. Earthscan Publications Ltd, London.

Holt, M. (1994). Dewey and the Cult of Efficiency: Competing ideologies in collaborative pedagogies of the 1920s. *Journal of Advanced Composition, 14*(1), 73-92.

Kolb, D. A. (1984). *Experiential Learning.* Englewood Cliffs, NJ: Prentice-Hall, Inc.

Kolb, D. A., Osland, J. S., & Rubin, I. M. (1995). *Organizational Behavior: An experiential*

*Approach*(6th ed.). Englewood Cliffs, NJ: Prentice-Hall.

Lang, H. R., & Evans, D. N. (2006). *Models, Strategies, and Methods*. Boston: Pearson Education, Inc.

Lave, J. (1988). *Cognition in practice: Mind, mathematics, and culture in everyday life*. Cambridge: Havard University Press.

Lebow, D. (1993). Construcitivistic values for instructional systems design: Five principles toward a new mindset. *Educational Technology Research and Development*.

Perkins, D. N. (1992). Technology meets constructivism: Do they make a marriage? In J. M. Duffy, & D. H. Jonassen (Eds.), *constructivism and technology A conversation*. Hillsdale, NJ: Lawrence Erlbaum Associates.

Piaget, J. (1970). *The development of thought: Equilibration of cognitive structures*. New York: Viking Press.

Qualley, D., & Chiseri- Strater, E. (1994). Collaboration a s reflexive dialogue: A knowing deeper than rea son. *Journal of Advanced Composition, 14*(1), 111-130.

Rogoff, B. (1990). *Apprenticechip in thinking: Cognitive development in Social context*. Oxford England: Oxford Unversity Press.

Russell, D. (1993). Vygotsky, Dewey, and externalism: Beyond the student/discourse dichotomy. *Journal of Advanced Composition, 13*(1), 173-197.

Savery, J., & Duffy, T. (1994). Problem-based learning: An instructional model and its constructivist framework. *Educational Technology, 34*(7), 1-16.

von Glasersfeld, E. (1987). *The construction of knowledge-contributions to conceptual semantics*. Intersystems Publications.

von Glasersfeld, E. (1989). Cognition, construction of knowledge, and teaching. *Synthe sis, 80*, 121-140.

von Glasersfeld, E. (1999). **앎과 학습의 길: 인지적 구성주의**. 김판수 · 박수자 · 심성보 · 유병길 · 이형철 · 임채성 · 허승희 외 역. 서울: 원민사. (원전은 1995에 출판).

Vygotksy, L. (1978). *Mind in society: the development of higher psychological processes*. Cambridge, MA: Harvard University Press.

Wertsch, J. P. (1995). **비고츠키: 마음의 사회적 형성**[Vygotsky and the social formation of mind]. 한양대학교 사회인지 발달 연구모임. 서울: 정민사.

제3장

청소년지도자의 이해

학습개요

　　현장에서 청소년의 조화로운 성장과 발달을 위해 청소년활동 (프로그램) 등을 제공·지원하는 이를 청소년지도자라고 할 수 있다. 청소년지도자는 프로그램 개발 및 운영자로서의 역할, 변화촉진자로서의 역할, 시설 및 인적 자원 관리·동원가로서의 역할, 상담자로서의 역할, 청소년의 권한부여 및 인권옹호자로서의 역할 등 다양한 역할을 수행한다. 그리고 청소년지도자 중에서 청소년활동을 지도하는 청소년지도사는 주로 청소년활동 프로그램을 개발·운영·평가하며, 이 외에도 행정업무를 지원하고 지도자의 교육훈련을 담당하며, 조사연구 등을 맡아 그 직무를 수행한다.

　　이러한 역할과 직무를 수행하기 위해 국가에서는 1993년부터 청소년지도사 자격제도를 시행하고 있으며, 기준에 따라 이들을 청소년단체 및 수련시설 등에 배치하고 있다.

　　이 장에서는 청소년지도자의 역할과 직무를 비롯하여 자격제도 및 연수 등의 전문성에 대해 살펴보고자 한다.

## 01 청소년지도자의 개념과 역할

### 1) 청소년지도자의 개념

'지도자'라는 용어는 일반적으로 자주 사용하는 용어이지만, 지도자가 어떤 사람인지에 대해 질문을 하면 쉽게 답하기 어려운 특징을 지니고 있다. 지도하는 사람이라는 뜻을 가지고 있어 누군가를 지도하기 위해 특정 분야에 대해 앞서 있는 사람을 의미하기도 하고, 대개 어떤 기술(技術)을 가진 사람을 공식적으로 인정할 때 '지도자'라는 용어로 자격을 부여하기도 한다. 이때의 지도자는 '전문가'의 의미와 유사하기도 하다. 다만, 사전적으로는 "남을 가르쳐 이끄는 사람"으로 정의한다.

그렇다면 청소년지도자는 어떤 의미일까? 앞서 언급한 의미들을 포함해서 정의해 보면, "청소년을 지도하는 기술을 가진 사람" 또는 "청소년을 지도하는 전문가" 정도로 정의할 수 있다. 여기에서 청소년을 지도한다는 것은 무엇인가? 그리고 청소년을 지도하는 기술이란 무엇인가? 청소년지도자를 정의하기 위해서도 온갖 질문들이 떠오른다. 뿐만 아니라 청소년을 지도하는 기술을 정의하기에 앞서 청소년을 바라보는 시각도 우선적으로 필요하다. '지도자'를 '남을 가르쳐 이끄는 사람'이라는 의미를 부여한다면, '청소년지도자'는 청소년보다 앞서서 이들을 가르쳐 이끌어야 하는 사람인데, 이는 대상인 청소년에 대해 어떻게 바라보는가에 따라 의미가 달라질 수 있다. 즉, 청소년을 성인의 지도를 받아야 하는 수동적인 대상으로 볼 것인지, 아니면 자기 삶의 주인으로서 주체적인 존재로 볼 것인지에 따라 청소년지도자의 의미는 매우 달라진다.

이와 관련하여 기존 여러 학자의 정의를 살펴보면 다음과 같다. 우선 한준상 (1999)은 청소년 속에서, 청소년과 더불어, 청소년을 위해 청소년활동을 전개하는 사람을 청소년지도자로 보았다. 권일남, 오해섭과 이교봉(2010)은 청소년지도자를 청소년의 건강한 성장과 성공적인 성인으로의 이행을 위한 일에 종사하는 사람으로 규정하였다. 그리고 한국청소년개발원(2003)은 청소년지도자를 청소년의 건전한 성장과 발달을 책임지고 지도하는 사람, 그리고 청소년이 일상생활 속에서 다양한 활동을 제공하고 도움을 주는 사람까지 포함하는 개념으로 정의하였다. 이 개념들은 구체적으로 청소년에 대한 시각을 내포했다기보다 청소년 속에서 이들의 성장을 위한 활동을 지도(지원)하는 사람으로 정의한 것을 알 수 있다.

한편, 「청소년 기본법」 제3조 제7호에는 청소년지도사와 청소년상담사는 물론 청소년시설, 청소년단체 및 청소년 관련 기관에서 청소년육성에 필요한 업무에 종사하는 사람을 청소년지도자로 규정하고 있다. 이를 좀 더 구체적으로 살펴보면, 국가에서 인정한 자격을 취득한 사람인 청소년지도사, 청소년상담사를 포함하여 청소년육성전담공무원, (지역별) 청소년지도위원, 청소년시설·단체 및 관련 기관에서 종사하고 있는 청소년 일반지도자(직원)와 청소년자원(봉사)지도자 모두를 포함하는 개념이다. 즉, 법령에서의 청소년지도자에 대한 개념은 국가로부터 자격을 부여받은 청소년지도사와 청소년상담사를 포함해서 국가로부터 자격을 부여받지는 않았지만 청소년육성에 필요한 업무를 하고 있는 사람 모두를 포함한다고 할 수 있다. 이를 그림으로 나타내면 [그림 3-1]과 같다.

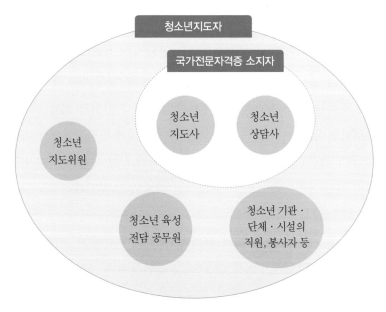

[그림 3-1] 청소년지도자의 범주

이러한 개념들을 종합하여 정의하면, 청소년지도자는 '청소년의 조화로운 성장과 발달을 위해 청소년활동 (프로그램) 등을 제공·지원하는 일을 하는 사람'이라고 할 수 있겠다.

## 2) 청소년지도자의 역할과 직무

### (1) 청소년지도자의 역할

청소년을 지도하는 현장이 매우 다양하기 때문에 청소년지도자 역시 상황에 따라 여러 가지 역할을 수행하게 된다. 청소년지도자의 역할에 대해 기존 문헌에서는 다음과 같이 안내한다. 우선, 권일남(1998)은, ① 청소년전문가로서의 역할, ② 비판적 분석가로서의 역할, ③ 예술가로서의 역할, ④ 교육자로서의 역할, ⑤ 변화촉진자로서의 역할 등을 제시하였다. 김영인과 김민(2008)은 ① 프로그램 개발·운영자로서의 역할, ② 동기유발자로서의 역할, ③ 변화촉진자로서의 역할, ④ 평가자로서의 역할, ⑤ 상담자로서의 역할, ⑥ 청소년복지 증진자로서의 역할, ⑦ 연구자로서의 역할, ⑧ 자원 동원 및 조성자로서의 역할 등을 청소년지도자의 역할이라고 하였다. 한편, 김진화(1999)는 청소년지도자에서 범위를 좁혀 '청소년지도사'의 역할로서, ① 청소년 단체(기관)의 이념 및 목적 실현가로서의 역할, ② 타 단체(기관) 관계형성 및 파트너십(협력) 조성자로서의 역할, ③ 청소년의 자발적 행동유발과 동기화를 위한 리더십 발휘자로서의 역할, ④ 청소년수련활동 및 프로그램 기획·설계자로서의 역할, ⑤ 청소년수련활동 및 프로그램 운영(진행)관리자로서의 역할, ⑥ 청소년지도에 대한 평가자 및 모니터링 요원으로서의 역할, ⑦ 청소년지도에 필요한 시설 및 인적 자원 관리·동원자로서의 역할, ⑧ 청소년 유익환경 조성자로서의 역할, ⑨ 청소년인권 옹호 및 운동가로서의 역할, ⑩ 청소년의 조직행동 촉진자로서의 역할, ⑪ 청소년의 잠재능력 개발을 위한 교육자로서의 역할, ⑫ 청소년활동 정보 제공자 및 커뮤니케이터로서의 역할, ⑬ 청소년을 위한 가이더 및 상담자로서의 역할, ⑭ 청소년 집단역동 지도자로서의 역할, ⑮ 청소년지도를 위한 특정 분야 전문가로서의 역할, ⑯ 청소년의 국내 및 국제교류 촉진자로서의 역할을 제시하였다. 이 외에도 청소년지도자는, ① 프로그램 개발 및 제공, ② 개인적·사회적 기술 개발 지

원, ③ 청소년의 권한부여, ④ 상담자(멘토) 등으로서의 역할을 수행한다고 하였다.[1]

앞서 기술한 문헌들의 내용을 정리해 보면, 청소년지도자는 프로그램 개발 및 운영자로서의 역할, 변화촉진자로서의 역할, 시설 및 인적 자원 관리 · 동원가로서의 역할, 상담자로서의 역할, 청소년의 권한부여 및 인권옹호자로서의 역할 등 다양한 역할을 수행한다고 볼 수 있다. 첫째, '프로그램 개발 및 운영자로서의 역할'은 청소년활동의 현장에서는 매우 중요한 부분으로 특히 청소년활동 전문가인 청소년지도사는 청소년의 조화로운 성장과 발달을 위해 청소년프로그램을 개발하고 운영하는 일을 하게 된다. 기관의 구성원이고 본인의 업무이기 때문에 하는 것이 아니라 대상자인 청소년의 특성과 욕구를 반영함은 물론 해당 기관의 상황 등을 고려하여 목표를 설정하고 그에 따라 프로그램을 개발 · 운영하는 것이다. 따라서 프로그램의 개발과정을 정확하게 이해하고 있어야 하며, 그 절차에 따라 개발된 프로그램을 현장에 적절히 적용할 수 있어야 한다. 둘째, '변화촉진자로서의 역할'은 청소년을 지도하는 이유와 관련이 있다. 청소년지도자는 청소년이 긍정적인 변화를 꾀할 수 있도록 하기 위해 이들을 지원하는 것이다. 그러나 사람이 변화되는 것이 쉽지 않을 뿐아니라 변화의 양상 역시 쉽게 드러나지 않는다. 그리고 대개 청소년 프로그램의 경우 여러 회기(대략 1~3개월 미만) 동안에 운영되지만 이 기간 역시 청소년이 신체 · 인지 · 정서 등의 균형 있는 발달을 하기에는 다소 부족하다고 할 수 있다. 이에 청소년지도자는 지속적으로 청소년을 세심하게 살피고 이들이 긍정적으로 변화할 수 있도록 촉진할 수 있는 능력을 갖추고 있어야 한다. 셋째, '시설 및 인적 자원 관리 · 동원가로서의 역할'은 청소년지도에 필요한 프로그램 운영 시에 필수적인 요소로서 청소년지도자가 속한 기관의 시설 및 인적 자원을 잘 관리할 뿐 아니라 추가적으로 신규 시설 또는 인력이 필요할 경우에 그동안 마련된 정보를 통해 신속하게 대처할 수 있어야 한다. 시설은 청소년의 안전과 관련되어 있으므로 상시적으로 관리가 이루어져야 하며, 인적 자원은 지도에 필요한 인력풀(pool) 등을 마련하여 필요시에 적절하게 투입될 수 있도록 해야 한다. 넷째, '상담자로서의 역할'은 청소년이 있

---

1) 영국의 직업 안내 사이트(https://myjobsearch.com/careers/youth-worker.html, 2020. 2. 4. 검색)를 참조하여 제시하였다.

는 곳이라면 어디든지 수시로 수행하게 되는 역할이기도 하다. 청소년 프로그램을 지도하더라도 프로그램의 운영 기술만으로 이루어지는 것이 아니라 청소년의 욕구와 특성을 파악하기 위해서도 청소년 및 보호자, 관계자 등과 상담을 하는 경우가 종종 있다. 또한 청소년은 학교교사나 부모가 아닌 청소년지도자에게 수시로 자신의 고민을 털어놓기도 하고, 때로는 보호자가 청소년기 자녀에 대한 걱정을 늘어놓기도 한다. 따라서 청소년지도자는 공감, 경청 등의 기본적인 상담기술을 익혀 두어야 할 뿐 아니라, 기회가 된다면 상담 관련 전문교육을 받는 것도 필요하다. 다섯째, '청소년의 권한부여 및 인권옹호자로서의 역할'은 청소년을 보다 적극적인 존재로 바라보는 시각에서 출발한다. 청소년이 자기 삶의 주인으로서 그 역할을 충분히 해낼 수 있도록 청소년지도자 역시 능동적으로 지원해야 한다. 여전히 사회적 약자인 청소년이 가정·학교·사회 등에서 이들의 인권이 유보되고 침해되지 않도록 인권침해 상황을 개선하고 청소년인권을 수호하는 데 앞장서야 한다. 또한 청소년인권이 잘 지켜질 수 있도록 관련된 제도와 문화를 개선하는 일에도 최선을 다해야 한다.

## (2) 청소년지도자의 직무

청소년지도자가 본인이 속한 기관 내에서 하는 일이 바로 직무이다. 직무는 기관에서 책임을 지고 담당하는 일을 의미한다. 실제 청소년지도의 현장에서 자격을 갖춘 지도자, 즉 청소년지도사의 경우, 기관의 특성에 따라 다소 차이는 있으나 대체로 한 기관에서 하는 직무의 내용이 매우 다양하며, 그 범위를 정하는 것이 쉽지 않다. 이러한 이유로 청소년지도자의 직무가 체계화되어 있지 않았다는 지적이 있었다. 그러나 이에 대한 연구들이 일부 수행되어 왔으며, 2013년부터 전문가들의 논의를 거쳐 국가직무능력표준(National Competency Standards: NCS)에서 청소년지도 영역의 직무가 개발되면서 계속 수정·보완이 이루어지고 있다. 이와 관련하여 김경준·함병수·정익재·서정아(2004)가 제안한 청소년지도사의 직무와 NCS에서의 '청소년지도' 영역 내 '청소년활동' 직무의 세부 내용을 살펴보면 다음과 같다.[2]

---

2) 김경준 등(2004)이 제안한 직무에서의 '작업'과 NCS 내 '능력단위요소'의 세부 내용에는 지식과 기술이 포함되어 있으나 여기에서는 제시하지 않았다.

**표 3-1** 청소년지도사의 직무

| 직무 | 작업 | 직무 | 작업 |
|------|------|------|------|
| 개발 | 청소년특성 이해 | 운영 | 자원 확보 |
| | 수요 및 요구 조사 | | 조직 |
| | 지역사회 조사 | | 실행 |
| | 사례분석 | 평가 | 평가지침 개발 |
| | 성과 예측 | | |
| | 수지 분석 | | 평가 실행 |
| | 가용자원 분석 | | |
| | 계획서 작성 | | 기록 유지 및 관리 |

*출처: 김경준 외(2004).

**표 3-2** NCS에서의 청소년활동 직무의 세부 내용

| 능력단위 | 수준 | 능력단위요소 | 능력단위 | 수준 | 능력단위 |
|---------|------|-------------|---------|------|---------|
| 청소년 사업 기획 | 8 | 전년도 사업성과 분석하기 | 청소년활동 정보관리 | 4 | 청소년활동 정보 수집 및 정리하기 |
| | | | | | 청소년활동 정보 활용하기 |
| | | 상황 분석하기 | | | 청소년활동 정보 사후관리하기 |
| | | 사업방향 결정하기 | 청소년활동 안전·위생 관리 | 4 | 안전관리 계획 수립하기 |
| | | 사업계획서 작성하기 | | | 안전교육하기 |
| 청소년 프로그램 기획 및 설계 | 4 | 자료 조사·분석하기 | | | 안전 점검하기 |
| | | 프로그램 기획하기 | | | 안전사고 발생 시 대처하기 |
| | | 프로그램 마케팅 계획 수립하기 | 지도자 교육훈련 | 7 | 교육훈련 요구 분석하기 |
| | | 프로그램 운영계획안 수립하기 | | | 교육훈련 계획하기 |
| 청소년 프로그램 실행 | 4 | 청소년지도자 교육하기 | | | 교육훈련 실행하기 |
| | | 참여자 모집하기 | | | 교육훈련 결과 평가 및 환류하기 |
| | | 프로그램 환경 조성하기 | 청소년권익 증진활동 지원 | 5 | 청소년 관련 이슈 선정하기 |
| | | 프로그램 실행하기 | | | 실천전략 수립하기 |

| 영역 | | 세부내용 | 영역 | | 세부내용 |
|---|---|---|---|---|---|
| 청소년 프로그램 평가 | 6 | 평가계획 수립하기 | | | 연대협력 구축하기 |
| | | 평가도구 개발하기 | | | 청소년권익증진활동 실천하기 |
| | | 평가 실시하기 | | | 청소년권익증진활동 평가하기 |
| | | 평가 및 환류결과 활용하기 | 청소년현장 실습지도 | 6 | 현장실습지도계획 수립하기 |
| 자원봉사 활동 운영 | 4 | 자원봉사활동 운영계획 수립하기 | | | 실습생 선발 및 교육하기 |
| | | 자원인력 모집·교육·운영하기 | | | 현장실습 지도하기 |
| | | 자원인력 슈퍼비전하기 | | | 현장실습생 슈퍼비전하기 |
| | | 자원봉사활동 평가 관리하기 | | | 현장실습결과 평가하기 |
| 청소년 자치활동 운영 | 4 | 청소년자치활동 사업계획 수립하기 | 청소년 조사연구 | 8 | 청소년특성 분석하기 |
| | | 청소년지도인력 교육하기 | | | 청소년사업 분석하기 |
| | | 청소년 참여자 모집하기 | | | 청소년유관정책 파악하기 |
| | | 청소년자치활동 지원하기 | | | 연구결과 활용하기 |
| | | 청소년자치활동 평가하기 | 청소년수련 활동 인증 및 신고 | 5 | 인증 프로그램 기획·운영하기 |
| 청소년 생활지도 | 4 | 생활지도 계획하기 | | | 인증 프로그램 평가와 사후관리 하기 |
| | | 생활지도 실행하기 | | | |
| | | 생활지도 관리하기 | | | 청소년수련활동 사전신고하기 |
| 청소년 기관 행정지원 | 5 | 행정업무 지원하기 | | | |
| | | 시설관리업무 지원하기 | 청소년교류 활동 지도 | 6 | 국내외 교류사업 운영계획 수립 하기 |
| | | 기관운영위원회 관리하기 | | | 국내외 기관 연계하기 |
| | | 기관평가 대응하기 | | | 국내외 교류사업 운영하기 |
| | | 기관 진단·보완하기 | | | 국내외 교류사업 성과 평가하기 |
| 협업체계 구축·운영 | 6 | 사업계획 수립하기 | 청소년동아리 활동 운영 | 4 | 청소년동아리활동계획 수립하기 |
| | | 지역자원 파악하기 | | | 청소년지도인력 교육하기 |
| | | 연계자원 조성하기 | | | 청소년동아리활동 모집하기 |
| | | 협업체계 운영·관리하기 | | | 청소년동아리활동 지원하기 |
| | | 협업체계 평가하기 | | | 청소년동아리활동 평가하기 |

*출처: 국가직무능력표준(NCS) 홈페이지.[3]

---

3) https://www.ncs.go.kr/th06/bbs_lib_view.do?libDstinCd=01&libSeq=20190906090449598&searchCondition=&searchKeyword=&pageIndex=0(2020. 2. 7. 검색)

NCS는 근로자의 직무수행능력과 직업교육훈련기관에서의 교육훈련 내용 간 불일치 문제를 해결하기 위해 주요 선진국들이 국가직무능력표준 등을 개발하면서 시작되었으며, 우리나라도 2002년부터 NCS를 개발하기 시작하여 2019년 6월 기준, 1,001개 직무(12,405개 능력단위)를 고시하였다(강순희·박준석·서정하, 2019). 청소년지도와 관련된 직무로는 청소년지도(소분류) 영역 내에 청소년활동, 청소년상담복지, 진로지원(세분류)의 3개 직무가 제시되어 있다. 이 중에서 청소년지도사의 대표적인 직무인 '청소년활동'을 중심으로 살펴보면, 청소년활동은 ① 청소년사업 기획, ② 청소년 프로그램 기획 및 설계, ③ 청소년 프로그램 실행, ④ 청소년 프로그램 평가, ⑤ 자원봉사활동 운영, ⑥ 청소년자치활동 운영, ⑦ 청소년생활지도, ⑧ 청소년기관 행정지원, ⑨ 협업체계 구축·운영, ⑩ 청소년활동정보관리, ⑪ 청소년활동 안전·위생관리, ⑫ 지도자 교육훈련, ⑬ 청소년권익증진활동 지원, ⑭ 청소년현장실습지도, ⑮ 청소년조사연구, ⑯ 청소년수련활동 인증 및 신고, ⑰ 청소년교류활동 지도, ⑱ 청소동아리활동 운영으로 총 18개의 능력단위에 75개의 능력단위요소로 이루어져 있다.[4] '능력단위'는 해당 직무에서 업무를 수행하기 위해 요구되는 능력이며, '능력단위요소'는 능력단위를 구성하는 주요 핵심 하위 능력을 의미한다. 직무능력의 복잡성과 난이도 등에 따라 1~8 '수준'으로 구분한다(〈표 3-2〉 참조).

이와 같이 청소년지도사는 주로 청소년활동 프로그램을 개발·운영·평가할 뿐만 아니라 행정업무를 지원하고 지도자의 교육훈련을 담당하며, 조사연구 등을 수행하는 직무를 수행한다.

이 외에도 영국에서의 청소년지도자의 직무(youth worker's responsibilities)를 소개하면 다음과 같다.[5]

- 예술, 공예, 드라마, 스포츠 및 음악 등 청소년을 참여시키기 위한 활동을 조직하기
- 청소년과 친구가 되고 지원하기

---

4) 2013년에 직업능력개발훈련기준이 개발된 이후 2016년과 2018년에 걸쳐 수정·보완이 이루어졌다.
5) https://www.jobisjob.co.uk/youth-worker/job-description(2020. 2. 7. 검색)

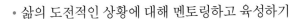

- 삶의 도전적인 상황에 대해 멘토링하고 육성하기
- 청소년 자원을 관리하고 집행하기
- 청소년을 위한 상담을 제공하기
- 집단 따돌림, 범죄 또는 마약과 같은 특정 문제를 해결하는 활동을 준비하고 제공하기
- 청소년과 여행가기
- 청소년과 개별 회기 작업을 수행하기
- 특정 청소년 프로젝트의 재정적 지원을 높이기 위한 자금 출처 알아보기 및 자금 신청하기
- 지역 사회 내에서 일하는 경찰, 사회복지사 및 기타 전문가와의 만남
- 사업계획서 작성
- 보고서 작성
- 관리 업무 수행
- 이메일 또는 전화 문의에 대한 응답
- 자원봉사자 모집 및 훈련 및 관리
- 재무 기록 관리 및 예산 계획
- 특정 단점이나 취약점이 있는 특정 청소년 대상의 활동 제공
- 청소년 연계 서비스 제공 기관에 청소년 추천

## 02 청소년지도자의 전문성

청소년지도자의 전문성과 관련해서는 청소년지도사와 청소년상담사라는 국가전문자격제도가 있으며, 여기서는 청소년지도사에 대해 소개하고자 한다. 청소년지도사 자격제도는 청소년지도자의 체계적·전문적인 양성을 위해 「청소년기본법」제20조에서 그 내용을 규정하여 1993년부터 국가 공인 청소년지도사를 양성해 오고 있다. 2019년 7월 기준 총 53,773명이 배출되었다(〈표 3-3〉 참조).

| 표 3-3 | 청소년지도사 양성 현황 | | | (단위: 명) |
|---|---|---|---|---|
| 연도 | 1급 | 2급 | 3급 | 합계 |
| 1993 | 0 | 485 | 228 | 713 |
| 1994 | 96 | 375 | 237 | 708 |
| 1995 | 101 | 361 | 253 | 715 |
| 1996 | 47 | 193 | 101 | 341 |
| 1997 | 131 | 314 | 190 | 635 |
| 1998 | 120 | 280 | 193 | 593 |
| 1999 | 128 | 530 | 210 | 868 |
| 2000 | 113 | 585 | 290 | 988 |
| 2001 | 97 | 990 | 496 | 1,583 |
| 2002 | 117 | 837 | 475 | 1,429 |
| 2003 | 90 | 700 | 580 | 1,370 |
| 2004 | 74 | 663 | 580 | 1,317 |
| 2005 | 31 | 456 | 905 | 1,392 |
| 2006 | 90 | 792 | 366 | 1,248 |
| 2007 | 31 | 695 | 183 | 909 |
| 2008 | 27 | 2,086 | 631 | 2,744 |
| 2009 | 34 | 2,165 | 732 | 2,931 |
| 2010 | 53 | 2,374 | 868 | 3,295 |
| 2011 | 82 | 2,262 | 707 | 3,051 |
| 2012 | 8 | 2,502 | 752 | 3,262 |
| 2013 | 41 | 3,040 | 754 | 3,835 |
| 2014 | 0 | 62 | 44 | 106 |
| 2015 | 28 | 3,275 | 759 | 4,062 |
| 2016 | 76 | 3,346 | 674 | 4,096 |
| 2017 | 51 | 3,032 | 698 | 3,781 |
| 2018 | 64 | 3,024 | 784 | 3,872 |
| 2019 (7월 기준) | 135 | 2,966 | 828 | 3,929 |
| 누계 | 1,865 | 38,390 | 13,518 | 53,773 |

*출처: 청소년지도사 종합정보시스템[6]

6) http://www.youth.go.kr/yworker/usr/intro/produce.do(2020. 2. 7. 검색)

# 1) 청소년지도사의 응시자격

청소년지도사는 1, 2, 3급으로 구분되며, 청소년 관련 분야의 경력·기타 자격을 갖춘 자로서 자격검정에 합격하고 소정의 연수를 마친 자에게 국가자격을 부여한다. 청소년지도사는 청소년활동 프로그램 및 사업을 전담하여 청소년의 수련활동, 지역·국가 간 교류활동, 동아리활동, 봉사활동, 예술활동 등을 지도한다(여성가족부, 2018). 청소년지도사의 등급별 자격검정에 응시할 수 있는 자격기준과 자격검정의 과목 및 방법은 ⟨표 3-4⟩와 ⟨표 3-5⟩와 같다.

**표 3-4  청소년지도사의 응시자격 기준**

| 등급 | 응시자격 기준 |
|---|---|
| 1급<br>청소년지도사 | 2급 청소년지도사 자격 취득 후 청소년활동 등 청소년육성업무에 종사한 경력이 3년 이상인 사람 |
| 2급<br>청소년지도사 | 1. 대학 졸업(예정)자 또는 이와 같은 수준 이상의 학력이 있는 사람으로서 2급 청소년지도사 자격검정에 필요한 과목 모두를 전공과목으로 이수한 사람<br>2. 2005년 12월 31일 이전에 대학을 졸업하였거나 이와 같은 수준 이상의 학력을 취득한 사람으로서 [별표 1]의 2에 따른 과목을 이수한 사람<br>3. 대학원의 학위과정 수료(예정)자로서 2급 청소년지도사 자격검정에 필요한 과목 모두를 전공과목으로 이수한 사람<br>4. 2005년 12월 31일 이전에 대학원의 학위과정을 수료한 사람으로서 [별표 1]의 2에 따른 과목 중 필수영역 과목을 이수한 사람<br>5. 대학 졸업 또는 이와 같은 수준 이상의 학력이 있다고 다른 법령에서 인정받은 후 청소년활동 등 청소년육성업무에 종사한 경력이 2년 이상인 사람<br>6. 전문대학 졸업 또는 이와 같은 수준 이상의 학력이 있다고 다른 법령에서 인정받은 후 청소년활동 등 청소년육성업무에 종사한 경력이 3년 이상인 사람<br>7. 3급 청소년지도사 자격 취득 후 청소년활동 등 청소년육성업무에 종사한 경력이 2년 이상인 사람<br>8. 고등학교 졸업 또는 이와 같은 수준 이상의 학력을 인정받은 후 청소년활동 등 청소년육성업무에 종사한 경력이 8년 이상인 사람 |

| 3급<br>청소년지도사 | 1. 전문대학 졸업(예정)자 또는 이와 같은 수준 이상의 학력이 있는 사람으로서 3급 청소년지도사 자격검정에 필요한 과목 모두를 전공과목으로 이수한 사람 |
| --- | --- |
| | 2. 2005년 12월 31일 이전에 전문대학을 졸업하였거나 이와 같은 수준 이상의 학력을 취득한 사람으로서 [별표 1]의 2에 따른 과목을 이수한 사람 |
| | 3. 전문대학 졸업 또는 이와 같은 수준 이상의 학력이 있다고 다른 법령에서 인정받은 후 청소년활동 등 청소년육성업무에 종사한 경력이 2년 이상인 사람 |
| | 4. 고등학교 졸업 또는 이와 같은 수준 이상의 학력이 있다고 다른 법령에서 인정받은 후 청소년활동 등 청소년육성업무에 종사한 경력이 3년 이상인 사람 |

*출처: 「청소년 기본법 시행령」 제20조 제3항 관련 [별표 1].

**표 3-5  청소년지도사의 자격검정 과목 및 방법**

| 구분 | 검정과목 | 검정방법 | |
| --- | --- | --- | --- |
| 1급 | 청소년연구방법론, 청소년 인권과 참여, 청소년정책론, 청소년기관 운영, 청소년지도자론 | 주관식 · 객관식 필기시험 | |
| 2급 | 청소년육성제도론, 청소년지도방법론, 청소년심리 및 상담, 청소년문화, 청소년활동, 청소년복지, 청소년프로그램 개발과 평가, 청소년문제와 보호 | 객관식<br>필기시험 | 면접<br>(3급 청소년지도사<br>자격증 소지자는<br>면접시험 면제) |
| 3급 | 청소년육성제도론, 청소년활동, 청소년심리 및 상담, 청소년문화, 청소년지도방법론, 청소년문제와 보호, 청소년프로그램 개발과 평가 | 객관식<br>필기시험 | 면접 |

*출처: 「청소년 기본법 시행령」 제20조 제3항 관련 [별표 2].

## 2) 청소년지도사의 양성체계

청소년지도사의 양성은 여성가족부 주관으로 한국산업인력공단에 위탁하여 자격검정을 실시하고, 자격검정에 합격한 자에게 한국청소년활동진흥원에서 연수를 실시하고 난 뒤에 청소년지도사 자격증을 교부하고 있다(여성가족부, 2018). 청소년지도사 자격을 얻기 위해서는 자격검정에 합격하는 것은 물론 반드시 연수를 받아야 한다. 청소년지도사의 자격검정 및 연수 체계도는 [그림 3-2]와 같다.

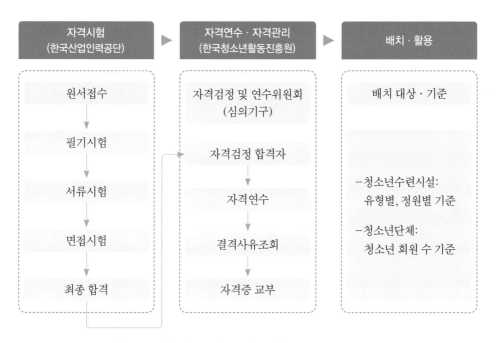

[그림 3-2] 청소년지도사의 자격검정 및 연수체계도

*출처: 여성가족부(2018).

청소년지도사 자격검정에서 합격하기 위해서는 필기시험 매 과목 40점 이상, 전 과목 평균 60점 이상의 점수를 받아야 한다. 또한 2008년 1월부터는 2급 자격기준 중 대학졸업(예정)자 또는 이와 동등 이상의 학력이 있는 자로서 2급 청소년지도사 자격검정에 필요한 과목 모두를 전공과목으로 이수한 자와, 3급 지도사의 경우 전 문대학 졸업(예정)자 또는 이와 동등 이상의 학력이 있는 자로서 3급 청소년지도사 자격검정에 필요한 과목 모두를 전공과목으로 이수한 자는 해당 급수의 청소년지도사 자격검정 필기시험을 면제받는다. 자격검정에 합격한 자를 대상으로 실시하는 연수는 31시간이며, 자질과 전문성을 함양할 수 있는 내용으로 구성된다(여성가족부, 2018).

## 3) 청소년지도사의 배치기준

청소년지도사가 근무하게 되는 청소년단체 및 청소년수련시설에는 법적(「청소

**표 3-6** 청소년시설별 청소년지도사의 배치기준

| 배치대상 | | 배치기준 |
|---|---|---|
| 청소년<br>수련시설 | 청소년수련관 | 1급 또는 2급 청소년지도사 각각 1명 이상을 포함하여 4명 이상의 청소년지도사를 두되, 수용인원이 500명을 초과하는 경우에는 500명을 초과하는 250명당 1급, 2급 또는 3급 청소년지도사 중 1명 이상을 추가로 둔다. |
| | 청소년수련원 | 1) 1급 또는 2급 청소년지도사 1명 이상을 포함하여 2명 이상의 청소년지도사를 두되, 수용정원이 500명을 초과하는 경우에는 1급 청소년지도사 1명 이상과 500명을 초과하는 250명당 1급, 2급 또는 3급 청소년지도사 중 1명 이상을 추가로 둔다.<br>2) 지방자치단체에서 폐교시설을 이용하여 설치한 시설로서 특정 계절에만 운영하는 시설의 경우에는 청소년지도사를 두지 않을 수 있다. |
| | 유스호스텔 | 청소년지도사를 1명 이상 두되, 숙박정원이 500명을 초과하는 경우에는 1급 또는 2급 청소년지도사 1명 이상을 추가로 둔다. |
| | 청소년야영장 | 1) 청소년지도사를 1명 이상 둔다. 다만, 설치ㆍ운영자가 동일한 시ㆍ도 안에 다른 수련시설을 운영하면서 청소년야영장을 운영하는 경우로서 다른 수련시설에 청소년지도사를 둔 경우에는 그 청소년야영장에 청소년지도사를 별도로 두지 않을 수 있다.<br>2) 국가, 지방자치단체, 그 밖에 공공법인이 설치ㆍ운영하는 청소년야영장으로서 청소년수련거리의 실시 없이 이용 편의만 제공하는 경우에는 청소년지도사를 두지 않을 수 있다. |
| | 청소년문화의집 | 청소년지도사를 1명 이상 둔다. |
| | 청소년특화시설 | 1급 또는 2급 청소년지도사 1명 이상을 포함하여 2명 이상의 청소년지도사를 둔다. |
| 청소년단체 | | 청소년회원 수가 2천 명 이하인 경우에는 1급 청소년지도사 또는 2급 청소년지도사 1명 이상을 두되, 청소년회원 수가 2천 명을 초과하는 경우에는 그 초과하는 2천 명마다 1급 청소년지도사 또는 2급 청소년지도사 1명 이상을 추가로 두며, 청소년회원 수가 1만 명 이상인 경우에는 청소년지도사의 5분의 1 이상은 1급 청소년지도사로 두어야 한다. |

*출처: 「청소년 기본법 시행령」 제25조 제2항 관련 [별표 5].

년 기본법」)으로 청소년지도사의 배치기준이 마련되어 있다. 구체적인 기준은 〈표 3-6〉과 같다.

이와 같이 청소년시설에 배치된 청소년지도사에게는 국가 및 지방자치단체가 예산의 범위 안에서 그 활동비의 전부 또는 일부를 보조할 수 있다.

## 4) 청소년지도사의 각종 연수

변화하고 있는 청소년지도의 현장을 이해하고 청소년지도사의 역량을 강화하기 위하여 자격연수, 보수교육, 전문연수, 직무연수 등 다양한 연수가 운영되고 있다.

### (1) 자격연수

청소년지도사 1, 2, 3급 자격검정에 합격한 자를 대상으로 3박 4일간(30시간 이상) 연수를 이수하도록 하고 있다. 자격연수는 청소년지도사로서의 역할과 사명의식을 고취하고, 청소년지도사로서의 지식·기술·태도 등 청소년에 대한 이해와 청소년 분야 전반에 대한 지식과 실천능력 배양을 배양하기 위해서 실시되고 있다. 또한 현장중심의 교육 및 정보습득을 통해 청소년활동 현장을 이해하고, 전문성을 강화한 현장중심의 청소년지도사를 양성하기 위한 목적으로 운영되고 있다. 이론 강의, 분

**표 3-7** 청소년지도사 자격연수 방법

- 이론강의: 청소년지도사의 전문성을 발휘하기 위하여 필요한 기본과목과 다양한 청소년활동관련 이론 및 기법을 분야별로 설정·강의한다.
- 분임토의: 연수자들의 관심영역을 심도 있게 연구·토의할 수 있도록 세미나 및 워크숍을 진행한다.
- 실습: 현장에서 이루어질 수 있는 청소년활동관련 업무를 경험할 수 있도록 실습시간을 운영한다.
- 사전과제: 청소년활동과 관련한 주제로 분임토의와 연계되도록 내용조사 및 분석을 통해 대안을 마련하고 제출한다.
- 온라인강의: '청소년활동과 안전과목' 온라인 수료 시 2시간을 인정하며 성취도평가, 진도율에 따라 수료 여부를 결정한다.

*출처: 「청소년지도사 자격연수 운영세칙」 제5조.

임토의, 실습, 사전 과제, 온라인 강의 등을 중심으로 이루어진다.

최종 30시간 이상 이수하고, 성취도평가, 분임토의평가, 과제물평가, 생활평가의 4개 영역에 60점 이상일 경우 수료로 인정한다.

## (2) 보수교육

현장에서 근무하고 있는 청소년지도사를 대상으로 2박 3일간(15시간 이상) 실시하고 있다.[7] 청소년지도사로서 직무수행에 요구되는 전문지식, 기능, 정보 등을 제공하여 청소년지도사의 역량을 강화하고, 청소년을 둘러싼 성장 환경 변화와 시대적·사회적 요구에 대응하기 위해 청소년지도사의 전문성을 증진함은 물론 인문사회학적 소양을 기반으로 청소년분야의 전반적인 흐름을 이해하기 위한 목적으로 운영되고 있다. 청소년정책 및 권리교육, 양성평등교육, 아동학대 신고 의무자 교육, 청소년활동과 안전, 직업윤리 등을 필수과목으로 운영하고 있다.

한편 보수교육을 받지 않을 경우, 1차 위반 30만 원, 2차 이상 위반 50만 원의 과태료가 부과된다.

## (3) 전문연수

청소년시설·단체 종사자 및 청소년관련 유관기관 업무 담당자 외 교육내용에 관심있는 자를 대상으로 1일~5박 6일 형태로 운영된다. 40시간 이상의 과정을 수료할 경우, 청소년지도사 자격검정 자격요건 중 청소년육성업무 종사경력 2개월이 인정된다. 주로 교육대상의 특성을 반영한 직무역량과 현장의 추세를 반영한 다양한 교육과정을 개설하여 이론과 실기 교육시간의 적절한 분배로 참여식 학습(실습, 토론, 워크숍 등)을 실시한다.

## (4) 직무연수

청소년시설·단체 종사자, 보호, 상담 등 유관 업무 담당자를 대상으로 운영되며

---

7) 청소년수련시설, 청소년활동진흥센터, 청소년단체(여성가족부 장관 고시)에 근무하고 있는 청소년지도사가 해당된다.

연수시간은 과정에 따라 별도로 적용된다. 현장 청소년지도인력의 직무별 특성을 고려한 직무중심의 교육과정을 연계하여 실시하고, 청소년을 직접 지도하는 지도자들의 실무 이해를 통한 현장지도 능력을 배양하며, 조직 내 직무별 연수를 통하여 내부 직원의 역량강화 교육을 실시하기 위해 운영하고 있다.

**표 3-8  직무연수의 연수과정**

| 과정명 | 교육내용 |
|---|---|
| 내부직원 직무연수 | 신입직원 향상교육, 중간(고급)관리자 과정, 사내강사 양성과정 |
| 청소년자원봉사 지도자 직무연수 | 청소년자원봉사의 이해, 청소년자원봉사 프로그램 운영, 청소년 자원봉사 교육방법 등 |
| 포상담당관 직무연수(위탁연수) | 국제성취포상제의 이해, 운영방법 및 절차, 포상시스템 활용 등 |
| 청소년수련시설 종사자 안전교육(위탁 연수) | 응급처치 일반(전문)과정, 안전교육체험(농연, 완강기체험 등) 등 |

*출처: 청소년지도사 종합정보시스템[8]

**요약**

1. 청소년지도자는 청소년의 조화로운 성장과 발달을 위해 청소년활동 (프로그램) 등을 제공·지원하는 일을 하는 사람이라고 할 수 있다.

2. 청소년지도자는 프로그램 개발 및 운영자로서의 역할, 변화촉진자로서의 역할, 시설 및 인적 자원 관리·동원가로서의 역할, 상담자로서의 역할, 청소년의 권한부여 및 인권옹호자로서의 역할 등 다양한 역할을 수행한다.

---

8) http://www.youth.go.kr/yworker/usr/entrust/intro.do(2020. 2. 7. 검색)

3. 청소년지도사의 대표적인 직무인 '청소년활동'에 대해 국가직무능력표준(NCS)에서는 총 18개의 능력단위, 즉 ① 청소년사업 기획, ② 청소년프로그램 기획 및 설계, ③ 청소년프로그램 실행, ④ 청소년프로그램 평가, ⑤ 자원봉사활동 운영, ⑥ 청소년자치활동 운영, ⑦ 청소년생활지도, ⑧ 청소년기관 행정지원, ⑨ 협업체계 구축·운영, ⑩ 청소년활동정보관리, ⑪ 청소년활동 안전·위생관리, ⑫ 지도자 교육훈련, ⑬ 청소년권익증진활동 지원, ⑭ 청소년현장실습지도, ⑮ 청소년조사연구, ⑯ 청소년수련활동 인증 및 신고, ⑰ 청소년교류활동지도, ⑱ 청소동아리활동 운영으로 구분하였다.

4. 청소년지도자의 체계적이고 전문적인 양성을 위해 청소년지도사 자격제도가 1993년부터 시행되어 2019년(7월 기준)까지 총 53,773명이 배출되었다.

5. 청소년지도사는 1, 2, 3급으로 구분되며, 청소년관련 분야의 경력·기타 자격을 갖춘 자로서 자격 검정에 합격하고 소정의 연수를 마친 자에게 국가자격을 부여한다.

6. 청소년지도사가 근무하게 되는 청소년단체 및 청소년수련시설에는 법적으로 청소년지도사의 배치기준이 마련되어 있어 이를 준수해야 한다.

7. 청소년지도사는 자격연수, 보수교육, 전문연수, 직무연수 등 다양한 연수를 통해 이들의 역량강화를 위해 노력하고 있다.

 참고문헌

강순희·박준석·서정하(2019). NCS 구성 및 수준체계에 관한 연구. 울산: 한국산업인력공단.

권일남·오해섭·이교봉(2010). 청소년활동론. 경기: 공동체.

김경준·함병수·정익재·서정아(2004). 청소년지도사 자격제도 개선방안. 서울: 한국청소년개발원.

김영인·김민(2008). 청소년지도방법론. 서울: 한국방송통신대학교출판문화원.

여성가족부(2011). 2011 청소년백서. 서울: 여성가족부.

여성가족부(2018). 2018 청소년백서. 서울: 여성가족부.

한국청소년개발원(2003). **청소년수련활동론**. 서울: 교육과학사.

한준상(1999). 청소년 연구의 세계적 동향과 청소년학의 과제. 1999년 한국청소년학회 학술
　대회 자료집.

제4장

# 청소년지도사 직무역량

학습개요

　청소년활동의 중요성에 대한 인식은 자연스럽게 이를 담당하는 전문가인 청소년지도사에 대한 관심으로 옮겨지고 있다. 청소년지도사는 청소년활동을 조직적·체계적으로 개발하고 촉진하여 청소년의 참여 만족도와 적응수준에 영향을 주기 때문에 이들의 전문성은 청소년활동 및 지도에 있어 매우 중요한 요인이다. 특히, 교사의 역량에 따른 교육효과의 편차가 적은 학교교육과 달리, 청소년활동 현장은 지도자 개인의 능력과 자질에 의해 성공 여부가 크게 좌우될 수밖에 없으므로 청소년지도사가 갖추어야 할 전문성 개발은 매우 중요하다.

　특정 직무를 수행하기 위해 국가적 차원에서 표준화한 국가직무능력표준(National Competency Standards: NCS)이 개발되었고, 청소년활동에 대한 표준직무는 2015년도에 완성되었다. NCS에 따르면, 청소년지도사의 주요 직무인 청소년활동 표준직무는 '청소년사업을 기획, 홍보하며, 청소년 프로그램을 개발 적용하고 평가하는 일련의 과정을 말하는 것으로, 자원관리, 인증관리, 행정관리, 네트워크 관리, 정보관리 등을 통하여 이를 효율적으로 지원하는 일'로 정의할 수 있다.

　이 장에서는 청소년을 지도하기 위해 필요로 하는 표준직무 외에 청소년지도사의 직무역량을 설명하고, 역량을 개발하기 위해 도움을 줄 수 있는 방안을 마련한다.

**01** **역량의 일반적 개념**

## 1) 역량의 개념

역량(competency)이란 직무를 수행하고 성과를 내기 위해 필요한 능력을 말한다 (Dubois, 1998). 역량은 1973년 하버드 대학교의 심리학자인 맥클랜드(McClelland) 에 의해 처음으로 제시되었다. 그는 「지능검사에 대한 역량검사의 우위성(Testing for Competence Rather Than Intelligence)」이라는 논문에서 전통적인 의미의 지능검 사보다는 개인이 수행하는 직무에서 실제로 성과로 나타나는 역량 평가가 더 의미 있다는 입장을 밝히고 있다. 맥클랜드(1973)는 학업적성검사나 성취도검사들이 업 무성과나 직업에서의 성공을 예측할 수 있으나 상당 부분 개선될 여지가 있다는 것 을 강조하면서 성공적인 업무수행자와 평균적인 업무수행자를 비교해서 성공과 관 련된 특성을 규명하는 데 초점을 맞추었다. 그의 초기 역량개념은 그 이후에 나타난 역량과 관련된 논문들의 기초가 되는 매우 중요한 공헌을 했다고 할 수 있다.

역량은 크게 조직역량과 개인역량으로 구분된다. 먼저, 조직역량은 어떤 조직의 제품과 서비스를 다른 경쟁자의 그것과 구별되는 기술, 시스템, 문화 등의 경쟁우 위 요소를 말하며, 조직이 지니고 있는 고유하고 독자적인 강점이라고 할 수 있다. 조직역량의 핵심은 조직 내부의 기술이나 단순한 기능을 뛰어넘는 노하우를 포함 한 종합적인 역량으로서 조직경쟁력을 의미한다. 다음으로, 개인역량이란 조직구 성원이 각자의 업무에 사용되는 지식, 기술, 태도의 집합체로서 행동으로 발휘되는 것을 말한다. 따라서 역량은 조직구성원 개인의 높은 성과를 창출한 고성과자(high performer)로부터 일관되게 관찰되는 행동특성을 말하며, 지식, 기술, 태도, 가치의 상호작용에 의해 성공적 결과를 이끌어 낸 행동을 말한다. 역량은 이러한 행동을 인 사평가나 인재육성에 활용하기 위해 높은 업적을 올리는 사람의 행동특성을 규명 한 것을 말한다. 역량에 대한 개념은 학자에 따라 다양하게 정의내리고 있다. 이러한 이유는 접근 관점(이론, 학문)과 사용되는 맥락 및 목적이 다양하기 때문이다.

## 2) 역량의 특성

역량은 크게 6가지로 나누어서 그 특성을 살펴보고 있다.

첫째, 업무의 수행과정에서 나타나는 구체적인 행동이다. 능력은 일반적으로 지식·기술·지능·성특성 등으로 생각하지만, 역량은 직무수행에서 나타나는 개인의 행동특성을 중심으로 파악한다. 고성과를 얻기 위한 행동을 뒷받침하고 있는 것이 전문지식과 기술이며, 역량은 그 사람의 의욕과 근본적인 사고방식이 가미되어 발휘된 구체적 행동을 의미한다.

둘째, 조직의 변화를 지원한다. 역량은 경영 환경의 변화에 따라 조직에서 최근 또는 미래에 필요한 역량을 규명하고 중요성이 감소되고 있는 기술을 규명하여 배제 시킨다.

셋째, 상황 대응적이다. 개인의 역량은 두 가지 요인, 즉 조직이 제시하는 업적 기준과 직무수행 환경에 따라 달라진다. 업적 기준, 즉 핵심성과지표(Key Performance Indicator: KPI)에 의해 고성과자가 규정될 수 있고, 상사와의 관계, 권한 위양 정도, 팀 구성원의 팀워크와 정보 공유 정도 등 직무수행 환경에 따라 개인의 행동이 달라진다. 따라서 동일한 역량명이라 할지라도 직무마다 다르게 정의되고 발휘된다.

넷째, 성과에 초점을 맞춘다. 직무분석이 일의 절차나 단계, 구성요소를 분석하는 데 초점을 둔다면, 역량은 비즈니스 성과 증대(performance improvement)에 초점을 둔다. 높은 성과 창출의 근거가 되는 행동특성으로서 고성과자로부터 일관되게 관찰되는 성과예측 요소이다.

다섯째, 개발이 가능하다. 교육훈련, 코칭, 도전적 직무, 높은 목표 설정, 유익한 피드백 등에 의해 역량은 개발 가능하고 학습 가능한 것이다. 다만, 개발방법이 교육훈련에만 국한된 것은 아니다. 역량은 개발이 쉬운 것과 개발이 어려운 것이 있으나 양자를 모두 개발하여 균형을 이루는 것이 중요하다. 양자를 모두 개발하는 균형을 이루는 것이 중요하다.

여섯째, 관찰과 측정이 가능하다. 역량은 행위중심으로 기술되기 때문에 관

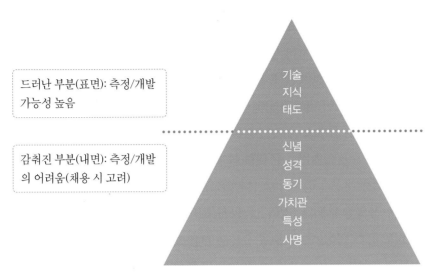

드러난 부분(표면): 측정/개발 가능성 높음

기술
지식
태도

감춰진 부분(내면): 측정/개발의 어려움(채용 시 고려)

신념
성격
동기
가치관
특성
사명

[그림 4-1] 역량의 구조

*출처: Spencer & Spencer (1993)의 내용을 수정함.

찰 가능하다. 그러므로 타인이 쉽게 평가하여 피드백을 제공하게 되며, 수행표 (performance targets)를 구체화하고 시간에 따른 변화를 객관적으로 측정하는 데 도움을 준다. 역량은 지속적으로 급한 환경변화에 대응하여 개발되고 육성되기 때문에 조직의 전략적 경영표를 달성하는 데 필수적으로 요구되는 것이라 할 수 있다.

역량의 구조 중 지식과 기술은 비교적 가시적이며 표면적인 특성으로 개발 가능성이 높다. 그러나 특성, 동기, 가치관은 잘 드러나지 않는 부분으로 개발이 어렵기 때문에 선발하는 데 초점을 맞추는 것이 오히려 효과적이라 할 수 있다.

이와 같이 역량이 주목받는 이유를 구체적으로 설명하면 다음과 같다. 조직의 계층구조가 크게 단축되고 있으며 또한 조직인력이 크게 감소되고 있고 조직 간의 인수합병이 더 활발해지고 있다. 그리고 다기능의 팀 조직이 확산되고 있으며, 이러한 요인은 조직구성원의 변화와 적응력을 더욱더 필요로 한다. 이를 요약하면, 경영 환경의 변화로 인한 조직의 대응과정에서 조직구성원의 현재의 역량뿐만 아니라 미래의 변화에 적응하고 새로운 능력을 개발할 수 있는 역량이 더 중요시된다는 것이다. 그리고 기존의 인사평가제도가 안고 있는 공정성과 객관성의 문제를 해결할 수 있기 때문이다(Herriot & Pemberton, 1995).

과거 또는 현재의 평가 체제가 능력, 열의, 태도 등 제3자의 입장에서 명확히 판단하기 어려운 지표를 평가의 기준으로 삼고 있어서 공정성과 객관성을 담보하기 어렵다. 또한 사람이 아니라 업무에 대한 결과를 평가한다는 점에서 조직구성원의 역량을 최대한 향상시켜 인재의 효율을 높이려는 인사제도의 근본 취지와 상반되는 문제점이 지적된다. 이러한 문제점을 개선하기 위해서 특히 역량중심의 인적 자원관리가 새로운 대안으로 주목받는다. 또한 조직 전략과의 연계성, 성과 지향성과 구체성, 유연성 때문에 더욱 그렇다고 할 수 있다.

## 02 청소년지도사의 직무역량

### 1) 청소년지도사의 직무

학계에서는 청소년지도사의 역할이 무엇인지, 그에 따른 구체적인 직무가 무엇인지를 확인하고 조사하면서 구체적인 직무가 연구되어 왔다(원지윤, 2011; 이원희, 2015; 장미, 2011; 한상철, 2009). 직무역량이란 수행하는 직무의 성과를 높이고 교육이나 훈련을 통해 개선될 수 있는 지식·기술·태도의 집합체로 정의된다(Parry, 1996). 청소년지도사가 수행하는 직무(work)는 이들의 역할(role)에 대한 정립이 우선적으로 이루어져야 효과적으로 도출할 수 있다.

특정 직무를 수행하기 위해 요구되는 능력을 국가적 차원에서 표준화한 국가직무능력표준화(National Competency Standard: NCS) 사업이 추진되었고, 최근 이의 일환으로 청소년활동에 대한 표준직무가 2015년도에 완성되었다. NCS에 따르면, 청소년지도사가 수행하는 청소년활동 표준직무는 '청소년사업을 기획·홍보하며, 청소년 프로그램을 개발·적용하고 평가하는 일련의 과정을 말하며, 자원관리, 인증관리, 행정관리, 네트워크 관리, 정보관리 등을 통하여 이를 효율적으로 지원하는 일'로 정의할 수 있으며, 청소년활동 관련 직업군에서 요구되는 개별 직무를 의미하는 능력단위 요소 18개와 능력단위 하위 요소 75개로 구성되어 있다(2018년 기준).

따라서 이러한 청소년지도사의 직무 성과를 효과적이고 체계적인 방법을 통해 필요 역량을 개발하고, 향상시키도록 지원하는 것은 매우 중요하다.

NCS는 국가직무능력표준을 뜻하는 말로서 「자격기본법」 제2조에 따르면 산업현장에서 직무를 수행하기 위해 요구되는 지식, 기술, 소양 등의 내용을 국가가 산업부문별, 수준별로 체계화한 것이다. 국가수준에서 직무능력표준을 제시하게 된 직접적인 계기는 박근혜 정부의 국정과제 중 '능력중심사회를 위한 여건조성' 정책의 일환이었다. 능력중심사회를 구현하기 위해서 현장중심의 교육과정, 즉 NCS를 개발·보급하겠다는 것이며, 결과적으로 기업이 원하는 교육을 대학에서 미리 실시함으로써 졸업 후 기업에서 재교육에 소요되는 경비를 대폭 줄이겠다는 취지이다. 더불어 NCS 기반 교육과정을 이수한 인력을 선발할 수 있도록 능력중심의 직무체제를 마련하려는 것이다(구자길, 2014).

국가차원의 직무능력에 대한 논의는 이미 1999년 국무조정실의 자격제도 규제 개혁 과제의 일환으로 국가직무능력표준 개발 사업이 처음 제시되었고, 2002년부터 교육과학기술부와 고용노동부가 국가직무능력표준과 국가직업능력표준 개발을 각각 추진해 왔다. 이후 2007년에 「자격기본법령」 개정을 통해 표준개발이 법제화되었고, 두 중앙부처가 추진해 온 표준개발사업의 혼란을 막기 위해 국무조정실의 조정을 거쳐서 2010년부터 국가직무능력표준이라는 용어로 통일하여 사용하게 되었다. 국가직무능력표준 개발사업은 준비기(2003~2007년), 도입기(2008~2012년), 정착기(2013~2020년 등) 3단계로 추진되고 있다(주인중·조정윤·임경범, 2010). 2003년 개발 지침서 개발을 시작으로 2015년에는 대분류 24, 중분류 77개, 소분류 277개, 세분류 857개로 체계화되었다. 또한 직업기초능력으로 10개 영역, 34개 하위 영역 직업인이 공통으로 갖추어야 할 능력이 제시되었다. 청소년분야에서도 청소년지도사의 전문성 제고 측면에서 자격제도 개편 논의와 지도자의 직무역량 향상을 위한 방안이 연구되어 왔다(맹영임·길은배·전명기, 2010; 모상현·이진숙, 2014).

## 2) 청소년지도사 직무역량

청소년지도사는 청소년을 지도하는 전문 인력의 역량과 관련하여 대체로 청소년의 활동을 지도하는 전문가로서의 역할을 주로 다루고 있다. 이에 권일남과 최창욱(2011)은 청소년활동이 다양한 체험과 기회의 균등이라는 차원에서 필요성과 효과성이 있지만, 그 전문성에 대한 기준과 가치에 대한 근거가 부족하다고 지적하였다. 이에 연구자는 「청소년 기본법」과 「청소년활동 진흥법」에서 제시하고 있는 청소년 균형성장의 의미를 반영하여 청소년활동을 개념적으로 정의하고 개념의 하위 구성 요소로 세부 역량(자아역량, 신체역량, 성취동기역량, 문제해결역량, 갈등조절역량, 대인관계역량, 리더십역량, 시민성역량)을 구상하였다.

또한 장미(2011)는 청소년을 지도하는 직무역량 척도개발에 관한 연구를 진행하였는데, 청소년기관에서 지도자가 효율적 업무 수행을 위해 필요한 직무역량을 탐색하고, 이에 대한 진단도구를 개발하여 직무역량을 분석하였다. 이를 통해 청소년지도사의 배출이 증가하고 있으나 전문성이 담보되지 않는 양적 팽창에 대한 문제점을 제기하고, 지도자의 전문성 제고를 위한 자격연수가 실제적인 전문성 향상에 도움이 되지 못한다는 점을 연구를 통해 지적하였다. 그는 지도자가 자신이 담당해야 할 역할과 직무를 효과적으로 수행하기 위해 역량은 필수적이며, 지도자가 자신의 역할을 수행하는 데 필요한 역량을 강화한다면 청소년교육의 질적 향상을 보장할 수 있다고 보았다. 특히 조수연과 양미진(2013)은 델파이 연구를 통해 청소년상담사가 갖추어야 할 주요 역량들을 조사하여 이에 대한 전문가의 의견을 바탕으로 청소년상담사가 필요로 하는 역량모형을 도출하였다. 연구 결과를 통해 청소년상담사의 보수교육을 의무화하고, 청소년상담사의 역량개발 필요성을 더욱 강조하였다. 즉, 각 역량별 정의를 개념화하여 청소년의 현장 전문가로서 역할을 할 수 있는 근거 자료를 제시하였다.

한편, 맹영임 등(2010)이 청소년시설 지도인력을 대상으로 역량강화에 대한 인식을 조사한 결과에 따르면 실제 업무 수행에 필요한 실무능력은 프로그램 기획·개발 기술(28.4%)이 가장 필요한 실무능력인 것으로 나타났다. 그다음으로는 청소년기관운영 실무기술(16.9%), 청소년상담기술(16.0%), 의사소통기술(13.3%), 대상별

활동지도기술(8.1%), 안전지도기술(4.1%) 순으로 필요성을 인식하고 있고, 수련시설 유형별로 살펴본 결과, 유스호스텔 청소년지도자의 경우 안전을 걱정하고 있고, 모범적인 운영모델 개발의 필요를 요구하는 것으로 나타났다(맹영임·길은배·전명기·이은애, 2010).

대학의 교육과정에 따르면 현장중심의 NCS 교육과정을 통해 청소년지도 직무 역량을 강화하고자 NCS 직무체제를 마련하였다(구자길, 2014). 1차 연도 개발에서 세분류 명칭이 '청소년지도'였고, 이후 소분류로 조정되면서 직무명도 청소년지도에서 '청소년활동'으로 바뀌게 되었다. 「자격기본법」 제5조에 따르면, 정부에서 국제기준 및 산업기술 변화를 고려하여 NCS를 개발·개선해야 한다고 기술하고 있다. 청소년활동 직무 정의에 따라서 현장에서 요구되는 능력단위 18개, 그에 따른 능력단위요소를 제시하였다(2018년 기준). 전반적으로 능력단위에는 생활권에 해당하는 청소년수련관, 문화의집 등에 근무하는 청소년지도사의 직무와 관련된 능력단위가 많았다. 직무 내용을 살펴보면, 주로 청소년 프로그램과 관련된 직무, 예컨대 프로그램의 개발·실행·평가가 직무의 많은 부분을 차지했고, 청소년활동과 관련된 자원봉사활동, 자치활동 운영, 인증관리, 정보관리, 안전위생관리 등이 해당된다(오승근, 2015).

미국에서는 청소년전문가 양성·훈련·자격 등이 국가적 차원에서 이루어지는 것이 아니라 비영리 민간단체나 대학에서 이루어지므로 지도자의 역량은 청소년활동 및 사업 분야에 따라서 다양하다. 특히, 안전관리 역량과 관련하여 청소년이 창의적 및 교육적 체험활동을 할 수 있도록 다양한 캠프활동을 제공하는 미국캠프협회(American Camp Association: ACA)가 제시한 청소년지도자 직급별 역량을 살펴보면 〈표 4-1〉과 같다.

| 영역 | 직급 | | | |
|---|---|---|---|---|
| | 초급자 | 중급자 | 중간관리자 | 캠프 책임자 |
| 청소년 및 성인의 성장과 개발 | • 청소년개발의 기본 개념<br>• 청소년발달 자산 등 | • 연령집단별 신체적 · 인지적 · 사회적 · 정서적 특성 파악<br>• 청소년과 일할 때 발생할 수 있는 문제 파악 등 | • 긍정적 청소년개발 증진을 위한 행동 설명<br>• 긍정적 청소년개발 원리에 관한 교육 · 교구 · 교육기회 창출 등 | • 청소년과 성인의 신체적 · 사회적 · 정서적 · 인지적 발달 이해와 적용<br>• 직원교육용 교구 개발을 위한 자원 취합 등 |
| 교육과정 및 학습 환경 | • 체험학습의 개념<br>• 신체적 · 정서적으로 안전한 학습 환경 창출 방법<br>• 연령별 학습유형별 활동법 등 | • 캠프 철학과 목표, 활동 설계<br>• 프로그램과 활동평가의 필요성<br>• 청소년이 경험한 것에 대한 성찰지도 등 | • 질적으로 높은 수업 및 학습을 위한 전략 분석<br>• 프로그램 영역별 교육의 효과 평가 등 | • 청소년 학습과 발달에 영향을 주는 환경 파악<br>• 직원의 교육과정 설계 · 실행 · 평가 참여 증진 등 |
| 프로그램 기획 | • 청소년 참여와 권한부여 장점<br>• 청소년의 발달적 능력 향상을 위한 활동과 내용 등 | • 프로그램 사명, 목표/목적, 성과를 지원하는 프로그램 개발 등 | • 프로그램 기획<br>• 캠프의 사전 · 중간 · 사후 평가 등 | • 캠프 사명과 철학 검토, 전체 프로그램 설계<br>• 질 좋은 프로그램 개발 및 평가 등 |
| 청소년감독, 사정 및 평가 | • 프로그램 평가 규정과 사용법 설명 및 행동지침서 적용 등 | • 프로그램 · 청소년 · 직원의 평가에 대한 유용성 설명 등 | • 프로그램 평가의 중요성<br>• 프로그램 평가 완성 등 | |
| 전문성과 리더십 | • ACA 기준의 원칙과 인증과정의 개념<br>• 청소년의 특성과 행동 파악 등 | • 캠핑활동 전문가의 의미<br>• 전문적 자원 목록 작성 및 업데이트 등 | • 중간관리자의 역할에 대한 연구, 실천, 전문성 개발 적용<br>• 직원 슈퍼비전 시 필요한 전문성 개발 평가 등 | • 캠프사업 지원을 위한 기존 위원회의 강점 파악, 새 위원회 모집, 위원회 활동 목록 작성 등 |

표 4-1  ACA 청소년지도사 역량

| | | | |
|---|---|---|---|
| 건강과 안녕 | • 청소년에게 적절한 신체적 활동<br>• 부상 및 질병을 줄이기 위한 10가지 전략 명시<br>• 집단 괴롭힘 정의 및 전략 제시 등 | • 사고 예방을 위한 실천계획 개발<br>• 캠프에서의 일반적 상해와 질병문제, 직원의 예방책 설명<br>• 청소년의 건강을 위한 영양의 중요성 설명 등 | • 직원에게 청소년의 건강과 안녕의 중요성 지시<br>• 직원 대상으로 건강과 안녕 프로토콜교육과 역할 강조 등 | • 캠프 활동 시 건강과 안녕에 영향을 미칠 수 있는 요소 분석<br>• 청소년의 안녕, 건강한 식생활, 신체적 활동 관련 프로그램 평가 등 |
| 위기관리 | • 위기상황 시 필요한 의사결정과 실행의 개념<br>• 사고/사건 양식 작성 등 | • 위기관리 설명 및 실행과정 시 자신의 역할 준수 등 | • 위기관리에 대한 계획서 작성<br>• 위기관리 및 분석에 대한 직원 교육 등 | • 비상사태에 대한 절차 평가 및 수정<br>• 조직의 위기관리계획 구축 등 |
| 문화적 역량 | • 다른 사람 및 문화의 이해<br>• 감정이입 및 공감 능력 증진 등 | • 개인 및 집단의 특성 파악<br>• 다문화 집단 포괄법 등 | • 다문화 청소년의 프로그램 기획·관리·평가 등 | • 다양한 문화보장을 위한 청소년과 직원 교육·지원·평가 등 |
| 가족과 지역사회 연계 | • 가족·지역사회·문화의 맥락 파악<br>• 캠프 공동체 소속 감등 | • 청소년의 욕구 충족을 위한 파트너십과 부모·지역사회·공적구성원들 간의 대화 촉진 등 | • 지역사회 참여방법 설명<br>• 가족과 지역사회 내에서 캠프/조직과의 의사소통 방식 연구 및 방법의 효율성 평가 등 | • 모든 지역공동체가 캠프에 참여하도록 지원<br>• 캠프와 지역사회 상호 작용 촉진을 위한 지역사회 지도자와 단체 연계 등 |
| 자연과 환경 | • 정신적·신체적 건강에 대한 자연의 효과 등 | • 자연학습계획서 작성<br>• 자기주도의 자연기반 활동 등 | • 자연과 정서적 연계를 강조하는 프로그램 작성 등 | • 조직의 프로그램과 서비스를 통해 자연환경 기반 사업 계획 등 |
| 사업관리와 운영 | • 예산기반의 활동을 위한 목록 작성 등 | • 예산 범위 내에서의 활동 운영 방법 및 성공적인 사업을 위한 성과·태도·행동의 연계 등 | • 프로그램 예산 과정 설계·실행<br>• 직원 슈퍼비전의 직무 책임성 등 | • 예산·모니터링·재정 운영 방법 검토와 조정<br>• 재무 리스크 관리·평가 등 |

| 인적<br>자원관리 | • 청소년 연령 및 발달단계의 중요성<br>• 공감 및 수용 기반의 환경 등 | • 긍정적 의사소통 기술과 적용 등 | • 인터뷰 · 인사정책 · 교육 · 슈퍼비전 · 직원 평가 등 | • 직무유형 · 자격 · 직원수 · 프로그램의 사명과 성과를 위한 조직 모델 결정<br>• 고용법 · 기타 법적 정책과 절차 준수 등 |
| 건물 및<br>시설관리 | • 건물 및 시설의 일반적 규정 · 정책 · 계획 관리 등 | • 일반적 시설 규정 · 정책 · 계획 관련 지식 등 | • 건물과 시설 및 장비의 상태 평가 등 | • 현재 또는 향후 건물 및 시설 관련 계획 평가 및 우선순위 선정 등 |

이처럼 ACA는 직급을 초급자, 중급자, 중간 관리자, 캠프 책임자 등으로 나누고, 직급에 따라 필요한 청소년지도사의 역량을 제시하였다. 청소년지도사의 역량은 청소년 및 성인의 성장과 개발, 교육과정과 학습 환경, 프로그램 기획, 청소년 감독 · 사정 · 평가, 전문성과 리더십, 건강과 안녕, 위기관리, 문화적 역량, 가족과 지역사회 연계, 자연과 환경, 사업관리와 운영, 인적 자원관리, 건물 및 시설 관리 영역으로 구성되어 있다(장여옥, 2015).

## 03 청소년지도사의 필요역량

「청소년 기본법」에 따르면, 청소년지도자는 "청소년지도사 및 청소년상담사를 비롯하여 청소년시설, 청소년단체, 청소년관련기관 등에서 청소년육성 및 지도업무에 종사하는 자'를 의미한다. 즉, 청소년지도자는 청소년육성을 위해 청소년활동, 청소년복지, 청소년보호 등의 영역에 종사하고 있는 자를 말하는데(서희정 · 구경희 · 이은진, 2016), 청소년지도사는 청소년활동 영역에서 다양한 청소년체험활동을 보다 조직적 · 체계적으로 조성하여 집중적으로 수행하고 있는 자를 의미한다.

청소년지도의 전문직화는 롱(Long)에 의해 제일 처음 제기된 후 여러 학자에 의해서 청소년지도의 전문직을 초기 전문직에서 준전문직으로 이행되었다가 진정한 전문직으로 발전하고 있다(Hahn & Raley, 1998; Long, 1990; Zeldin & Tarlov, 1997). 또한 청소년지도의 전문직화는 사회적 과제이론에 의해 청소년지도사가 어떠한 사회적 기능을 전문적으로 수행하고 있으며 이러한 기능이 사회적으로 어느 정도 가치를 인정받을 수 있는 것에 대한 해답을 제시함으로써 가능하다고 하였다. 특히 대다수의 국가들이 나름대로 청소년정책을 추진하는 과정에서 학교교육과는 다른 차원에서 추진되고 있음이 매우 중요하다는 점에서 교사와는 다른 전문성을 의미한다.

청소년지도사의 역할은 현장에서 수행하고 있는 직무 및 과업과도 밀접한 관련이 있다. 지금까지 청소년지도사에게 기대된 역할은 과학정보활동, 문화예술활동, 봉사활동, 모험개척활동, 직업진로활동, 환경보존활동 등 청소년에게 필요한 다양한 활동의 지도뿐만 아니라 행정 및 관리 등 영역에 걸쳐 광범위하게 논의되어 왔다. 하지만 아직까지 청소년지도사의 역할, 직무, 과업 등에 대한 명확한 규정은 미흡한 실정이다. 다양한 업무와 영역에서 활동하기 때문에 이들에 대한 역할 규정은 어려울 수 있으나 지도사의 역할 모호는 그들의 직무와 과업의 수행을 혼란스럽게 할 수 있으므로 이에 대한 명확한 규정이 필요하다. 그동안 국내에서는 청소년지도사의 역할에 대한 다양한 논의가 있었다. 청소년지도사의 역할로 전문가, 촉진자, 비판분석가, 예술가로서의 역할을 제시하거나 이와 더불어 교육자, 변화촉진자, 상담가 등의 역할을 강조하기도 한다(권일남 · 정철상 · 김진호, 2003; 최윤진 · 정문성 · 김혁진 · 이명아, 1991).

## 1) 청소년지도사의 역할

여러 학자의 이론과 논의를 토대로 청소년지도사의 역할을 정리해 보면 다음과 같다(한상철 외, 2009).

첫째, 교수자로서의 역할이다. 청소년지도사는 청소년에게 다양한 경험과 활동을 안내하고 조력하는 사람이다. 여기서 교수자는 행동의 변화가 일어나도록 조력하는 자라는 의미로 조력자, 안내자, 촉진자 등과 유사한 표현이다. 즉, 청소년의 건강한 성장 및 적응을 위해 경험과 활동을 조직화하여 행동의 변화가 일어나도록 안내하고 조력하는 역할을 말한다.

둘째, 프로그램 설계자 또는 개발자로서의 역할이다. 청소년지도사는 청소년의 특성과 요구 파악, 이에 기초하여 활동의 목적 및 목표 설정, 내용 선정 및 조직, 평가 등 프로그램 전반에 걸쳐 체계적으로 설계할 수 있어야 한다. 또한 이와 같은 설계안에 기초하여 실제 프로그램을 개발할 수 있어야 한다.

셋째, 지역사회 지도자로서의 역할이다. 청소년지도사는 지역사회 문제에 민감해야 하며, 사회의 구조적인 갈등 및 결함을 개선하는 데 앞장서야 한다. 즉, 사회개혁자적인 태도와 자세가 요구되기도 하고, 사회봉사자로서의 가치관도 필요하다.

넷째, 청소년정책 참여자로서의 역할이다. 청소년지도사는 청소년 관계법 및 제도 등에 민감한 자세를 가지고, 참여를 통해 현장의 다양한 의견을 전달할 수 있어야 한다. 다시 말해, 청소년지도사는 청소년 관련 정책결정 과정에 참여하여 의사를 전달하고, 부당한 결정이나 정책에 논리적으로 맞설 수 있는 자세 및 능력이 필요하다.

한편, 청소년지도사의 자질은 주어진 역할, 직무, 과업 등을 원활하게 그리고 효과적으로 수행하는 데 필수적이다. 지도사의 자질은 맡고 있는 업무나 영역에 따라 다양하겠지만, 크게 개인적 자질과 직무에서 요청되는 전문적 자질로 나눠서 살펴볼 수 있다(오승근, 2008).

첫째, 개인적 자질은 개인적인 성장을 위해 끊임없이 자기개발이 필요함을 의미한다. 즉, 지도사는 자신의 능력 개발과 함양을 통해 청소년을 지도할 능력을 향상시킬 수 있어야 한다. 연수나 대학교육 등의 지속적인 보수교육을 통해 전문가로서의 자질을 함양해야 한다.

둘째, 지식, 기술, 태도 등의 전문적 자질이다. 먼저 지식 측면으로, 청소년지도사는 청소년의 특징 및 문화, 청소년정책 등의 기초지식과 더불어 활동과 지도, 기관 운영 및 행정 등 실천적 지식을 갖고 있어야 한다. 다음으로, 청소년지도사가 습득해야 할 기술은 조정 및 통합의 기술, 인간관계 기술, 실무적 기술 등이 있다(한상철, 1998). 이와 같은 지식, 기술의 전문적 자질을 향상시키기 위해서는 청소년지도사 양성교육기관인 대학 교과과정의 통일성이 우선되어야 한다. 교수진의 개인 관심, 학문적 배경, 그리고 개별 대학의 자의적 판단에 의해 명확한 기준과 일정한 방향 없이 청소년학의 정체성을 모호하게 하는 내용들이 교과과정에 많이 반영된 현재의 상황에서 벗어나 대학 교과과정의 재정립을 통해 미래의 청소년지도사에게 올바른 기초 지식을 심어 주어야 한다. 마지막으로, 태도 측면으로는 급변하는 사회 환경과 변화하는 청소년에 대한 민감성과 성실, 열정, 상상력 등이 요구된다. 그리고 모든 청소년의 발달 가능성을 인정하고 긍정적인 태도를 가져야 하며, 청소년지도 업무에 긍지와 보람, 자부심을 가지는 것이 필요하다. 더불어, 청소년지도사는 투철한 자기철학과 자기중심이 있어야 하며, 그것은 이기적인 것이 아닌 애타적인 것이어야 한다(류동훈·이승재, 2005).

## 2) 청소년지도사의 활동역량

최근 청소년지도사의 활동역량 모델 구축을 통해서 나타난 청소년지도사에게 필요한 활동역량은 크게 5개의 하위 역량과 이를 성취하기 위한 지식·기술·태도가 포함되어 있다(서희정, 2018).

첫째, '청소년활동 설계 역량'은 청소년과 청소년활동에 대한 지식을 토대로 프로그램을 설계하는 능력을 의미한다. 이 역량은 청소년 및 청소년활동 지식, 정보 활용 기술, 청소년 특성을 반영한 프로그램 설계 기술, 상황을 고려한 프로그램 설계 기술의 4개 하위 영역, 그리고 태도의 3개 하위 영역을 포함하여 7개의 하위 영역으로 구성되어 있다. 이때, 태도를 구성하는 3개의 하위 영역인 청소년에 대한 태도, 청소년활동에 대한 태도, 직업인으로서의 태도는 나머지 하위 역량에도 공통 적용된다.

둘째, '청소년활동 실행 역량'은 프로그램 운영에 대한 지식을 토대로 효율적으로 활동을 실행해 나가는 능력을 의미한다. 이 역량에는 프로그램 운영 지식, 홍보 및 사전준비 기술, 안전관리 기술, 오리엔테이션 기술, 참가자와의 관계 형성 기술, 참여촉진 기술, 돌발상황 대처 기술, 마무리 기술, 평가 기술 등의 9개 하위 영역과 태도의 3개 하위 영역을 포함하여 12개 하위 영역으로 구성되어 있다.

셋째, '행정업무 수행 역량'은 자신의 업무 수행과 관련된 지식을 바탕으로 청소년활동을 위한 행정을 수행하거나 청소년을 지원하는 능력을 의미한다. 이 역량에는 업무 수행 지식, 네트워킹 기술, 일반행정 수행 기술, 청소년 지원 기술 등의 4개 하위 영역과 태도의 3개 하위 영역을 포함하여 7개 하위 영역으로 구성되어 있다.

넷째, '팀워크 역량'은 소속 팀원에 대한 이해를 토대로 조화롭게 어울리며 협력할 수 있는 능력을 의미한다. 이 역량은 팀원 이해, 리더십 기술, 협력 기술 등의 3개 하위 영역과 태도의 3개 하위 영역을 포함하여 6개 하위 영역으로 구성되어 있다.

다섯째, '전문성 개발 역량'은 자신에 대한 이해를 토대로 청소년지도사로서 전문성을 개발해 나가는 능력을 의미한다. 이 역량에는 자기이해, 전문영역 개발 기술, 자기관리 기술 등의 3개 하위 영역과 태도의 3개 하위 영역을 포함하여 6개의 하위 영역으로 구성되어 있다.

**표 4-2 청소년지도사 활동역량 모델의 구성**

| 역량 | 하위 영역 | 세부 지표 | 지표 수 |
|---|---|---|---|
| 청소년 활동 설계 역량 | 청소년 및 청소년활동 지식 | 청소년의 발달적 특성 이해, 청소년문화 이해, 청소년활동의 특성 이해, 청소년활동 프로그램의 동향 파악, 청소년대상 사업 이해, 청소년정책 및 관련법 이해 | 6 |
| | 정보 활용 기술 | 프로그램 주제 관련 자료 수집, 현장답사, 청소년활동 터전 발굴, 프로그램 벤치마킹 | 4 |
| | 청소년 특성을 반영한 프로그램 설계 기술 | 청소년의 수준에 맞는 프로그램 설계, 청소년의 요구를 반영한 프로그램 설계, 청소년의 흥미를 반영한 프로그램 설계, 청소년의 주도적 참여를 강조한 프로그램 설계, 청소년의 문제해결 과정을 강조한 프로그램 설계, 청소년의 다양한 체험을 강조한 프로그램 설계 | 6 |
| | 상황을 고려한 프로그램 설계 기술 | 기관의 특성화 프로그램 설계, 기관의 예산에 맞는 프로그램 설계, 지역사회 요구를 반영한 프로그램 설계, 지역사회 기관과 연계한 프로그램 설계, 계절에 맞는 현장체험 프로그램 설계, 사회적 트렌드를 반영한 프로그램 설계, 청소년정책을 반영한 프로그램 설계 | 7 |
| 청소년활동 실행 역량 | 프로그램 운영 지식 | 프로그램 목적 및 목표 이해, 프로그램의 세부 내용 파악, 프로그램의 지도방법 이해, 프로그램 운영 현장 이해, 응급 상황 발생 시 대처 매뉴얼 파악 | 5 |
| | 홍보 및 사전준비 기술 | 홍보 방법 및 매체 개발, 참가자 모집 및 특성 분석, 강사 섭외 및 참가자 특성 안내, 프로그램 활동자료(워크북, 활동지, 물품 등) 준비, 운영 인력의 업무 분장 및 사전교육, 프로그램 시뮬레이션, 돌발 상황에 대한 사전 대책 수립 | 7 |

| | 안전관리 기술 | 안전 관련 업무 분장, 간단한 응급처치법 습득, 활동장소 주변 응급처치 시설 확인, 프로그램 활동 유형에 따른 안전교육 실시 | 4 |
|---|---|---|---|
| | 오리엔테이션 기술 | 참가자의 주의집중 유도, 참가자 조직 구성, 참가자와 규칙 공유, 프로그램에 대한 정보 제공, 참가자에 대한 안전교육 | 5 |
| | 참가자와의 관계 형성 기술 | 참가자 격려, 참가자에 대한 자기개방, 참가자와의 관심 공유, 참가자의 개성 존중, 참가자 요구에 대한 적극적 반응, 참가자에 대한 감정 조절, 청소년과의 거리 유지, 참가자 간 친밀감 유도 | 8 |
| | 참여촉진 기술 | 참가자의 흥미 유발, 참가자에 대한 동기 유발, 참가자 수준을 고려한 프로그램 진행, 기자재를 활용한 프로그램 진행, 비자발적인 참가자의 참여 유도, 레크리에이션 운영 | 6 |
| | 돌발상황 대처 기술 | 실수에 대한 유연한 대처, 지역 자원을 활용한 상황 대처, 강사 부재에 대한 대처, 안전사고에 대한 대처, 참가자 상태를 고려한 대체 프로그램 운영, 날씨 변화에 따른 대체 프로그램 운영 | 6 |
| | 마무리 기술 | 활동 결과 공유, 지속적인 참여 지원을 위한 프로그램 연계, 참가자 귀가 지도 | 3 |
| | 평가 기술 | 참가자 만족도 조사, 프로그램 목적 달성도 평가, 청소년지도사 및 강사의 지도력 평가, 운영 장소 및 환경 평가, 안전 평가 | 5 |
| 행정업무 수행 역량 | 업무 수행 지식 | 담당 업무에 대한 이해, 업무의 흐름 파악, 팀별 업무 파악, 네트워킹 자원 파악 | 4 |
| | 네트워킹 기술 | 강사 전문가 네트워크 구축, 자원봉사자·보조청소년지도사 인력풀 구축 및 관리, 타 기관 청소년지도사와의 정보 공유, 청소년활동 추진체제(한국청소년활동진흥원, 지역청소년활동지원센터 등) 활용, 유관기관과의 연계, 지역사회 기관과의 연계, 학교와의 협업 | 7 |
| | 일반행정 수행 기술 | 행정문서 작성, 프로그램 기획서 작성, 컴퓨터 활용 기술, 예산 편성, 예산 집행 | 5 |
| | 청소년 지원 기술 | 청소년상담, 청소년동아리 간 연계 지원, 청소년의 특성에 맞는 프로그램 연계, 위기청소년 지원 | 4 |

| | | | |
|---|---|---|---|
| 팀워크역량 | 팀원 이해 | 상급자의 특성 이해, 동료 청소년지도사의 특성 이해, 후배 청소년지도사의 특성 이해 | 3 |
| | 리더십 기술 | 구성원 간 역할 분담, 팀원 관리, 후배 청소년지도사 지도, 회의 운영 | 4 |
| | 협력 기술 | 구성원 간 의사소통, 동료 슈퍼비전, 청소년지도사 간 지도유형 조절, 업무 지원 | 4 |
| 전문성 개발 역량 | 자기 이해 | 자신의 강점 이해, 자신의 약점 이해, 자신의 업무유형 이해 | 3 |
| | 전문영역 개발 기술 | 언제나 활용 가능한 프로그램 확보, 자신만의 전문 지도 영역 개발, 자신만의 지도방법 개발 | 3 |
| | 자기관리 기술 | 자기성찰, 체력 관리, 스트레스 관리, 시간 관리, 소진 극복, 지속적인 학습 | 6 |
| 태도 (공통) | 청소년에 대한 태도 | 청소년에 대한 애정, 청소년에 대한 책임감, 청소년을 우선적으로 배려하는 자세, 청소년의 변화를 기다리는 인내심 | 4 |
| | 청소년 활동에 대한 태도 | 청소년활동에 대한 열정, 청소년활동에 대한 비전 수립, 청소년활동에 대한 보람, 청소년활동 운영에 대한 자신감, 청소년활동 운영에 대한 추진력 | 5 |
| | 직업인으로서의 태도 | 청소년지도사로서 사명감, 소속 기관에 대한 자부심, 전문가적인 마인드, 긍정적인 마음가짐, 근면, 윤리의식 | 6 |

*출처: 서희정(2018).

## 3) 청소년지도사에게 필요한 역량

청소년지도사에게 필요한 역량은 청소년지도사로서의 역할 및 직무와 관련된 역량 외에 조직의 성과를 이끌어 내기 위한 인적 자원관리 분야에서 요구되는 역량을 들 수 있다. 기업이 원하는 인재 관련 키워드는 창의, 전문, 도전, 글로벌 역량, 협력, 열정, 고객지향, 혁신, 변화, 책임감 순으로 나타났다(유태용 외, 2008). 이에 비해 청소년지도사에게 필요한 인적 자원 관리 분야의 역량은 다음과 같다.

첫째, 청소년지도사에게 필요한 역량은 인성이다. 청소년을 밀착하여 지도하는 전문가이기 때문에 청소년발달에 긍정적인 영향 또는 부정적인 영향을 미칠 가능성이 높기에 교사와 같은 교직인성이 필요하다. 따라서 청소년지도사에게 청소년 지도의 질을 예측하는 중요한 요소로 인성은 매우 중요한 역량이다. 인성이란 개인이 지니는 특징적인 반응 양식의 개념으로 환경과 상호작용하면서 나타나는 독특하고 일관성 있는 인지적 · 정의적 · 감정적 행동양식이다(강진령, 2008). 최근 인성 개념이 성공적인 삶을 살기 위한 역량을 포괄하면서 개인의 심리내적 특성뿐 아니라 관계적인 측면을 포괄하는 개념으로 확대되었다. 이러한 관점은 교사인 · 적성검사와도 연결시켜 볼 수 있다. 교사인 · 적성검사는 문제해결력 · 탐구력, 판단력, 독립성 · 자주성, 창의 · 응용력, 심리적 안정성, 언어 · 의사소통력, 지도성, 공감 · 포용력, 지식 · 정보력, 봉사 · 희생 · 협동성, 계획성, 성실 · 책임감, 소명감 · 교직관, 열정 등으로 구성되어 있고, 이러한 역량이 어느 기준 이하일 때는 통과되지 않도록 교사로서의 역량을 기준화하고 있다.

둘째, 청소년지도사에게 필요한 역량은 다문화 인식에 대한 수용적 태도이다. 최근 우리 사회에서 다문화청소년의 수가 빠르게 증가하고 있다. 따라서 다문화청소년을 위한 다양한 정책뿐만 아니라 이를 수행하는 현장전문가의 역량을 강화하는 것이 중요하게 작용하고 있다. 아무리 유용한 정책이라도 이를 실제로 수행하는 인력이 전문적인 지식이나 자격요건을 갖추고 있지 못하거나 대상자를 대하는 자세나 태도가 올바르지 않다면 좋은 결과를 얻지 못한다. 이러한 의미에서 현장전문가에게 필요한 것은 높은 수준의 다문화역량이라고 볼 수 있다. 다문화역량이란 다문화청소년에 대한 올바른 인식과 태도 그리고 이들에 대한 정확한 지식과 기술을 갖춘 능력으로 정의된다(Sue, Arredondo, & McDavis, 1992). 청소년지도사는 청소년분야의 전문가로 다문화청소년과의 관계 형성과 함께 이들을 사회와 연결시켜 주는 매개자이자 소통자로 활동하고 있는 중요한 인적 자원이다. 다문화청소년을 위한 정책적 방안이나 자원이 부족하기 때문에 지역사회에서 쉽게 만날 수 있는 청소년지도사의 역할은 더욱 중요하다(류태경 · 박승곤 · 문성호, 2017).

마지막으로, 청소년지도사에게 필요한 역량은 성인지 감수성이다. 성인지 감수성(gender sensitivity)은 1990년대 중반 이후 성평등을 추구하기 위한 세계 많은 국가 정책의 주요한 근거나 기준으로서 성인지적 관점(gender sensitive perspective)이 대두되면서부터 등장한 개념이다. 우리나라 역시 1990년대 후반부터 성인지적 관점이 도입되고 정부정책과 프로그램에서 성별 분리 통계의 구축, 공무원의 성인지 감수성 향상 훈련, 성별영향평가 등 일련의 정책이 성주류화(gender mainstreaming)의 가치 아래 시행 및 발전되면서 그 중요성이 강조되기 시작하였다(김영란, 2006). 이러한 시도는 2001년 여성부 신설을 계기로 2002년 「여성발전기본법」에 성인지적 정책분석 및 평가의 의무화가 신설 조항으로 마련되면서 본격적으로 성인지적 관점에 입각한 국가정책의 분석이 이루어지는 계기가 되었다. 또한 국가와 지방자치단체의 모든 정책의 기획 · 시행 · 평가 과정에 여성의 참여를 증대하여 남녀의 관심과 경험, 관점을 균형 있게 반영하는 성평등 주류화를 강조하게 되었다. 이처럼 성인지적 관점은 정책형성을 위한 접근의 방법으로 시작되었고, 남녀의 다른 경험을 전제로 현상이나 상황에 대한 분석을 시도할 수 있는 접근방법이다(안상수 · 김이선 · 김금미, 2009). 이진영(2011)은 한국형남녀평등의식검사를 이론적 구조로 하여 인지적 · 행동적 측면이 아닌 정서적 측면을 중심으로 성역할 이데올로기에 대한 태도 및 성정체성에 대한 태도를 젠더감수성의 구성요소로 하여 척도를 개발하였다. 구체적인 젠더감수성의 구성요소로는 감정이입, 개방성, 비폭력, 자기성찰을 포함한다. 여기서 '감정이입'이란 다른 사람이 경험하는 불평등과 차별을 인식하고 더 나아가 자신의 경험과 다르지 않게 공감적으로 받아들일 수 있는 능력이다. '개방성'은 다양한 차이를 편견 없이 존중하고 자신의 차이도 진솔하게 드러내고 다른 사람의 자신에 대한 평가를 개방된 마음으로 수용할 수 있는 능력이다. '비폭력'은 물리적 폭력뿐만 아니라 여러 형태의 부조리와 부정의를 폭력으로 인식할 수 있는 능력이다. '자기성찰'은 내면화된 자신의 일상적인 성차별주의와 서열화된 이분법적 젠더 수행을 인지하고 반성할 수 있는 능력이다. 이러한 젠더감수성의 구성요소 등을 중심으로 한 생애주기별 성인지 감수성 교육이 실제적으로 이루어질 필요가 있다. 청소년의 성의식 및 성태도는 성인에 의해 모델링될 가능성이 크고, 우리 사회에 가부장문화가 여전히 지배적이고, 성인의 성일탈 및 성범죄를 일상적으로 접하는 현실에서 청소년의 성행동 모델링은 왜곡될 소지가 크기 때문이다. 또한 연인 간 데이트 폭력이 늘고 있고 청소년의 성폭력이 해마다 큰 폭으로 증가하고 있는 상황에서 청소년의 노력만으로 해결할 것을 요구하는 것은 사회적 책임을 유기하는 것이라 하겠다. 물론 직장인과 공무원 등 성교육이 의무화되어 있고 성인지 교육이 실시되고 있는 상황이지만 이 역시 형식적이고 늘 하던 내용으로 식상하게 이루어 지고 있어 실효성이 의심스러운 상황이다. 성범죄가 발생한 후에 처벌이나 교육을 수행하기보다는 예방적 관점에서 전 연령대가 생애주기별로 성인지 감수성 교육을 지역사회 유관기관을 통해 상시적으로 받을 수 있도록 구체적인 대안 마련이 필요 한 시점이다(하경해, 2017).

**요약**

1. 역량(competency)이란 직무를 수행하고 성과를 내기 위해 필요한 능력을 말한다. 역량 은 업무의 수행과정에서 나타나는 구체적인 행동, 조직의 변화 지원, 상황 대응적이다. 또 한 역량 성과에 초점을 두고, 개발과 관찰 및 측정이 가능하다.

2. NCS에 따르면, 청소년지도사가 수행하는 청소년활동 표준직무는 '청소년사업을 기획·홍 보하며, 청소년 프로그램을 개발·적용하고 평가하는 일련의 과정을 말하며, 자원관리, 인 증관리, 행정관리, 네트워크 관리, 정보관리 등을 통하여 이를 효율적으로 지원하는 일'로 정의할 수 있으며, 청소년활동 관련 직업군에서 요구되는 개별 직무를 의미하는 능력단위 요소 18개와 능력단위 하위 요소 75개로 구성되어 있다(2018년 기준).

3. 현장에서 필요한 청소년지도사의 필요역량은 청소년 및 성인의 성장과 개발, 교육과정과 학습 환경, 프로그램 기획, 청소년 감독·사정·평가, 전문성과 리더십, 건강과 안녕, 위기관 리, 문화적 역량, 가족과 지역사회 연계, 자연과 환경, 사업관리와 운영, 인적 자원 관리, 건 물 및 시설관리 영역으로 구성되어 있는데, 이 중에서 안전관리 영역과 관계가 높은 영역은 건물 및 시설관리, 건강과 안녕, 위기관리가 여기에 속한다고 할 수 있다.

4. 청소년지도사는 교수자로서의 역할, 프로그램 설계자 또는 개발자 역할, 지역사회 지도 자 역할, 청소년정책 참여자로서의 역할을 수행해야 하므로 이러한 역할 수행역량이 필요 하다.

5. 청소년활동을 지도하기 위한 필요역량은 설계, 실행, 행정업무, 팀워크, 전문성 개발 역량이 고, 그 외에 인성, 다문화 수용, 외국어 능력, 성인지 감수성이다.

## 참고문헌

강진령(2008). 상담심리용어사전. 경기: 양서원.

구자길(2014). 능력중심사회 여건 조성을 위한 국가직무능력표준(NCS) 이해. 대한전기학회 학술대회 논문집, 15-56.

권일남·정철상·김진호(2003). 청소년활동지도론. 서울: 학지사.

권일남·최창욱(2011). 청소년활동 개념 재정립에 관한 연구—역량계발을 중심으로. 서울: 한국청소년정책연구원.

김영란(2006). 한국사회의 성문화. 서울: 한국양성평등교육연구원.

류동훈·이승재(2005). 청소년수련활동 총론. 경기: 양서원.

류태경·박승곤·문성호(2017). 청소년지도사의 다문화역량 특성 및 영향요인 분석. 청소년문화포럼, 50. 31-57.

모상현·이진숙(2014). 청소년자격제도 개선방안 연구. 세종: 한국청소년정책연구원.

맹영임·길은배·전명기·이은애(2010). 청소년시설 지도인력의 역량강화 및 복지 개선 방안 연구. 서울: 한국청소년정책연구원.

서희정(2018). 청소년지도사의 활동역량모델 개발 및 타당화 연구. 청소년문화포럼, 54, 125-153.

서희정·구경희·이은진(2016). 청소년지도사의 활동역량 탐색. 청소년문화포럼, 48, 29-60.

안상수·김이선·김금미(2009). 성평등 실천 국민실태조사 및 장애요인 연구(I): 사적 생활영역을 중심으로. 서울: 한국여성정책연구원.

오승근(2015). NCS 기반 대학교육과정 적용이청소년지도사의 직무역량을 높여줄 수 있는가?. 미래청소년학회 학술대회 자료집, 1-33.

원지윤(2011). 청소년지도사의 전문성 발달과정 연구: 좌절 극복 경험을 중심으로. 명지대학교 대학원 석사학위논문.

유태용·김영주·김현옥·박혜진·심윤희·김정수·김사라·김솔이·안여명(2008). 국내 기업 인재상의 내용분석. 한국심리학회 학술대회자료집, 264-265.

이원희(2015). 2015개정 교육과정의 역량 개념 도입과 해결 과제: 행동주의와 인지론의 접근. 통합교육과정연구, 9(4), 113-134.

이진영(2011). 젠더감수성 측정도구개발에 관한 연구. 이화여자대학교 대학원 석사학위논문.

장미(2011). 청소년지도자 직무역량 척도개발에 관한 연구. 청소년문화포럼, 28, 114-144.

장여옥(2015). 청소년지도자의 역량개발의 국제적 동향. 미래청소년학회 학술대회 자료집, 1-9.

조수연·양미진(2013). 청소년상담사의 역량모형 개발을 위한 델파이 연구. 청소년상담연구 21(2). 59-75.

최윤진·정문성·김혁진·이명아(1991). 청소년지도자 양성방안 및 교육과정 개발에 관한 연구. 서울: 한국청소년연구원.

하경해(2017). 청소년의 부모·또래요인, 인터넷음란물 접촉, 성인지 감수성 간의 관계 및 성교육의 조절효과. 신라대학교 대학원 박사학위논문.

한상철(1998). 청소년학개론. 서울: 중앙적성출판사.

한상철(2009). 청소년의 글로벌역량개발을 위한 학교 밖 활동의 중요성과 과제. 미래청소년학회지, 6(3), 91-110.

Dubois, D. (1998). *The competency case book*. Amherst, MA: HRD Press.

Hahn, A., & Raley, G. (1998). Youth Development: On the Path Toward Professionalization. *Non Profit Management and Leadership, 8*(4), 387-402.

Herriot, P., & Pemberton, C. (1995). *Competitive advantage through diversity: Organizational learning from difference*. Sage Publications, Inc.

Long, R. F. (1990). *Youth Development Professionals: Connecting competencies and Curroculum(ed)*. Institute for Youth Ledears. University of Northen Iowa.

McClelland, D. C. (1973). Testing for Competence Rather Than Intelligence. *AMERICAN PSYCHOLOGIST January, 28*(1), 1-14.

Parry, S. R. (1996). The question for competencies. *Training, 33*(7), 48-56.

Spencer, L., & Spencer, S. (1993). *Competence at Work: A Model for Superior Performance*. New York: Wiley.

Sue, D. W., Arredondo, P., & McDavis, R. J. (1992). Multicultural competencies/standards: A pressing need. *Journal of Counseling & Development, 70*, 477-486.

Zeldin, S., & Tarlov, S. (1997). *Service learning: Ninety-sixth yearbook of the national society for the study of education*(pp. 173-185). Chicago: The University of Chicago Press.

참고문헌

**제5장**

# 청소년지도 환경

청소년을 지도하기 위한 청소년 프로그램은 청소년의 요구를 적극적으로 반영하여야 하는데, 이때 청소년지도사는 기관의 현실적인 여건과 시설 등 청소년과 청소년지도사를 둘러싼 다양한 체계 환경에 민감해야 한다. 청소년지도 환경의 양적ㆍ질적인 변화는 자연스럽게 청소년 수련활동 여건의 변화를 수반하고 있는데, 청소년을 위한 지도방법도 이러한 변화에 따라 함께 변화되어야 한다. 즉, 청소년지도 영역 역시 전문 자격제도 운영과 양성교육을 통해 시대적 요구에 동참해야 한다.

　　청소년지도가 청소년의 요구에 그 초점을 맞추어야 하는 것이 당연하기 때문에 청소년지도는 청소년이 활동을 통해 그들의 요구를 충족시킬 수 있어야 한다. 따라서 청소년지도 환경을 이해하고, 이를 적용하는 과정에서 청소년의 요구를 종족시킬 수 있어야 한다.

　　이 장에서는 청소년을 지도하는 전문가로서 청소년지도 환경을 이해하고, 청소년을 둘러싸고 있는 다양한 특성을 설명하여 청소년을 지도하는 데 필요한 준비와 전문가로서의 역량 개발에 대한 이해를 돕고자 한다.

## 01 청소년지도 환경의 개념

청소년지도는 전근대적인 농업사회가 산업혁명으로 인한 산업사회로의 전환과 정에서 필연적으로 생겨날 수밖에 없는 사회교육 필요성에 대한 응답으로서 생겨난 것이라고 볼 수 있다. 청소년지도는 청소년이 스스로 변화하고, 발달할 수 있도록 조직적인 지원과 역동적인 활동을 통해서 이루어진다(Mollenhauer, 1977). 오늘날의 산업화된 사회에서는 과거처럼 청소년이 가정에서부터 성인으로서의 사회생활을 완전하게 준비할 수 있는 능력을 확보한다는 것은 거의 불가능한 실정이다.

사회변화에 따른 다양한 새로운 문제의 발생은 청소년의 사회화 과정이 순탄치 못하게 진행될 수 있음을 의미한다. 이러한 발달적 과정 속에서 생겨난 제반 문제점을 극복하고 성공적인 성인으로의 진입을 도와줄 수 있는 기관의 필요성이 크게 존재하는데, 여기에 청소년지도가 투입되어야 할 정당성을 갖는 것이다(김문섭, 2000). 따라서 청소년지도사는 주어진 특정한 환경 속에서 집단의 목적을 달성하기 위해 개인 또는 집단에게 특별히 혹은 연속적으로 영향력을 발휘하여야 한다.

현대 사회는 정치, 경제, 사회 등 모든 환경에서 새로운 변화를 가져오고 있다. 3차까지의 산업혁명이 원료를 투입해서 제품을 만들어 내는 하드웨어 혁명이었다면, 4차 산업혁명은 데이터에 상상력을 더해 거대한 혁신을 일으키는 소프트웨어 혁명이라고 할 수 있다. 4차 산업혁명은 3차 산업혁명의 기반 위에서 시작하지만 그를 넘어선다. 즉, 3차 산업보다도 기술과 자본의 지배력이 더욱 극대화된다. 대표적인 기술은 인공지능(Artificial Intelligence: AI), 자율주행차(autonomous vehicles), 드론(drones), 가상 비서(virtual assistants), 통역기 · 번역기(translators), 로봇(advanced robot), 사물인터넷(Internet of Things: IoT), 빅데이터 분석(big data analytics), 3D 프린팅(3D printing), 나노테크놀로지(nanotechnology), 바이오테크놀로지(biotechnology), 착용 컴퓨터(wearable computer) 등이다. 그런데 이와 같은 기술들은 몇 가지 특징으로 설명할 수 있다. 4차 혁명은 소위 '4초 혁명'이라고 할 수 있다. 즉, 인간과 사물의 모든 데이터가 수집·축적·활용되는 '초지능', 세상의 모든 것이 실시간 연결되는 '초연결', 실재보다도 더 현실감 있게 인식될 수 있게 하는 '초실재', 그리고 현재의 호모 사피엔스를 넘어서는 '초인간'을 특징으로 한다. 빠른 것이 느린 것을 주도하는 속도의 시대를 맞이하여 인류가 상상하지도 못했던 급격한 변화를 경험하고 있으며, 특히 청소년과 관련된 환경은 빠르게 변화하고 있다.

4차 산업혁명시대를 대비하여 교육 트렌드도 빠르게 변화하고 있다. 로보틱스, 인공지능, 뇌과학, 자율주행 자동차, 모바일 컴퓨팅, 가상현실, 메타 데이터 등 셀 수 없이 많은 생소한 단어가 우리 생활 속으로 들어오고 있다. 최근 뉴스 기사로 접하는 우리나라의 코딩 교육은 그야말로 새로운 바람을 일으키고 있는 듯하다. 코딩 교육은 컴퓨팅적 사고를 길러 주는 것을 말하는데, 미국에서도 아동·청소년을 대상으로 한 코딩, 로보틱스, 프로그래밍 등 테크놀로지 교육이 점차 부모의 관심을 끌고 있다. 따라서 방과후 프로그램이나 사설 교육에서 로보틱스, 코딩, 앱, 게임 개발과 같은 교육과정이 점차 늘어나고 있는 추세이다.

현재 미국은 4차 산업혁명시대의 변화된 사회에 성공적으로 적응하기 위한 능력을 갖춘 인재를 교육하기 위하여 STEM[Science(과학), Technology(기술), Engineering(공학), Mathemathics(수학)] 수업을 정규 교육과정으로 편성하여 과학적 개념과 창의적 사고를 바탕으로 한 체험교육을 제공하고 있다. STEM이 기존의 과학 및 수학 수업과 다른 점은 통합적 학습 환경과 과학적 사고 및 방법이 어떻게 일상생활에 적용될 수 있는지에 대해 더 많이 초점을 맞춘다는 것이다.

초등교육 과정에서는 STEM에 대한 뜻과 직업을 소개하고 기본적인 STEM의 개념과 질문을 실생활에서 활용하는 방식으로 교육이 이루어진다. 중등교육 과정에서 이 교육과정은 좀 더 구체화된 수업으로 제공되며 본격적인 직업교육으로 연결된다. 하지만 이러한 공교육 변화의 노력에도 불구하고, 실제 청소년활동 현장 체계의 틀은 미래 기술의 속도만큼 빠르고 혁신이지 못하고 있다. 이미 인공지능은 인간의 두뇌가 기억하는 능력을 넘어섰고, 점차 정보와 지식의 사회적 불균형이 깊어지고 있다. 말 그대로 기술 변화는 빠르게 일어나고 있고 일자리는 점차 고차원적인 전문성을 요구하고 있다. 단순히 공교육에 STEM 수업 한 시간을 교육과정에 넣는 것으로 4차 산업혁명시대를 대비한다는 것은 한계가 있다. 학교 교육현장이 변화됨에 따라 청소년과 관련된 환경 역시 함께 변화되어야 한다. 급변하는 현실에서 청소년을 지도하기 위해서는 현장에서 청소년지도사의 역할도 막중하다. 즉, 청소년을 둘러싼 급격한 환경 변화와 청소년의 욕구에 적절히 대처하고 반영할 수 있는 전문적이고 체계적인 청소년지도사의 지도역량을 개발하는 것이 중요하다. 청소년지도사의 역량 개발은 무엇보다도 청소년지도 환경이 어떤 환경인가에 따라 달라질 수 있다. 청소년지도사에게 있어서 청소년지도 환경은 생태학적 접근을 통한 환경으로 설명할 수 있다.

먼저, 생태학적 접근을 통해 청소년지도 환경을 정의 내리면 다음과 같다. 생태학이란 인간을 비롯하여 다양한 존재가 살아가는 환경에 관심을 갖고, 이들 사이의 상호 의존적 관계에 주목하는 학문이다. 생태학(ecology)이란 말은 그리스어에서 출발한 용어로 '집'이라는 뜻을 지닌 'oikos'에서 유래한 'eco'와 '~에 관한 학문'이란 뜻을 지난 'logos'의 합성어로 '사는 곳(장소)에 대한 학문'이란 의미를 갖고 있다(유영만, 2006). 여기서 집이란 우리가 살고 있는 직접적인 환경을 의미한다. 즉, 생태학이란 인간을 비롯한 존재가 존재하는 환경에 주목하고, 이들 사이의 상호 의존적 관계에 주목하는 학문이라고 할 수 있다. 생태학이라는 용어는 유기체들과 그 환경들 간의 상호작용으로 설명되고, 사회학 · 경제학 · 보건학 등 여러 학문 안에서 사람들의 문화 환경과 상호작용을 이해하는 데 일반적인 기틀을 제공하는 생태학 패러다임으로 발달해 왔다(Stokols, 1992). 생태학 모형(ecological models)은 인간의 행위는 개인내적 · 사회문화적 · 정책적 · 물리환경적 요인들에 의해 영향을 받고, 이런 변수들은 서로 상호작용할 가능성이 있고, 환경 변수들의 다양한 수준은 인간행동을 이해하고 변화시키는 데 관련이 있다는 것을 가정하는 이론이다(Sallis & Owen, 2002).

인간발달에 대한 생태학적 관점의 환경개념은 대인간 구조로부터 출발한다(한승희, 2001). 생태학적 패러다임은 초기에는 주로 자연현상을 다루는 분야로 인식되었지만, 1960년대 이후 인간과 환경에 대한 관계를 규명하고 있고, 교육 분야에서도 다양한 연구가 진행되고 있다(이대현, 2011; 주재홍, 2012; Slattery, 2006).

생태학적 관점을 수용하여 학습생태학의 개념과 기본원리를 설명하면 다음과 같다. 평생교육 차원에서 학습이 일어나는 장은 기존의 제도적인 학교 현장이 아니라 경험이 일어나는 모든 곳으로 학습의 개념을 확장한다. 또한 학습을 생태학으로 이해한다는 것은 개체의 성장과 조직공동체의 발전 관계를 학습이라는 독특한 과정을 매개로 이해하면서 학생과 학교, 학습자와 교육기관 그리고 학습공동체와 사회의 관계를 유기적 관계망으로 본다는 것이다. 따라서 학습생태학이 상정하는 인간의 학습세계는 하나의 체계로 이해될 수 있으며 체계 자체의 성장과 발전에 개별자의 학습은 매우 중심적인 역할을 수행한다고 할 수 있다.

이러한 생태학적 관점을 청소년 수련활동에 적용하면 다음과 같이 설명할 수 있다. 수련활동 현장을 하나의 생태계로 보면서, 생태계의 구성요인으로 내부, 외부 그리고 내부와 외부를 연결하는 중간체제로 분류할 수 있다. 내부체제 요인은 수련활동에 직접 영향을 미치는 청소년지도사의 특성, 청소년지도사의 직업 가치관, 청소년에 대한 태도, 청소년의 활동 수준, 물리적인 수련시설 내부 환경 등이다. 외부체제 요인은 국가 단위의 청소년정책이나 청소년활동 지원과정 등으로 일선 청소년수련시설에 영향을 미치는 요인이다. 중간체제 요인은 내부체제와 외부체제를 연결해 주는 연결고리로 수련시설 단위의 수련시설 목표, 수련시설의 분위기, 각종 청소년지도사 업무, 청소년지도사 간의 관계 등으로 구성되어 있다. 수련활동 현장 생태계의 중간체제는 외부체제의 영향을 받아 수련시설 차원에서 수련활동 현장에 영향을 미치게 된다. 또한 외부체제는 중간체제에 영향을 주어 수련활동 현장에 영향을 미친다. 따라서 수련활동 또는 청소년활동을 생태학적 관점에서 볼 때 수련활동 생태계를 구성하는 이들 요인은 역동적으로 상호 영향을 주고받고 있음을 알 수 있다(Hamilton, 1983).

## 02 청소년지도 환경의 변화

청소년지도 환경은 여러 가지 요인에 의해서 변화될 수 있는데, 특히 청소년수련시설, 활동 프로그램, 청소년 활동 업무에 영향을 주는 스마트 환경과 직접적으로 청소년지도에 영향을 주는 멀티미디어 환경이 그 요인이 될 수 있다. 따라서 이러한 환경을 이해하면서 청소년지도 환경의 변화를 통해서 준비해야 할 방안들을 모색할 필요가 있다.

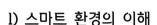

## 1) 스마트 환경의 이해

현대 사회는 정보통신기술이 발달함에 따라 PC, 스마트폰, 태블릿 등 스마트 매체 등의 보편화되고 유비쿼터스 컴퓨팅, 가상현실 및 소셜 네트워크가 이루어짐으로써 청소년의 환경에 영향을 줄 뿐만 아니라 청소년수련활동과 수련시설에도 영향을 주고 있다.

유비쿼터스 환경 개념이 도입된 21세기의 디지털 시대는 시공을 초월한 언제, 어디서나 존재하는 사회가 되어 가고 있다. 유비쿼터스란 단어는 서양 기독교의 유일신 숭배사상이 바탕이 되어 "신은 어디에나 존재한다."는 의미로 사용된 용어이다 (박진수, 2011). 유비쿼터스는 라틴어에서 유래한 것으로 '도처에 있다' '언제 어디서나 존재한다'는 의미를 가지고 있다. 이 용어는 물이나 공기처럼 어디서든 접할 수 있는 자연의 대상이나 시공을 초월하여 어디에서나 존재하는 신을 상징할 때 사용되었다. 즉, 유비쿼터스 시대는 PC에서의 네트워크뿐만 아니라 휴대전화와 TV, 휴대용 단말기 등의 모든 스마트 기기가 네트워크화되어 언제, 어디서나 시공간에 제약을 받지 않고 대용량의 통신망을 사용할 수 있는 커뮤니티 시대를 의미한다. 이처럼 커뮤니티 시대는 다양한 매체가 서로 융합되어 이루어지는 새로운 환경을 말한다. 언제, 어디서든 편재해 있는 컴퓨터 매체를 활용하여 활동이 이루어지는 환경을 강조한 것이다(박정환 · 김형준 · 조정원, 2007).

특히 유비쿼터스 시대의 청소년은 기성세대와는 다른 가치관과 문화 그리고 스마트한 환경 속에서 생활하고 있다. 인터넷의 보급과 확산을 넘어 이동식 모바일의 기술과 체제 또한 빠르게 발전하고, 스마트폰의 사용이 활성화되면서 더욱 다면적으로 이를 활용할 수 있게 되었다. 청소년은 학교 현장뿐만 아니라 다양한 공간에서 자유롭게 학습하고 활동할 수 있게 되었다. 유비쿼터스 학습의 특성을 살펴보면 〈표 5−1〉과 같다(강지현, 2016).

**표 5-1** 유비쿼터스 학습의 특성

| 구분 | 주요 내용 |
|------|----------|
| 영구적인 학습자원 관리 | 학습자가 의도적으로 삭제하지 않는 이상 결코 그들의 작업 내용을 잃지 않는다. 또한 모든 학습과정은 매일 지속적으로 기록된다. |
| 접근성 | 학습자는 어느 곳에서나 그들이 작성한 문서·데이터·비디오 자료들에 접속할 수 있으며, 이러한 정보는 학습자의 요청에 의해 제공된다. 그러므로 자기주도적인 학습이 이루어지게 된다. |
| 즉시성 | 어디에 있든지 학습자는 즉시적으로 원하는 정보를 얻을 수 있어 신속하게 문제를 해결할 수 있게 된다. 또는 현장에서 생긴 의문을 기록하거나 녹음해 둘 수 있다. |
| 상호작용성 | 학습자는 전문가·교사·또래 학생과 동시적·비동시적으로 언제나 상호작용할 수 있다. 그러므로 전문가와 지식에 보다 접근하기 쉬워진다. |
| 학습활동의 맥락성 | 학습은 일상생활 속에 내재되며 모든 문제나 관련된 지식은 자연스럽고 실생활과 밀접히 연관된 형태로 제시된다. 이것은 학습자로 하여금 문제 상황의 특성을 알아내고 관련한 활동을 할 수 있게 도와준다. |

출처: 강지현(2016).

유비쿼터스 환경에서 청소년지도를 위한 중요한 주안점은 바로 수련활동 장소에 대한 개념이다. 지리적으로 고정된 수련활동 장소가 아닌 시간적·공간적 제약 없이 최적의 지도가 가능할 것이 예상된다. 실내 활동과 야외 활동에서 네트워크를 이용하여 실시간으로 현장감을 높이고, 특히 모바일을 활용하여 활동을 지도할 수 있다는 장점이 있다. 그러나 최신 장비와 기술이 지속적으로 업그레이드되어야 하므로 경제적 비용이 많이 소요된다는 단점이 있고, 특히 참여하는 청소년의 의지가 부족할 경우 수련활동의 효과는 낮을 수 있다.

우리나라는 교육 정보화 사업을 통해 다음과 같은 교육을 진행하고 있다. 교육 정보화 교육은 20세기 말부터 많은 변화가 있어 왔다. PC와 인터넷을 기반으로 한 ICT 활용교육이나 E-러닝은 한정된 장소에서 특정의 단말기나 매체를 활용하여 동영상 강의를 통해서 지도할 수 있다. 그러나 U-러닝은 무선 인터넷을 이용하여 PDA 단말기나 노트북 등을 통해 실시간 또는 녹화한 것을 가지고 지도할 수 있고, 청소년과 상호 교류에 매우 유용하다. 즉, 스마트폰을 활용하여 소셜러닝과 앱서비

**표 5-2** 스마트 환경의 발전 양상

| 구분 | ICT 활용 교육 | E-러닝 | U-러닝 | 유비쿼터스 러닝 |
|---|---|---|---|---|
| 시기 | 1996년 이후 | 2003년 이후 | 2005년 이후 | 2010년 이후 |
| 주요<br>지도방법 | 컴퓨터 활용지도<br>(CAI)<br>인터넷 활용지도<br>(WBI) | 활동관리<br>(LMS) | 이동학습<br>(M-Learning) | 소셜러닝<br>지능형 맞춤 활동<br>(intelligent,<br>adapted) |
| 주요<br>서비스 | 에듀넷(문자통신)<br>EBS 위성방송<br>사이버 학습교재 | 사이버 활동<br>인터넷 방송 | 모바일 콘텐츠<br>증강현실 콘텐츠 | 앱서비스,<br>SNS 활용<br>온라인 활동관리 |
| 주요 기기 | 데스크탑 PC | 인터넷 PC | 모바일 노트북<br>PDA, PMP | 스마트 기기<br>(스마트폰, TV 등) |

* 출처: 김선호(2015)의 내용을 재구성함.

스, SNS 활용 등을 할 수 있다.

## 2) 멀티미디어 환경의 이해

수련 및 활동 촉진 매체(devices)란 수련 및 활동 촉진 내용을 보다 효율적으로 전달하기 위하여 사용하는 모든 형태의 전달 수단 또는 통로를 의미한다. 청소년을 지도하기 위해서는 다양한 매체를 통해 지도하는데, 특히 멀티미디어는 중요한 매체이다.

멀티미디어란 비슷한 문화와 생활환경 속에 있는 다수의 사람과 원활한 의사소통을 위하여 다중매체 활용을 통해 시대적 성향이 표출되는 것을 의미한다. 구체적으로 설명하면, 멀티미디어 환경은 초고속 인터넷, 스마트폰, 태블릿 PC 등이다. 일반적으로 멀티미디어는 멀티(multi, 복수), 미디어(media, 매체)의 합성어로 디지털 기술과 네트워크를 기반으로 한 문자 · 음성 · 데이터 영상 등의 두 개 이상의 서로 다른 매체들이 인터넷 웹(web) 체계하에서 동시에 상호 소통하는 구조를 의미한다. 멀티미디어라는 단어는 넓은 의미와 좁은 의미로 구분할 수 있다. 먼저, 넓은 의미의 멀티미디어는 말뜻 자체로 해석하는 것으로서, 글자와 그림이 함께 인쇄된 신문,

말소리와 제스처를 동시에 사용하는 의사 전달 행위 등으로부터 원격 화상회의 체계에서 처리되는 종합 매체까지 모두 포함한다고 볼 수 있다. 다음으로, 좁은 의미의 멀티미디어는 컴퓨터를 통해서 종합 관리되는 복합된 매체의 형태라고 정의할 수 있다(이한규, 2008).

멀티미디어 환경이 청소년지도에 중요한 이유는 청소년들이 멀티미디어 매체들을 자주 사용하게 되면서 멀티미디어 환경에 대해 친밀하게 느끼기 때문이다. 멀티미디어 기기는 전달 수단의 효과성뿐만 아니라 참여의 부분에까지 적극적일 수 있는 반면, 덕·체·지의 청소년육성 현장에서는 자연과 외부 공동체 활동중심의 지도가 중심이기 때문에 사이버 또는 온라인으로 청소년과 상호작용은 청소년육성 목적을 달성하는 데 부작용이 따를 수 있다. 그러나 다양한 청소년활동을 위한 매개체로 활용하기 위해서 멀티미디어 환경에 대한 이해가 필요하고 이러한 환경을 통해서 청소년지도와 지도력을 향상시킬 필요가 있다. 이는 멀티미디어가 주도적 영향을 미치는 사회 환경의 변화에 대하여 청소년지도에 대한 새로운 인식과 상황에 대한 민감한 대응적 요구라 할 수 있다.

멀티미디어에 의해 제공되는 다양한 지식과 정보들은 청소년의 생활에 편리와 유용성을 제공해 주며, 일부는 사회적 문제가 되고 있다. 즉, 가치판단의 중립적 입장에 있는 청소년계층을 대상으로 전달되는 다량의 폭력적 정보, 선정성·사행성 음란물 및 게임 등의 영향으로 인해 청소년문제가 위험 수치를 넘어선 상황이다. 이를 테면, 악성 댓글, 불건전하거나 부정확한 정보 등에 의해 심각한 피해를 호소하는 사례가 지속적으로 증가 추세에 있다. 또한 하루 동안 받는 이메일 중에 대부분이 스팸메일이거나, 자신도 모르는 사이에 온라인 계정이 공유되면서 개인정보가 해킹되기도 하면서 오히려 피해를 보는 부정적인 측면도 가지고 있다. 따라서 멀티미디어 환경에 익숙한 청소년에게 적절한 지도는 매우 중요하다.

멀티미디어는 다양한 기법, 애니메이션, 그래픽, 문자, 소리 등을 사용하여 최대한 효과적이고 흥미 있는 방식으로 내용을 구성할 수 있고, 반복적인 연습, 현실성 있는 경험, 실제 상황 모의 게임 등의 다양한 형태로 활동경험을 제공할 수 있어서 활동의 동기를 유발할 수 있는 큰 장점이다. 또한 수준별 활동을 가능하게 한다. 청소년은 자신의 능력을 최대한 개발할 수 있고, 자신의 능력·특성·흥미에 따라서 활동을 선택하고 결정하여 멀티미디어의 특성을 살린 활동을 할 수 있다. 미디어와 개인의 일대일뿐만 아니라 미디어와 개인 간 개인의 공동 활동도 가능하다. 즉, 멀티미디어를 통한 네트워크의 참여는 사용자 간에 유형·무형의 공동체를 형성하게 하고 콘텐츠 창작과 전달에 매우 유용하다.

멀티미디어 환경에 있어서 청소년지도에 대한 적절한 방법과 대응이 필요한 이유는 다음과 같다. 첫째, 앞으로 더욱 확산될 멀티미디어 상황에 적절히 대응하지 못할 경우, 청소년을 지도하는 현장이 자칫 청소년의 욕구를 충족하지 못하여 소외·고립을 피할 수 없는 현실이 될 가능성이 있다. 둘째, 멀티미디어 시대에서의 학교 현장이 미디어를 활용하여 청소년에게 다양한 학습과 교수법을 개발하고 활용한다는 점에서 학교 현장과 청소년활동 환경 간의 차이를 줄여야 한다. 셋째, 청소년지도를 위한 미디어 환경을 조성하여 청소년과 사회에 영향력을 지속화하여야 한다.

멀티미디어 환경에서 다양한 미디어를 활용하여 청소년을 지도하는 데 있어서 가장 큰 장점은 미디어가 청소년지도사의 역할을 담당하여 활동을 지원할 수 있다는 점이다. 컴퓨터 활용을 통한 지도를 예로 들면 다음과 같이 설명할 수 있다. 청소년지도사가 청소년을 지도하는 역할을 하듯이 컴퓨터가 활동 내용을 제시하고 피드백을 주며 활동이 일어나도록 유도하는 역할을 하는 것이 지도사로서의 컴퓨터 활용 영역이다. 이러한 영역으로 컴퓨터가 활용될 때 청소년은 컴퓨터로부터 활동 지도를 받는다고 말할 수 있다.

멀티미디어의 특징은 이미 모든 커뮤니케이션 체계를 쌍방향으로 바꾸어 가고 있다. 이제는 전달자 중심이 아니라 수용자 중심의 미디어로 변화되고 있다. 미디어 활용 방법은 체계적인 청소년지도사 양성 프로그램보다 일회적이고 행사 중심의 프로그램이 주류를 이루고 있어서 여전히 교양 강좌 수준의 지도사 양성 프로그램이 난무하고 있다. 이러한 점에서 청소년지도사의 전공 영역 안에 미디어 활용 이해와 역량을 높이기 위한 접근이 필요하다.

멀티미디어 교육의 패러다임은 미디어로부터 청소년을 보호하려는 보호주의로부터 시작했다. 그러나 미디어는 미디어로만 존재하지 않고 통신과 융합하고 디지털화가 이뤄지고 인터넷이 등장하면서 급속하게 발전하고 있다. 멀티미디어는 단지 전통적인 미디어로 존재하는 것이 아니라 인간생활에서 떼어 놓을 수 없는 하나의 동반자이자 수단이요, 호흡을 같이하는 환경으로 그 위상이 변화되고 있다(권주만, 2006).

### 3) 청소년욕구의 변화

엘킨드(Elkind)는 청소년기의 신체적·생리적인 변화가 자기중심적으로 되게 하는 원인으로 보았다. 그렇기 때문에 청소년이 자신만의 시각을 가지고 세상을 보고 자신의 생각에 집착할 수 있으며, 다른 사람도 그럴 것이라고 가정하기도 한다(Elkind, 1967).

청소년기는 일생 동안에 있어서 신체뿐만 아니라 인지적·정서적 면에서도 급격한 성장과 변화를 경험하는 시기로 이 시기의 청소년은 다양한 사회경험과 지식의 축적을 통해 현실에 대한 인식이 다양해지기 때문에 자기 자신에 대하여 여러 면에서 평가하고, 자신에 대한 타인의 평가를 중요하게 생각하게 된다(정유진, 1999). 즉, 청소년은 외부 환경의 영향에 많이 의존하여 자신의 개념을 형성하게 되는데, 사회환경의 주요 인물로부터의 인정과 수용, 거부와 멸시가 자아존중감 형성에 지대한 영향을 미치게 된다(Rosenberg, 1979).

전문적이고 체계화된 청소년지도는 청소년이 활동을 통하여 그들의 욕구를 충족시킬 수 있어야 한다. 청소년이 어떤 형태로 자신의 욕구를 충족시키는가는 그의 사회적 환경과 그가 경험한 사회화에 의해 형성된 성격의 영향을 받을 수밖에 없을 것이다. 욕구충족을 위한 수단으로서 청소년은 우선 자신을 어떤 방법을 통하여 표현할 것이다. 청소년은 자신의 욕구를 언어적 표현과 비언어적 표현의 형태로 표출하고 있다.

첫째, 언어적 표현으로, 청소년은 자신이 무엇을 원하고 희망하는지를 말로써 표현한다. 그러나 많은 청소년이 자신의 욕구를 정확히 표현하고 상대방에게 이해시키는 데 있어서 어려움을 갖기도 한다. 이것은 그들의 특별한 감정을 정확히 표현할 수 있는 언어적 단어가 충분치 않거나, 또는 청소년이 그런 표현을 학습하고 경험한 과정이 부족한 이유일 수도 있다. 이는 청소년이 욕구를 억누른 채 인식하는 능력을 충분히 갖지 못하게 하는 교육의 결과라고 볼 수도 있다. 이러한 이유로 인해 일반적으로 청소년은 자신의 기대나 욕구를 보편적이고 불명확하게 그리고 폐쇄적으로 표현하기도 한다.

둘째, 비언어적 표현으로, 다양한 이유로 인해 청소년이 자신의 욕구를 언어적으로 표현하는 데 한계에 부딪히게 될 경우 청소년은 비언어적인 의사소통의 형태로 자기표현을 한다. 인간은 무엇보다도 행동을 통해 자신을 표현하는 존재이다. 즉, 청소년은 그들의 욕구나 기대를 신호화(표현)할 수 있으며, 부모나 교사, 청소년지도사는 이 신호를 감지하고 해석할 수 있어야 한다. 자신의 욕구를 신호화할 때 얼굴표정이나 몸짓으로 나타낼 수 있고, 글로써 나타내기도 한다(김문섭, 2000).

그는 청소년이 일반적으로 표현하는 욕구의 종류는 크게 11개로 분류하였다. 상대방에게 수용되고 진지하게 받아들여지고 싶어 하는 욕구, 자신이 흥미 있는 것을 하고 싶어하는 욕구, 자신이 신뢰할 수 있고 같이 뭔가를 할 수 있는 사람을 찾고자 하는 욕구, 서로 문제를 이야기하고 자신의 의견을 개진할 수 있는 욕구, 사람, 특히 이성 친구를 사귀거나 어려움 없이 관계를 끊고자 하는 욕구, 사회적 인정 욕구, 자결권 욕구, 사회적 안전과 연대 욕구, 휴식 욕구, 육체적-심리적 안녕 요구, 강한 활동적 욕구이다(김문섭, 2000).

이와 같이 청소년의 다양한 특성과 변화의 욕구 등을 전혀 고려하지 않은 일방적인 주입식 지도는 청소년지도사와 청소년 간의 관계를 단절시킬 수 있다. 따라서 청소년지도 환경에서 청소년의 욕구를 살피고 고려하는 것은 매우 중요하다.

## 4) 청소년수련활동 영역의 변화

청소년지도 환경에서 중요한 또 다른 환경은 수련활동 영역이다. 청소년수련활동 영역에 따라 청소년지도방법도 달라질 수 있기 때문이다. 청소년지도사는 수련활동을 진행할 때 준비해야 할 장비나 도구, 장소, 이동 수단, 지도경험 등을 고려한 사전계획을 세워야 한다. 따라서 어떠한 활동을 어떻게 진행하느냐에 따라서 지도방법도 달라질 수 있다. 수련활동은 형식적인 학교교육과 학습방법이 아닌 자연과 더불어 경험하고 실천하며 체험중심의 심신단련을 통해 조화로운 인격을 형성하는

| 표 5-3 | 청소년수련활동 영역별 분류와 활동 내용 |
|---|---|
| 영역 | 활동 내용 |
| 건강보건활동 | 신체단련활동, 약물예방활동, 흡연·음주·약물·비만 예방활동, 안전·응급처치활동, 성교육활동 |
| 과학정보활동 | 모형 및 로봇 활동, 인터넷활동, 우주천체활동, 정보캠프활동, 영상매체활동 등 |
| 교류활동 | 청소년국제교류활동, 남북 청소년교류활동, 도농간 청소년교류활동, 국제이해활동, 다문화이해활동, 세계문화 비교활동, 한민족청소년캠프 등 |
| 모험개척활동 | 탐사·등반활동, 야영활동, 해양활동, 오지탐사활동, 극기훈련활동, 호연지기활동, 수상훈련활동, 한국의 산수 탐사활동, 안전지킴이활동 등 |
| 문화예술활동 | 지역문화, 세계문화, 대중문화, 역사연극활동, 어울마당, 전통예술활동 등 |
| 봉사활동 | 일손돕기활동, 위문활동, 지도활동, 캠페인활동, 자선·구호활동, 지역사회개발 및 참여 활동 등 |
| 직업체험활동 | 청소년모의창업, 경제캠프, 사회생활기술, 진로탐색활동, 직업현장체험 등 |
| 환경보존활동 | 생태활동, 환경탐사활동, 자연지도 만들기, 숲체험, 환경음식 만들기, 환경살리기 활동, 환경·시설 보존활동 등 |
| 자기(인성)계발 | 표현능력개발 수련활동, 자기탐구활동, 자기존중감향상 프로그램, 자기표현활동, 심성수련활동 등 |

데 목적이 있다. 따라서 개인활동보다는 집단활동, 실내활동보다는 야외활동이 활
발하게 이루어지고 있다.

　청소년 수련활동의 영역은 학자마다 다르게 사용되고 체계적으로 정리되지 않아
왔는데, 2006년부터 여성가족부에서 시행하고 있는 청소년수련활동인증제에서 본
격적으로 청소년수련활동을 영역별로 분류하기 시작하였다. 청소년수련활동의 영
역은 건강보건활동, 과학정보활동, 교류활동, 모험개척활동, 문화예술활동, 봉사활
동, 직업체험활동, 환경보존활동, 자기(인성)계발활동 등 9개의 영역으로 구성되어
있다(여성가족부, 2014). 인증수련활동의 영역별 분류와 활동의 구체적인 내용은 〈표
5-3〉과 같다.

　문성호, 윤동엽, 박성곤과 정지윤(2016)은 청소년활동, 즉 수련활동을 크게 8개
활동 영역과 34개 세부 활동으로 청소년활동을 최종 분류하였다(〈표 5-4〉 참조). 활

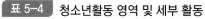

**표 5-4** 청소년활동 영역 및 세부 활동

| 활동 영역 | 세부 활동 | | 활동 영역 | 세부 활동 | |
|---|---|---|---|---|---|
| 건강보건활동 | • 신체건강관리활동<br>• 스포츠활동<br>• 정신건강활동 | • 성교육활동<br>• 중독예방활동<br>• 생활안전활동 | 과학정보활동 | • 기술공학활동<br>• 생명과학활동<br>• 정보통신활동 | • 우주천체활동<br>• 해양과학활동 |
| 교류활동 | • 국제교류활동<br>• 지역간교류활동 | • 남북교류활동 | 모험탐사활동 | • 환경생태탐사활동<br>• 해양수상활동 | • 야영활동<br>• 도전활동 |
| 문화예술활동 | • 예술체험활동<br>• 전통문화예술활동<br>• 축제문화활동<br>• 다문화이해활동 | | 자원봉사활동 | • 일손돕기활동<br>• 국제봉사활동 | • 재능기부활동<br>• 환경보호활동 |
| 진로활동 | • 자기이해활동<br>• 진로직업탐색활동<br>• 직업체험활동<br>• 창업활동 | | 참여활동 | • 참여기구활동<br>• 지역사회변화활동 | • 자치활동<br>• 인권개선활동 |

동 영역에서는 수련활동인증제의 분류에 있던 자기(인성)계발활동과 환경보존활동
이 제외되고 참여활동이 편성된 점이 특징이다. 활동 영역의 명칭은 건강증진활동
이나 모험탐사활동과 같이 각 활동의 성격이나 내용을 포괄하면서도 명료하고 사
회적 인지도가 높은 용어를 사용하였다.

## 03 청소년지도 환경과 지도방법

청소년활동은 청소년 개인의 역량을 강화하고 다양한 능력을 활용할 수 있도록
하며, 청소년이 자신의 삶의 질을 긍정적으로 높이게 하는 것이 중요한 목적이기도
하다. 또한 청소년 자신의 변화 및 성장뿐만 아니라 가정과 사회 및 국가 자원의 효
율성에 적극적으로 대처하는 힘을 키우는 것이라 할 수 있다. 이러한 청소년 개인

의 역량을 강화하고 다양한 능력을 키워 줄 수 있는 청소년활동의 실천 방식은 획일적인 지도방법이 아닌 다양하고 체험적인 방법의 실현이 수반되어야 함을 의미한다.

청소년지도사가 주로 근무하고 있는 청소년수련시설은 1990년대 한국청소년기본계획의 수립과 「청소년 기본법」 등이 시행되면서 정부 주도로 확장되어 왔다. 그러나 이러한 시설들 가운데 일부는 청소년수련시설 경영의 전문성이 부족하거나 부대시설 및 기자재의 부족, 프로그램의 미비, 청소년지도사의 열악한 근무조건 등 많은 문제점을 지니고 있다. 이처럼 청소년지도 환경 중 청소년지도사의 열악한 근무환경과 활동시설의 영세성 및 재정적 취약성 등은 청소년활동의 질적 저하뿐만 아니라 청소년지도사의 사기 및 지도역량 부족과 연동되어 청소년활동의 활성화에 부정적 영향을 미치고 있는 것이 현실이다(윤철수, 2009). 다시 말하면, 전문성 향상의 기회 부족은 전문인력 양성에 어려움을 초래하고, 청소년활동 프로그램의 전문성을 저하시킴으로써 청소년활동 전반의 질적 저하를 초래할 가능성을 부인할 수 없다(윤기혁, 2018). 따라서 청소년지도사의 역량과 수련활동의 품질 향상을 유지하기 위한 청소년지도방법은 청소년지도사를 둘러싸고 있는 청소년지도 환경과 정적으로 관련성이 높다고 할 수 있다.

## 1) 공동협력 지도방법

공동협력 지도방법은 청소년지도환경 중 중간체제 요인인 청소년지도사들 간의 관계와 동료 청소년지도사의 전문성을 적용한 청소년지도방법이다. 이처럼 청소년지도사를 둘러싸고 있는 지도환경에서 물리적인 환경을 극복하고, 청소년지도에서의 전문성을 보완할 수 있는 지도방법 중 교육학에서 활용하고 있는 팀티칭을 제시하고자 한다. 각국에서는 교사들 간 학습 공동체를 구성하여 협력적·반성적 상호작용을 통해 교육의 변형을 모색해 가는 실천 연구들이 활발하게 이루어지고 있다(Bersani & Jarjoura, 2002; Goldhaber & Smith, 2002).

팀티칭(team teaching)은 교육의 질 향상이 요구되던 1960년대부터 시작되었다. 팀티칭은 개혁을 위한 한 방법으로서 교사의 교수 조건의 향상을 위해 미국과 영국

등에서 개발되고 연구되어 왔다(박은혜, 2000). 우리나라에는 미국의 봉사단원이 우리나라의 교사와 함께 영어 교육을 담당하게 되면서 처음 시작된 것으로 알려져 있다(권현서, 2009). 교수-학습에 근거한 구체적인 팀티칭 유형을 다섯 가지로 나눌 수 있는데, 이를 청소년지도사가 수련활동 현장에서 청소년을 지도할 때 적용하는 방법을 제시하면 다음과 같다(Friend, Reising, & Cook, 1993).

첫째, 교수 지원의 교수형태이다. 한 청소년지도사는 전체 프로그램을 진행하고 다른 한 지도사는 수준 차이에 의해 따라 오지 못하는 청소년을 대상으로 배운 내용에 대한 보완·지원을 해주는 등 프로그램을 보조하는 역할을 갖는다. 이 경우, 두 청소년지도사가 함께 활동 프로그램을 계획하지만 책임 지도사가 프로그램의 내용 및 활동 등 거의 모든 것을 결정하고, 보조 지도사는 도움을 필요로 하는 청소년을 위한 개별 활동만을 고안한다. 이 지도 유형은 일회성 프로그램보다는 5~10회기 이상의 프로그램에 적용 가능하다. 만약 일회성일 경우 보완이 필요한 청소년에게는 심화과정 프로그램을 별도로 운영하여 진행할 수도 있다.

둘째, 교환 유형 교수형태이다. 청소년을 두 집단으로 나누고 두 청소년지도사가 각기 다른 내용을 가르친 다음 집단을 바꾸어 동일한 내용을 가르친다. 이 유형에서 청소년지도사는 본인이 지도할 프로그램 내용을 각자 준비한다. 이때 전혀 다른 내용을 준비하여 지도하기보다는 유사한 내용을 준비하여 지도하거나 유사한 내용이더라도 방법을 다르게 하여 청소년들을 지도할 수 있다. 교수 방법에는 브레인스토밍, 집단활동, 사례연구, 대화, 토론, 토의, 시범 보이기, 현장실습, 영화/비디오, 게임/퍼즐, 실험, 강의, 프로젝트, 기억시키기, 역할연기 등이 있다.

셋째, 평행형 교수형태이다. 두 청소년지도사가 프로그램 계획은 함께하지만 프로그램은 한 집단의 청소년들을 반으로 나누어 하는 것으로 각각의 청소년지도사가 합의된 내용을 독립적으로 가르친다. 청소년들을 나눌 때 청소년의 개인적 특성을 고려하여 분류하거나 청소년의 요구를 반영하여 나누는 것이 필요하다. 그리고 최종 마무리는 함께 모여 배운 내용들을 서로 사례발표하면서 공유하는 시간을 가질 수 있고, 경험하지 않은 타 프로그램 참여에 대한 동기를 강화할 수 있는 장점이 있다.

넷째, 대안적 교수형태이다. 한 청소년지도사가 소집단의 청소년(우수집단 또는 특별한 지원이 필요한 집단)을 대상으로 전체 프로그램의 맥락 속에 있는 전 단계 활동, 보완활동, 심화활동 등을 지도할 때, 다른 청소년지도사는 나머지 집단 전체를 지도한다. 이 경우에는 두 청소년지도사가 프로그램의 전체적인 균형을 맞추어야 하기 때문에 더 많은 협의 시간을 통해 프로그램을 공동으로 계획해야만 한다. 그 결과 두 청소년지도사는 프로그램에 대해 동등한 책임을 가지며, 프로그램 내용에 대해서도 동등하게 알게 된다. 이때 청소년지도사의 전문 지도력은 보조적 역할보다는 동등한 역할을 해야 하고, 별도의 보조 지도사를 두면 더욱 효율적으로 운영할 수 있다.

마지막으로, 협력형 교수형태이다. 이는 두 청소년지도사가 프로그램을 함께 계획하고 거의 동등하게 가르치는 형태이다. 팀티칭을 시작할 때는 이와 같은 협력형으로 시작할 수 없지만, 2~3년의 시간이 지나면 두 청소년지도사가 거의 유사한 지도철학을 갖게 되며, 프로그램에 대한 전문지식 또한 거의 동등한 수준이 되어 자유자재로 협동을 해 나갈 수 있는 단계에 이른다. 이 지도방법에서는 청소년지도사의 이직·이동이 적은 수련시설에서 활용하는 것이 유리하다.

현재 우리나라에 이와 같은 팀티칭 형태의 청소년지도가 이루어지고 있는 수련시설은 거의 없지만 유사한 방법으로 시행하고 있는 팀티칭 유형은 기관에 따라 다양하게 적용되고 있다. 청소년지도사는 정형화된 방법론을 따르는 것보다 자신의 개성과 청소년이 선호하는 지도방법 유형을 고려함으로써 자신이 처한 지도환경을 제대로 이해하고 자신만의 모형을 개발해 나가는 것이 필요하다.

## 2) 청소년 또래집단 지도방법

청소년지도 환경 중 또 다른 내부체제 요인으로 청소년 또래집단을 들 수 있다. 또래집단은 다양한 성격과 유형을 지니고 있다. 만약 청소년지도사가 일탈 또는 비행 집단을 대상으로 청소년지도활동을 한다고 할 때 청소년지도사는 집단의 한 구성원들을 개인적인 면담이나 상담 또는 조정을 통해 집단을 와해하거나 집단 자체를 부정하는 모습이나 행위를 보여서는 안 된다. 청소년지도는 대상 또래집단이 더욱더 응집된 모습을 갖도록 지도할 필요가 있다. 이렇게 함으로써 그들 스스로가 자신의 삶의 질과 행동양식의 변화를 위한 공동의 노력이 행해질 수 있는 공간이 생기기 때문이다. 또래집단을 지도할 때 그 특성을 그대로 수용하지 않고 인정하지 않는 방해요인은 다음과 같다.

첫째, 청소년 또래집단은 그들의 특수한 행동양식, 행동태도, 가치 등을 중요하게 생각하는데, 이때 청소년지도사의 지도철학과 또래집단 내의 구성원들과의 일치성이 중요하다. 만약 청소년지도사의 지도철학과 또래집단 내 구성원 간의 가치가 반대되거나 일치하지 않게 되면 효율적으로 지도할 수 없게 된다.

둘째, 또래집단의 활동공간, 활동시간 등을 고려한 적절한 지도 가능성을 찾지 못할 때 방해가 발생될 수 있다.

셋째, 또래집단의 의사소통 양식과 사회적 행동양태 등이 기본적으로 효과적인 지도활동을 불가능하게 할 가능성이 많을 때이다.

넷째, 청소년지도사가 제공하는 그 무엇에 관해서도 또래집단이 전혀 관심을 갖지 않을 때이다.

청소년 또래집단 지도에 있어서 효율적인 지도에 방해가 될 수 있는 이와 같은 점들을 먼저 고려하여 문제점과 방해요인을 제거하면 청소년지도사는 또래집단 지도 전략을 생산적으로 설계할 수 있다. 청소년지도사는 이러한 또래집단의 특성을 감안하여 그들이 지니고 있는 삶의 극복 과제를 해결해 나가는 데 지원을 아끼지 말아야 할 것이다. 이러한 점에서 청소년지도 환경은 청소년이 있는 곳에서, 즉 그들의 일상 삶이 이루어지는 환경에서 이루어져야 한다(김문섭, 2000).

**요약**

1. 청소년을 둘러싼 급격한 환경 변화와 청소년의 욕구에 적절히 대처하고 반영할 수 있는 전문적·체계적인 청소년지도사의 지도 역량을 개발하는 것이 중요하다.

2. 청소년지도사의 역량 개발은 무엇보다도 청소년지도 환경이 어떤 환경인가에 따라 달라질 수 있다. 청소년지도 환경을 생태학적 접근으로 설명할 수 있다.

3. 청소년지도 환경은 여러 가지 요인에 의해서 변화될 수 있는데, 특히 청소년수련시설, 활동프로그램, 청소년 활동 업무에 영향을 주는 스마트 환경과 직접적으로 청소년지도에 영향을 주는 멀티미디어 환경이 그 요인이 될 수 있다.

4. 청소년의 다양한 특성과 변화의 욕구 등을 전혀 고려하지 않은 일방적인 주입식 지도는 청소년지도사와 청소년 간의 단절을 불러일으킬 수 있다.

5. 청소년지도 환경에서 중요한 환경은 수련활동 영역이다. 청소년수련활동 영역에 따라 청소년지도방법도 달라질 수 있기 때문이다.

6. 청소년 개인의 역량을 강화하고 다양한 능력을 키워 줄 수 있는 청소년 활동의 실천 방식은 획일적인 지도방법이 아닌 다양하고 체험적인 방법의 실현이 수반되어야 한다.

7. 공동협력 지도방법은 중간체제 요인인 청소년지도사 간의 관계와 동료 청소년지도사의 전문성을 적용한 청소년지도방법이다. 청소년지도사를 둘러싸고 있는 지도환경에서 물리적인 환경을 극복하고, 청소년지도에서의 전문성을 보완할 수 있는 공동협력 지도방법 중 교육학에서 활용하는 팀티칭이 대표적인 예이다.

8. 청소년지도 환경 중 내부체제 요인으로 청소년 또래집단을 들 수 있는데, 청소년지도사는 또래집단을 통한 지도를 할 수 있다. 청소년지도는 대상 또래집단이 더욱더 응집된 모습을 갖도록 지도할 필요가 있다.

 참고문헌

강지현(2016). 유비쿼터스시대 청소년의 문화적 특성을 반영한 수업모형이 미술학습동기에 미치는 영향. 인하대학교 대학원 석사학위논문.

권양이(2012). 청소년 및 성인 학습자를 위한 유비쿼터스 러닝 시대의 통합적 평생교육방법론. 서

울: 원미사.

권주만(2006). 청소년의 미디어 능력 향상을 위한 미디어 교육 프로그램의 효과 분석. 명지대학교 대학원 박사학위논문.

권현서(2009). 정담임-정담임 팀티칭제에 대한 보육교사의 갈등과 불안. 숙명여자대학교 교육대학원 석사학위논문.

김문섭(2000). 청소년욕구를 중심으로 본 청소년지도방법 연구. 청소년전문정책연구, 12, 3-56.

김선호(2015). 유비쿼터스 교육환경을 위한 인포그래픽 디자인 교육프로그램 개발 연구. 경희대학교 교육대학원 석사학위논문.

김세광(2011). 청소년 역량 증진을 위한 창의적 교수법 실행연구. 명지대학교 대학원 박사학위논문.

문성호 · 윤동엽 · 박승곤 · 정지윤(2016). 청소년활동 영역의 재정립에 관한 연구. 미래청소년학회지, 13(2), 1-23.

박은혜(2000). 통합교육의 한 방법론으로서의 협력 교수: 개념과 실행에 관한 논의. 특수교육연구, 7, 47-66.

박정환 · 김형준 · 조정원(2007). 알기 쉬운 유러닝. 서울: 학지사.

박진수(2011). 유비쿼터스 사회에서 청소년 사이버 범죄에 관한 연구. 동아대학교 대학원 박사학위논문.

여성가족부(2014). 2014년도 청소년사업 안내. 서울: 여성가족부.

유영만(2006). 지식 생태학: 지식기반사회를 위한 포스트지식경영. 서울: 삼성경제연구원.

윤기혁(2018). 부산광역시공공청소년수련시설 운영실태 및 활성화 방안 토론회. 부산광역시청소년수련시설협회.

윤철수(2009). 청소년지도사의 정체성 형성 과정 연구: 근거이론을 중심으로. 청소년학연구, 16(3), 123-147.

이대현(2011). 교실생태학적 관점에 따른 수학교육의 방향 탐색. 초등교육연구, 14(1), 1-12.

이한규(2008). 멀티미디어를 활용한 청소년 교회 교육의 실태 분석. 연세대학교 정경대학원 석사학위논문.

정유진(1999). 청소년 학교생활 적응의 관련 변인. 연세학교 대학원 석사학위논문.

주재홍(2012). 생태학과 교육과정 탐구: 학교교육과정 개발에 대한 또 다른 접근. 교육과정연구, 30(2), 1-26.

한승희(2001). 평생학습과 학습생태계. 서울: 학지사.

제
5
장
청
소
년
지
도
환
경

Bersani, C., & Jarjoura, D. (2002). Developing a Sense of "We" in parent/Teacher Relationships. In V. R. Fu, A. J. Stremmel, & L. T. Hill (Eds.), *Teaching and Learning*. Upper Saddle River, NJ: Merril.

Elkind, D. (1967). Egocentrism in adolescence. *Child Development, 38*(4), 1025-1034.

Friend, M. , Reising, M., & Cook, l. (1993). Co-Teaching: An Overview of the Past, a Glimpse at the Present, and Considerations for the Future. *Preventing School Failure: Alternative Education for Children and Youth, 37*, 6-10.

Goldhaber, J., & Smith, D. (2002). The development of documentation strategies to support teacher reflection, inquiry, and collaboration. In V. R. Fu, V. R. Stremmel, & L. T. Hill (Eds.), *Teaching and learning*. Upper Saddle River, NJ: Merrill.

Hamilton, S. F. (1983). The Social Side of Schooling: Ecological Studies of Classrooms and Schools. *The Elementary School Journal, 83*(4), 314-315.

Mollenhauer, K. (1977). *Erziehung und Emanzipation, Polemische Skizzen,* Munchen: Juventa.

Pugach, M. C., & Johnson, L. J. (1995). *Collaborative practitioners, collaborative schools.* Denver: Love.

Rosenberg, M. (1979). *Conceiving the Self.* New York.: Basic Book.

Sallis, J. F., & Owen, N. (2002). Ecological models of health behaviors. In K. Glanz, B. K. Rimer, & F. M. Lewis (Eds.), *Health Behavior and Health Education: Theory, Research, and Practice* (3rd ed.) (pp. 462-484). San Francisco, CA: Jossey-Bass.

Slattery, P. (2006). *Curriculum development in the postmodern era* (2nd ed.). New York: Garland Pub.

Stokols, D. (1992). Establishing and maintaining healthy environments: toward a social ecology of health promotion. *American Psychologist, 47*(1), 6-22.

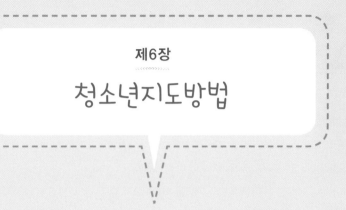

제6장

# 청소년지도방법

학습개요

　　청소년지도방법은 청소년지도 자체로 여겨질 만큼 중요성을 지닌다. 왜냐하면 청소년지도의 이념·목표·내용이 아무리 훌륭하더라도 이를 실현시킬 방도가 없으면 무용지물이 되기 때문이다. 또한 청소년지도는 지식적 교육보다는 체험활동과 프로그램을 매개로 하기 때문에 지도방법이 다른 교육적 지도에서보다 더 중요하다.

　　이 장에서는 청소년지도방법의 개념을 살펴보고자 한다. 청소년지도방법의 개념은 활동 주체인 청소년의 특성, 활동 및 수련환경과 여건, 수련 내용 및 프로그램, 활동매체 등에 따라 달라진다. 청소년지도가 어떤 단계를 거쳐 이루어지는지 검토해 보고, 청소년지도방법 유형 제시를 통해 청소년지도방법의 이해를 돕고자 한다.

# 01 청소년지도방법의 개념

청소년지도의 이념, 목표와 내용을 실현하는 구체적인 방안으로서 청소년지도방법은 청소년지도 그 자체로 여겨질 만큼의 중요성을 지닌다. 왜냐하면 청소년지도의 이념, 목표와 내용이 아무리 훌륭하더라도 이를 실현시킬 방도가 없으면 무용지물이 되기 때문이다. 청소년지도는 지식적 교육보다는 체험활동과 프로그램을 매개로 하기 때문에 지도방법이 다른 교육적 지도에서보다 중요하다. 따라서 청소년지도에 있어서 '청소년지도방법＝청소년지도'라고 할 수 있다(배규한 외, 2007).

청소년지도방법이란 청소년지도의 주된 목적이라 볼 수 있는 청소년의 바람직한 자아성장과 전인성의 함양을 위해 준비된 교육내용인 청소년지도 프로그램을 구체적으로 실천하는 방식, 즉 어떻게 지도할 것인가에 해당되는 개념으로 볼 수 있다(한국청소년개발원 편, 1993). 청소년지도방법의 개념은 활동주체인 청소년의 특성, 활동 및 수련환경과 여건, 수련 내용 및 프로그램, 활동매체 등에 따라 달라진다(김정렬, 2015). 청소년지도방법은 지도자의 전문적 역량과도 연관이 있다. 그중에서도 사업 및 프로그램 등에 요구되는 실제 수행능력과 더욱 밀접하다. 청소년지도방법의 개념에는 청소년지도의 이념과 목표 달성에 필요한 내용과 전문적인 역량을 청소년에게 내면화하기 위해 전문 지도인력이 활용하는 구체적인 전략과 도구, 기법, 기술, 계획 등의 수단을 포괄하기 때문이다.

청소년지도방법은 청소년지도사가 전문적으로 수행하는 행위만을 의미하는 것이 아니라 청소년의 참여 특성, 활동양식, 학습행위를 효과적으로 지원하는 다양한 조치와 개입들을 포함한다. 즉, 청소년지도사가 청소년의 활동과 학습을 촉진하고 프로그램의 목적을 효과적으로 성취하기 위해 전개하는 일체의 행동과 수단을 의미한다(김정렬, 2015). 좀 더 구체적으로는 청소년 참여자의 조직화, 다양한 청소년 활동 촉진에 필요한 기법, 매체운용 능력, 프로그램 기획 및 운영 능력 등 일체의 개입전략을 의미한다(오윤선·황인숙, 2018).

청소년지도방법은 청소년지도의 내용에 따라 광의적 의미에서 교수-학습활동, 진로지도, 생활지도와 상담활동, 교정활동, 청소년에 대한 조언·대화·만남, 기타 협의적 청소년지도의 내용과 영역을 포함한다. 반면에 협의적 의미에서는 전문 자격을 갖춘 지도인력에 의한 실제 프로그램 단위에서의 실천적 개입을 의미한다. 즉, 심성계발, 리더십 개발, 사회성 개발, 자연체험활동 지도, 문화예술활동 지도, 교류활동 지도, 봉사활동 지도, 자치활동 지도, 여가활동 지도, 사이버공간활동 지도 등 각각의 활동을 효율적으로 전개할 수 있도록 활용 가능한 전문적인 지도 기법과 기술, 지식 등을 의미한다(천정웅·김민·김진호·박선영, 2011). 김영인과 김민(2008)은 청소년지도방법을 "청소년지도의 다양한 영역 내에서 청소년지도의 이념과 목표를 실현하기 위해 채택되는 구체적인 도구, 기술, 계획" 등을 의미한다고 하였다.

이러한 내용을 토대로 정리하면, 청소년지도방법이란 "청소년지도사(청소년지도 전문가)가 청소년지도의 이념과 목표 달성에 필요한 내용과 전문적인 역량을 청소년에게 내면화하기 위해 청소년의 활동과 프로그램을 통해 전개하는 구체적인 전략과 도구, 기법, 기술, 계획 등의 수단"을 의미한다.

## 02 청소년지도의 단계

청소년을 지도할 때에는 주로 집단으로 지도하게 되며 이때, 집단지도자는 집단 구성원인 청소년들을 처음 만나는 것에서부터 시작하여 청소년활동의 목적을 달성하고 집단활동을 종결하는 것으로 끝나는 일련의 과정을 거친다(천정웅 외, 2017). 청소년지도의 단계는 크게 사전단계, 초기단계, 중간단계, 종결단계로 구분할 수 있다(한상철, 2014).

### 1) 사전단계

사전단계는 청소년지도사와 청소년이 대면하기 이전의 단계로서 계획단계라고

도 한다. 실제로 계획단계는 청소년지도의 성패를 좌우할 만큼 중요하다. 왜냐하면
이 단계에서 얼마나 충실하게 잘 준비하였는지에 따라 이후의 단계가 결정될 뿐만
아니라 청소년지도 전반의 성패가 가늠되기 때문이다. 청소년지도의 사전단계에서
지도활동을 계획함에 있어서 청소년지도사의 과업은 지도활동의 목표설정, 청소년
특성의 진단, 청소년집단의 구성, 지도환경의 준비 등을 포함한다. 앞서 기술하였듯
이, 청소년지도는 대부분 집단을 통해 이루어진다. 청소년지도사는 청소년지도에
앞서 청소년 개인이 지닌 의도나 개인적 속성 등에 기초하여 집단을 구조화하고 집
단의 크기와 형태를 결정해야 한다. 그중에서도 청소년집단의 구성에 대해 살펴보
면 〈표 6-1〉과 같다.

**표 6-1 집단 구성**

| 구분 | 내용 |
| --- | --- |
| 집단의 동질성과 이질성 | 청소년이 개인적 특성이나 지도활동에 참여하는 개인적 목적 및 관심사, 연령과 발달수준, 성별, 사회문화적 배경 등에 따라 집단의 성질을 결정해야 한다. 개인적 특성이나 목적의 유사성이 높은 집단을 동질적 집단이라고 하고, 이와 반대의 집단을 이질적 집단이라고 하는데, 지도목표에 따라 적합한 집단의 성질을 결정해야 한다. 대체로 비슷한 연령의 청소년들로 집단을 구성하는 것이 일반적이다. |
| 집단의 구조화 | 청소년지도사는 청소년의 욕구충족과 지도목표 성취를 위하여 청소년의 행동특성에 기초하여 특정한 청소년들을 적절히 혼합하여 집단을 구성할 필요가 있다. 즉, 청소년지도사는 집단 내에서 청소년 간의 상호작용을 촉진하고 결속력을 증진시킬 수 있는 능력을 지닌 청소년들을 선별하여 각 집단에 의도적으로 포함시킬 필요가 있다. |
| 집단의 규모 | 집단의 크기는 지도목표를 효과적으로 달성할 수 있을 만큼 작아야 하며 동시에 청소년이 만족스러운 경험을 할 수 있을 만큼 커야 한다. 따라서 청소년지도사는 청소년지도의 목표, 청소년의 욕구, 과업성취에 필요한 조건 등을 고려하고 소집단과 대집단의 장단점을 면밀히 검토하여 집단의 규모를 결정해야 한다. |

| 개방집단과 폐쇄집단 | 청소년지도사는 어떤 집단의 형태를 취할 것인지 고민하고 결정해야 한다. 개방집단은 새로운 구성원으로부터 아이디어나 자원을 얻을 수 있고 집단의 영속성을 유지할 수 있는 장점이 있으나, 집단 정체감의 상실과 지도력의 결여 등으로 인하여 집단의 안정성을 유지하기 어려운 단점을 지니고 있다. 이에 비해 폐쇄집단은 집단 결속력이 높고 구성원의 역할이나 규범이 안정적이며 구성원 간의 협력이 잘 이루어지는 장점이 있으나, 새로운 사고나 가치의 유입이 어려우므로 집단적 사고에 빠질 위험이 있고, 구성원에 대한 순응의 요구가 많아질 수 있는 단점이 있다. |
| --- | --- |

*출처: 한상철(2014).

## 2) 초기단계

청소년지도가 본격적으로 시작되는 초기단계에서 대부분의 청소년은 새로운 사람이나 장면과 첫 대면을 경험하게 된다. 이때 청소년은 집단에서의 적절한 의사소통 또는 반응 양식에 대해 확신이 없기 때문에 스스로 불안해하거나 어색한 기분이 들게 된다. 이러한 불안감이나 어색함을 깨뜨려 주고 청소년이 보다 적극적으로 집단활동에 참여할 수 있도록 조력하는 것이 청소년지도사의 가장 중요한 과업이다. 따라서 다른 어떤 단계보다 청소년지도사의 전문적인 지도기술이 더 많이 요구되는 단계라고 할 수 있다. 초기단계는 친밀감 조성, 동기유발, 지도목표의 통지와 한계 설명, 경험의 재생(선수학습), 자극의 제시를 포함한다.

## 3) 중간단계

청소년지도활동의 중간단계는 복잡하면서도 역동적인 성격을 띠고 있다. 따라서 청소년지도사는 이론과 경험의 조화가 필요하고, 인내와 관용이 요구되며, 때로는 청소년과 맞닥뜨림도 필요하다. 이 단계는 지도목표의 달성을 위한 가장 직접적이고 구체적인 단계이며 지도 시간의 대부분이 이 단계의 활동에 소요된다. 이 단계에서 청소년지도사가 일반적으로 사용할 수 있는 지도법으로는 강의법, 질문법, 토의법, 브레인스토밍, 감수성 훈련, 현장견학 등을 들 수 있다.

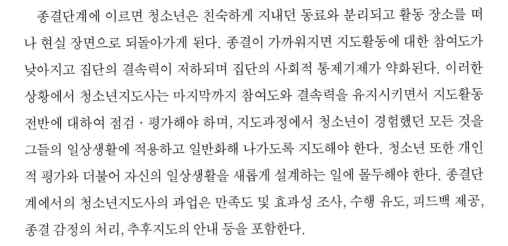

## 4) 종결단계

종결단계에 이르면 청소년은 친숙하게 지내던 동료와 분리되고 활동 장소를 떠나 현실 장면으로 되돌아가게 된다. 종결이 가까워지면 지도활동에 대한 참여도가 낮아지고 집단의 결속력이 저하되며 집단의 사회적 통제기제가 약화된다. 이러한 상황에서 청소년지도사는 마지막까지 참여도와 결속력을 유지시키면서 지도활동 전반에 대하여 점검·평가해야 하며, 지도과정에서 청소년이 경험했던 모든 것을 그들의 일상생활에 적용하고 일반화해 나가도록 지도해야 한다. 청소년 또한 개인적 평가와 더불어 자신의 일상생활을 새롭게 설계하는 일에 몰두해야 한다. 종결단계에서의 청소년지도사의 과업은 만족도 및 효과성 조사, 수행 유도, 피드백 제공, 종결 감정의 처리, 추후지도의 안내 등을 포함한다.

 **03 청소년지도방법의 유형 구분**

청소년지도방법은 대상청소년을 어떤 형태로 구분하느냐에 따라 달라진다. 여기에서는 개인중심 지도방법과 집단중심 지도방법으로 구분하여 살펴본다. 실제로 지도활동의 대상청소년이 개인이냐 집단이냐에 따라 청소년지도방법상 청소년지도자가 취해야 할 전략과 계획, 사용해야 할 매체와 도구, 기법과 기술은 확연히 달라진다(이미리 외, 2016).

### 1) 개인중심 지도방법

개인중심 청소년지도는 지도자와 청소년 개인의 일대일 대면관계를 통해 이루어지는 지도 형태라 할 수 있다. 개인중심 지도방법의 목표는 청소년 스스로 현실을 지각하고 개인의 인지과정을 통해 자신의 행동에 반응하며 자신의 태도를 형성함으로써 궁극적인 자기 변화를 유도하는 것이다(오윤선·황인숙, 2018). 개인대상 지도기법이 효과를 거두기 위해서는 지도자가 청소년 개인의 특성을 잘 이해하여 개인에 적합한 지도를 할 수 있어야 한다. 정보지식사회가 되면서 개성과 주체성이 부각되고 개인의 선택권이 중요해짐에 따라 청소년지도에 있어서도 개별화지도와 맞춤형지도의 필요성이 커지고 있다(배규한 외, 2007).

개인지도 시 지도자는 청소년 개개인의 개별성과 고유성을 인정해 주며, 개인이 지닌 성향·흥미·관심·특성에 따른 욕구를 적극 수용하며, 더 나아가 청소년에게 동기부여를 통한 자율적 참여를 이끌어 낼 수 있는 지도방법을 제시해야 한다. 또한 청소년기는 개인의 인성적인 측면에서 매우 중요한 시기인데, 이를 위해서 청소년이 자아정체감 형성, 감정의 조절, 인간관계 기술 등을 경험할 수 있는 다양하고 체계화된 지도가 필요하다(천정웅, 이채식, 안명선, 박주현, 이지민, 2017).

개인중심 청소년지도방법은 교과 지식을 축적하는 학습지향 지도방법과는 차별화된 접근이 요구된다. 개인중심 청소년지도방법에서 전제되는 조건은 다음과 같다(오윤선·황인숙, 2018). 첫째, 청소년은 개인의 성숙에 필수적 요소인 자기주도성과 자발성을 가지기 위한 능력과 요구 안에서 성장되어야 한다. 둘째, 학습자의 경험이 이를 지도하는 지도자의 전문성과 결합되어 지속적으로 풍부한 학습자원이 될 수 있도록 개발되어야 한다. 셋째, 개인이 일상생활을 수행하고 그들의 삶의 문제를 보다 적극적으로 해결하기 위한 목적으로 제시되어야 한다. 넷째, 학습자의 내적 자극, 즉 호기심, 자아실현을 위한 욕구, 성장에 대한 갈망, 높은 도덕적 가치 등에 의해 동기화되어야 한다.

특히 청소년은 개인지도를 통해 자신에 대한 가치를 인식하며 또래와의 원만한 대인관계를 통해 타인과의 관계형성 기술을 학습할 수 있다. 이는 자신을 객관화하는 능력과 타인에 대한 이해와 의사소통 능력 계발을 통해 이룰 수 있다. 즉, 개인지도의 목적은 청소년 스스로 자신이 처한 현실을 지각하고, 인지과정을 통해 자신의 행동에 대해 사고하며 스스로 건전한 생활습관을 형성하도록 조력한다. 그리고 청소년 스스로 원하는 목표를 달성하며 건강한 성인이 되어 사회의 독립된 구성원으로 성장하도록 돕는 것이다(천정웅 외, 2017).

구체적인 개인중심 지도방법으로는 멘토링, 튜터링 등을 들 수 있다.

## (1) 멘토링

멘토링(mentoring)의 가장 일반적인 의미는 경험과 지식이 풍부한 사람이 새로운 성원의 역량과 잠재력을 개발하도록 전담하여 지도·조언하는 것이다. 오늘날 멘토링은 기업이나 종교집단, 학교 등 다양한 사회조직에 새로운 초임자가 조직에 적응하고 조직문화를 익히도록 기존 구성원이 돕기 위해 활용되고 있다(김경준·오해섭·모상현, 2011). 하지만 멘토링에 대한 정확한 이해의 부족으로 튜터링, 코칭 등과 혼동하여 사용하는 경우가 많다. 이는 멘토링 경험이 없는 일반 사람뿐만 아니라 멘토링을 운영하는 기관에도 영향을 끼쳐 멘토링의 운영 방향이나 결과에 매우 큰 차이를 발생시킨다. 즉, 멘토링을 단지 학습을 하는 행위로 보거나 특정 목적 수행을 지향하는 것으로 이해한다면, 관계를 지향하는 멘토링의 본래의 취지를 살리기 어렵고, 멘티의 욕구보다는 성과에 초점을 두는 결과를 초래할 수 있다(김경준·김영지·정익중·김지혜, 2012).

멘토링의 기원은 기원전 1250년대 트로이(Troy)전쟁을 소재로 한 호머(Homer)의 그리스신화에 등장하는 오디세우스 왕의 친구 이름인 멘토르(Mentor)에서 찾는다. 당시 오디세우스는 출정을 하기 위해 떠날 채비를 하면서 자기 가문을 지킬 보호자를 정하게 되는데, 이 보호자는 그 후 10년간 오디세우스의 아들인 텔레마쿠스의 스승·조언자·친구·아버지·대리인으로서의 역할을 성실히 수행하였다고 한다. 이 신화에 등장하는 보호자가 바로 멘토르였던 것이다. 고대 그리스에서는 청년을 연장자와 짝 지우는 관습이 있었는데, 이는 젊은이가 자신의 멘토인 성인으로부터 지식을 전수받고 좋은 점을 본받도록 하기 위함이었다(김경준·오해섭·모상현, 2011). 그 이후 멘토라는 이름은 지혜와 신뢰로서 한 사람의 인생을 이끌어 주는 지도자의 동의어로 사용되었다.

멘토링은 멘토르가 오디세우스의 아들에게 실시한 교육의 그 모습처럼 멘토가 멘티에게 영향을 끼치는 활동(activity=mentor+ing)을 의미한다(간진숙, 2011). 마고(Margo, 2005)는 "체계적 멘토링이란, 효과적인 멘토링 활동을 촉진하고 참가자의 바람직한 행동 변화를 유도하며, 프로테제·멘토·조직이 멘토링으로 얻은 성과를 평가하기 위해 설계한 일련의 과정으로 이루어진 체계이다."라고 하였다.

멘토와 멘티의 관계를 중요한 핵심 기제로 보는 멘토링은 학자들에 따라 다양하게 정의되고 있다. 머레이(Murray, 2001)는 멘토링에 대하여 사람의 성장과 능력 개발을 위하여 보다 많은 경험과 기술을 가진 사람과 짝을 지어 주고 관여자의 바람직한 행동을 지도하도록 하는 구조화된 일련의 과정이라고 정의하였다. 크람(Kram, 1985)은 멘토링을 상이한 수준의 전문기술을 가지고 있는 두 명의 개인 사이의 상호작용 관계로 정의하고 있다. 스칸두라와 윌람스(Scandura & Willams, 2004)는 멘토링을 조직의 구조에서 경험이 많은 윗사람(멘토)과 경험이 적은 사람(멘티)의 일대일 관계라고 정의하였다. 이를 정리하면, 멘토링이란 "많은 경험과 기술을 가진 사람(멘토)이 이를 필요로 하는 사람(멘티)과 상호작용을 통해 성장과 능력 개발 및 바람직한 행동을 촉진하는 구조화된 일련의 과정"이라 할 수 있다.

청소년 멘토링은 멘토링의 한 형태로 성인이 멘토가 되고 청소년이 멘티가 되어 청소년이 성공적으로 성인기로 이행할 수 있도록 정서적 지원을 해 주는 활동을 일컫는다. 청소년 멘토링은 경험을 가진 건강한 성인과 청소년 사이에 관계성을 증진하는 것을 포함하며, 이러한 일대일 관계성의 범위 내에서 청소년의 인격과 역량의 발달을 강화하는 것을 목적으로 한다(Rhodes, 2005). 즉, 경험 있는 성인이 멘토링을 통해 멘티 청소년에게 지지와 안내·지원을 해 주고 돌보아 주며 성공적인 성인으로 성장하도록 돕는 삶의 안내자, 상담자, 지지자 또는 친구로서의 역할을 담당하는 것이다(김경준 외, 2011). 또한 멘토링을 통해서 학교·가정·친구·지역사회로부터 고립된 청소년에게 대안적인 길을 제공하며, 공식적·비공식적 관계를 통하여 청소년의 사회적 기술 등을 개발하게 한다(김경준 외, 2012; Costello & Thomson, 2011).

### ① 멘토링의 원리

멘토링의 기본 원리는 크게 다음의 다섯 가지로 구분할 수 있다(김지연, 2009).

첫째, 멘토링 관계는 멘토와 멘티의 선정에서 출발한다. 멘토와 멘티는 누구나 될 수 있으나 아무나 되는 것은 아니다. 멘토는 멘토링의 목적과 목표를 이해하고 취지에 동의한 사람이어야 하며, 멘티는 멘토의 도움이 절실히 필요한 대상으로 선정해야 한다.

둘째, 일정 기간 동안 멘티 중심의 일대일 관계를 맺는다. 멘토와 멘티는 활동에 들어가기 전에 활동기간을 먼저 설정하도록 한다. 단기간에 멘토링 관계와 효과를 기대하기 어렵기 때문에 최소 6개월 이상 보통 1년 이상의 기간이 요구된다.

셋째, 멘토의 역량을 발휘하고 한계를 안다. 멘토의 끊임없는 자기성찰과 자기개발이 멘티에게 고스란히 전달될 수 있다는 점에서 멘토는 자신의 역량을 시험하고 개발하겠다는 자세를 가질 필요가 있다. 하지만 멘토가 다양한 역할을 하고 역할모델이 된다는 것이 완벽한 인간이어야 한다는 것을 의미하지는 않는다. 멘토는 멘티를 혼자 힘으로 변화시키는 '마술사'가 아니기 때문에 혼자 고민하기보다 슈퍼바이저 등의 도움을 받을 수 있도록 교육과 수퍼비전에 적극적으로 참여하는 것이 중요하다.

넷째, 멘티의 잠재력을 개발한다. 멘토링의 궁극적 목표는 멘티의 잠재력을 개발하고 건강한 사회의 구성원으로 성장할 수 있도록 돕는 것이다. 즉, 멘토링은 멘티의 성숙을 돕는 활동이다. 이를 위해 멘토는 청소년에 대한 이해(신체·인지·정서·성격 등의 변화, 도덕성과 가치관, 적응과 부적응, 청소년 문화 등)와 멘티를 둘러싼 환경에 대한 이해[가족, 친구(또래), 학교, 지역사회, 사회제도 등] 그리고 멘티에 대한 이해(부모의 부재, 가족갈등, 부적절한 훈육, 부적응, 애착결여, 외로움 등)를 통해 멘티를 이해하고 공감하려는 노력이 필요하다.

다섯째, 멘티와 멘토가 함께 성장한다. 멘토는 일정 기간의 멘토링을 통해 멘티에게 자신의 인격과 역량을 제공하게 된다. 이를 통해 멘티의 지적 발달 및 사회성·정체성 등의 발달을 도모한다. 이러한 과정 속에서 멘토도 함께 성장한다. 즉, 멘토링에 참여하는 멘토는 감정이입, 비밀보장, 멘티의 자기결정 존중과 같은 기본적인 원칙을 체득할 뿐만 아니라 판단력, 절제력, 인내심을 학습하고 궁극적으로 멘티의 변화 과정을 경험하면서 멘토 역시 성공경험을 통해 자존감이 높아지는 선순환의 과정이 이루어진다.

② 멘토링의 실제

멘토링의 실제는 크게 멘토(멘티) 모집 및 교육([표 6-2], [표 6-3] 참조), 멘토와 멘티 간의 결연([표 6-4] 참조), 활동(멘토와 멘티 간의 일반적인 멘토링 단계; [표 6-5] 참조) 및 종결 등 네 가지로 구분하여 살펴본다. 다음에 제시한 내용과 표는 김지연(2009)의 『비행청소년 멘토링 운영을 위한 다기관 협력체계 구축방안 연구: 청소년 멘토링활동 운영 매뉴얼』의 내용을 참고하였다.

**표 6-2** 멘토 모집 및 교육

| 구분 | 내용 | 팁 |
|------|------|-----|
| 멘토 모집 | • 멘토는 자발성을 전제로 하며 멘토링 참여동기, 기대, 가능한 활동 기간을 사전에 확인하여야 한다.<br>• 멘토 기본교육을 이수하더라도 바로 결연하기보다는 책임감, 의사소통, 참여동기, 활동 기간(최소 1년 이상 지속적인 활동이 가능한지 등)을 재확인할 필요가 있다. | • 멘토 선발과정에서 확인할 사항<br>  −왜 멘토가 되고 싶은가?<br>  −어떤 특기와 흥미를 가지고 있는가?<br>  −청소년과 함께하는 것에 대해 특히 어떤 점이 좋은가?<br>  −청소년에게 어떤 도움을 주고 싶은가?<br>  −프로그램에 참여하여 어떤 이익이 오기를 기대하는가?<br>  −프로그램을 위해 얼마나 많은 시간을 투자할 수 있는가?<br>  −청소년과 함께 한 경험이 있는가? |
| 멘토 교육 | • 멘토 교육의 내용은 주관 기관이나 목적에 따라 다를 수 있으나, 멘토링의 기본 개념, 멘토의 역할, 멘티에 대한 이해, 활동원칙, 활동내용, 상호작용 기술 및 전략, 활동일지와 상담계획서 작성 및 보고에 대한 내용은 반드시 포함할 필요가 있다. | • 멘토 특별교육<br>  −멘티의 특성이나 문화를 이해할 수 있는 내용을 수시로 교육받을 수 있도록 한다. 다양한 청소년 영역 전문가를 초빙하여 멘토링 과제에서 실제로 활용할 수 있도록 한다. 동성애나 흡연(음주), 위기개입 등이 교육내용으로 포함될 수 있다. |

**표 6-3** 멘티 모집 및 교육

| 구분 | 내용 | 팁 |
|---|---|---|
| 멘티<br>모집 | • 청소년 중에서 신청을 받거나 관계자의 추천을 활용하여 선정할 수 있다.<br>• 결연관리자가 개별적 만남을 통해 스크리닝한다.<br> －서비스 정보 제공: 멘토링에 대한 소개와 현황을 알린다.<br> －서비스 욕구 확인: 멘티의 자발성은 책임성과 활동의 효율성을 위해 중요한 부분이다. 서비스 정보를 제공했다면 그 시점에 서비스 참여 의사가 없더라도 멘티가 정말 도움이 필요할 경우, 언제든 참여할 수 있다는 것을 알린다. | • 멘티 선정 시 고려사항<br> －청소년의 위험과 욕구를 파악한다.<br> －고욕구군을 우선적인 멘토링 대상으로 선정한다.<br> －고위험과 고욕구 모두 높은 경우 다른 처우와 병행하여 멘토링을 제공하는 것이 효과적이다.<br> －욕구는 다음의 사항을 우선적으로 고려한다.<br> · 정서적인 지지자가 필요한가?<br> · 대화나 상담이 부족하다고 느끼는가? |
| 멘티<br>교육 | • 멘토링은 멘토와 멘티 두 사람의 관계를 기반으로 하는 것이므로 멘토뿐만 아니라 멘티에 대한 사전교육도 필요하다.<br>• 멘티교육은 멘토와 같은 체계적이고 많은 시간을 요구하지는 않으며, 멘토링의 핵심적인 요소와 멘토링 규칙(멘토와 멘티 사이에서 지켜야 할 에티켓 등), 멘토링의 목적(멘토는 학습지도만을 하는 과외교사가 아니라는 점 등), 멘토링의 특전(장학금 등 필요한 자원 연결, 자기 성장)에 대한 사항을 포함할 수 있다. | · 내 이야기를 들어주고 내 입장을 이해해 줄 사람이 필요한가?<br> · 가족이나 기관(소년원 혹은 보호관찰소) 등과 나를 연결해 줄 수 있는 다리가 필요한가?<br> · (학교나 사회) 생활에 적응하는 데 도움을 줄 수 있는 사람이 필요한가?<br> · 필요한 자원에 대한 정보와 실제적인 연결을 도와줄 수 있는 사람이 필요한가?<br> · 누군가 나의 성장을 돕고 잠재력을 발견해 줄 수 있기를 희망하는가? |

**표 6-4** 멘토와 멘티 간의 결연

| 구분 | 내용 | 팁 |
|---|---|---|
| 결연 | • 멘토와 멘티 간의 결연에는 다양한 요소를 고려하는 것이 일반적이다. 즉, 멘토와 멘티의 성별(동일 성별, 혹은 교차 매칭), 연령의 차, 욕구(부모의 부재, 학습지도, 친구, 전문적 기술), 거주지(거리) 등이 가장 기본적으로 고려되는 요소이다. | • 결연 시 고려사항<br>－결연관리자는 꼭 필요한 사항 외에는 가급적 결연 전에 멘토에게 멘티에 대한 사전정보 제공을 하지 않도록 한다. |

**표 6-5** 멘토와 멘티 간의 일반적인 멘토링 단계

| 멘티와의 관계 단계 | 주요 핵심 주제 |
|---|---|
| 준비기 | 멘토링 프로그램과 자신에 대한 이해를 통해 멘토링 활동을 준비한다. |
| 탐색·적응기<br>(1~3개월) | 멘토링 활동을 구조화하고 서로를 탐색한다. |
| 신뢰·형성기<br>(3~4개월) | 모임이 안정되고 멘토와 멘티 간의 신뢰관계가 형성되기 시작한다. 멘티의 문제를 파악하기 시작한다. |
| 관계·진전기<br>(5~6개월) | 형성된 신뢰관계를 바탕으로 멘티의 문제에 구체적 접근과 개입을 시도한다. |
| 동반기(7~8개월) | 멘티의 문제해결 방법을 적극적으로 논의하고 연습하게 한다. |
| 지지기(9~10개월) | 조금씩 멘티의 문제에서 물러서서 멘티 스스로 자신의 생활을 할 수 있도록 지지·격려한다. |
| 종결 준비기<br>(11~12개월) | 공식적인 멘토링 활동을 정리하고 추후 만남을 약속한다. |

멘토링 종결은 프로그램의 형식으로 시작된 공식적인 만남이 자연스럽게 소멸되는 것을 의미한다. 하지만 종결이 영원한 이별과 단절을 의미하는 것은 아니다. 종결은 여러 가지 상황으로 발생하게 된다. 먼저, 정해진 기간을 마친 경우, 멘티나 멘토 둘 중 한 명의 이사나 이민, 건강상 문제 등 부득이한 상황이 발생한 경우, 활동 중에 멘티가 거부감을 표하는 경우로 인한 일방적인 종결 등이 일반적이다. 만약 정해진 기간이 다 되어서 종결을 하는 경우에는 멘티의 아쉬움과 앞으로의 계획에 초

점을 맞추는 것이 필요하다.

종결 이후의 약속은 현실적이고 지킬 수 있는 것이어야 한다는 것을 기억할 필요가 있다. 부득이한 상황으로 인한 종결과 멘티의 거부로 인한 일방적인 종결의 경우 지금까지 멘티를 만나면서 좋았던 점, 멘토가 배웠던 점, 미처 하지 못했던 칭찬과 격려를 전달하는 것이 필요하다. 또한 부득이한 사정으로 종결하게 되었지만 지금까지 멘티에게 했던 말과 행동이 모두 진심이었으며 좋은 감정을 가지고 있다는 것을 전해 주고 다른 멘토를 연결해 주는 것까지 이루어진다면 더욱 이상적이다.

### (2) 튜터링

튜터링(tutoring) 프로그램에서는 가르치는 역할인 튜터(tutor)와 배우는 역할인 튜티(tutee)가 일대일 혹은 일 대 다수로 만나 학습하게 된다. 튜터는 해당 내용을 먼저 학습한 경험이 있는 동료 학습자 혹은 선배 학습자이며, 튜티는 튜터에게 학습에 도움을 얻고자 하는 동료 학습자 혹은 후배 학습자이다. 튜터링 학습을 통하여 튜터는 이미 학습했던 내용을 다시 되짚어 보면서 더 깊이 이해할 수 있는 효과를 얻을 수 있으며, 튜티는 수업에서는 받기 어려웠던 개별지도와 즉각적인 피드백을 얻음으로써 자신감 있고 적극적인 학습태도를 습득할 수 있다(안수현·김현철, 2014; Sungkyunkwan University, 2013).

튜터링은 튜터에 의해 이루어지는 다양한 학습지도활동을 통칭하는데, 일반적으로 튜터링이란 선배 학습자가 학습에 도움을 받고자 하는 후배 학습자들의 학습을 도와줌으로써 공부는 물론 생활 전반에 대해 흥미와 자신감을 갖도록 도와주는 학습 공동체를 말한다(안수현·김현철, 2014). 즉, 튜터링은 특정 학습 주제에 대해 가르치고자 하는 사람(튜터)과 배우고자 하는 사람(튜티)이 연습·반복·개념적용 등의 활동을 통해 함께 상호작용하며 학습하는 협력적 교수-학습 전략을 의미한다(김민정, 2015; 황은영, 2008). 또한 튜터링은 학습자 중심의 협동학습을 통하여 학업 능력 향상과 더불어 참여자 간의 대인관계 능력, 의사소통 능력, 학업에 대한 자신감 향상 등 다양한 개인과 조직의 관계에 대한 기술을 익힐 수 있는 학습공동체 프로그램을 뜻한다(황채연, 2013). 이를 정리하면, 튜터링은 "선배 학습자(튜터)와 학습에 도움을 받고자 하는 후배 학습자(튜티) 간에 학습활동은 물론 대인관계 및 의사소통 능력 등 생활 전반에 대한 흥미와 자신감을 갖도록 도와주는 학습공동체 프로그램"이라고 정의할 수 있다.

튜터링은 낯선 환경 적응 및 스스로 목표달성을 시도하는 청소년에게 적용할 수 있다. 같은 경험을 한 튜터를 우선 매칭하여 튜티의 심리적 안정을 도모할 수 있으며, 튜티가 진로나 학습과정의 참여를 통해 목표에 도달할 수 있도록 이끌어 줄 뿐만 아니라 방황이나 혼란 시 이를 바로잡아 줄 수 있다. 튜터는 자신의 실패 경험까지도 고려하여 튜티를 코치할 수 있다. 결국 튜터링은 튜터의 도움으로 자신감을 얻은 청소년에게 직접 경험 및 실습을 할 수 있도록 하며, 마지막에는 스스로 수행할 수 있는 기회를 충분히 제공하는 것이다(천정웅 외, 2017).

이러한 내용을 청소년지도의 관점으로 보면, 경험이 풍부한 튜터(지도자)가 튜티(청소년)에게 단순 학습활동 외에도 체험요소가 가미된 협동학습을 통해 대인관계, 의사소통 능력 및 공동체의식 등을 개발할 수 있도록 해 줄 수 있다. 또한 자기주도성과 자신감 향상 및 진로를 결정하는 데 도움을 줄 수 있다.

### ① 튜터의 역할

튜터는 선배 또는 동료 학습자로서 튜터링에서 가르치는 역할을 한다. 튜터의 구체적인 역할을 주영주와 김지연(2003)은 다섯 가지 역할로 구분하였고, 미쉬라

표 6-6  튜터의 역할

| 구분 | 내용 |
|---|---|
| 주영주 · 김지연<br>(2003) | • 교수-학습활동 조력자로서 튜터는 튜티에게 학습의 기술과 방법을 제공하여 튜티의 학업 성취를 돕는 역할을 한다.<br>• 학습관리자로서 튜터는 교수-학습의 진행 일정, 절차, 규정을 숙지하고 관리하는 역할을 한다.<br>• 준내용전문가로서 튜터는 담당 과목이나 주제에 대해 어느 정도 전문적인 지식을 확보하여 학습자의 학습욕구를 적절히 충족시켜 주어야 한다.<br>• 상호작용 촉진자로서 교수자-학습자 또는 학습자-학습자 사이의 의사소통을 돕고 원활한 상호작용이 일어날 수 있도록 하는 역할을 한다.<br>• 사회적 관계 조직자로서 튜터는 교수-학습 집단 내의 정서적 유대감 강화와 협력의 분위기를 조성할 필요가 있다. |

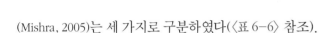

| | | |
|---|---|---|
| 미쉬라<br>(2005) | | • 인지적 영역에서는 튜터가 해당 교과목에 대한 지식을 보유하고 있어야하며, 실제로 튜터가 교과의 내용과 관련된 문제를 해결할 수 있도록 실질적인 도움을 줄 수 있어야 한다.<br>• 정의적 영역에서 튜터가 튜티에 동기를 부여할 수 있는 능력을 보유하고 있어야 하며, 튜티가 직면하고 있는 문제를 간파할 수 있어야 한다.<br>• 조직적 영역에서는 튜터가 기관의 행정절차를 숙지하고 개인지도를 계획 및 이해하며 다양한 테크놀로지를 이용하여 튜티에게 도움을 줄 수 있어야 한다. |

(Mishra, 2005)는 세 가지로 구분하였다(〈표 6-6〉 참조).

### ② 튜터링의 실제

튜터링의 운영방법에 있어서 황은영(2008)은 크게 5단계로 구분하여 설명하였고, 하워드(Howard, 2005)는 3단계로 구분하여 설명하였다(〈표 6-7〉 참조).

**표 6-7** 튜터링 운영방법

| 구분 | 단계 | 내용 |
|---|---|---|
| 황은영(2008) | 1단계 | 튜터와 튜티를 신청하는 단계이다. 튜터로 신청하는 학생이 튜터링 진행 내용에 대해 알 수 있도록 학습계획서를 함께 제공해야 한다. 학습계획서에 들어가는 내용으로는 튜터의 기본정보, 과목명, 시간, 학습목표, 학습개요 및 과목 설명, 평가방법, 남기고 싶은 말로 구성할 수 있다. |
| | 2단계 | 튜터링 오리엔테이션을 실시하는 단계이다. 튜터링 진행 시 유의해야 할 점을 제공한다. 오리엔테이션에서 제공되는 내용으로는 튜터링의 목적, 튜터와 튜티의 역할, 과목별 자료, 튜터링 진행 시 나타날 수 있는 갈등해결 방법, 활동일지 작성법, 이전 튜터링 참여 만족도 조사 결과, 튜터링 효과, 일정, 튜터의 인센티브가 있다. |
| | 3단계 | 활동 일지 중간 확인 및 최종 제출 단계이다. 활동일지는 튜터와 튜티의 정보, 출석 현황, 학습계획서, 차시별 활동 내용 및 방법, 다음 차시 계획, 장소, 평가, 소감, 진행방법, 확인란으로 구성되어 있다. |

| | | |
|---|---|---|
| | 4단계 | 튜터에 대한 교육단계이다. 튜터가 가지고 있는 지식·기술·태도를 효과적으로 튜티에게 전달하는 방법에 대해 교육한다. 교육 내용으로는 정보 공유 방법, 튜티의 이해 방법, 동일한 과목의 자료 및 진행 노하우, 커뮤니케이션 방법, 갈등해결 방법, 명예 튜터와의 만남, 튜터링 성공 및 실패 사례가 있다. 이는 곧 튜터의 역량과도 관련이 있다고 할 수 있다. |
| | 5단계 | 튜터링 평가를 실시하는 단계이다. 인증서를 발급하고 인센티브를 제공하기도 한다. 평가 요소로는 오리엔테이션 참가 여부, 튜터링 중간 확인 및 최종 확인, 활동일지 내용, 활동 시간, 팀별 튜터링 발표회 내용, 튜티의 만족도 조사 등이 있다. |
| 하워드 (2005) | 1단계 | 일종의 팀빌딩(team building)의 단계이다. 상호 소개와 학습의 분위기 조성, 각자의 역할과 책임에 대해 모델링한다. 상호 소개를 통해 집단의 구성원들은 서로 더 편안해지고 또래의식이 생겨서 팀워크에 도움이 되며, 이는 튜터에게 튜티들의 배경을 알 수 있게 하는 유의미한 활동이다. |
| | 2단계 | 학습목표의 설정을 하는 단계이다. 모든 구성원들의 동의를 얻은 목표가 필요하다. 처음에는 튜터가 직접 기획한 목표를 구성원들에게 나누어 주고 앞으로 문제를 해결하면서 이 목표들을 어떻게 옮겨 놓을지에 대해 구성원들과 토의하며 수정해 나간다. 나중에 목표를 수정하게 되는 경우도 있는데, 이는 당연히 있을 수 있으며 이때에도 모든 구성원의 동의가 필요하다. |
| | 3단계 | 초인지적(meta-cognitive) 과정을 통한 학습을 하는 단계이다. 초인지란 생각을 조정하는 기능을 말하며, 문제 상황에 대해 궁리하고 숙고하고 반추하는 활동이다. 문제에 대해 알고 있는 것과 생각나는 것에 대해 개괄한 후 여러 가지 가설을 설정하고 어떠한 탐색이 필요한지 생각한 후에 어떤 순서대로 문제 상황을 해결할지 학습한다. |

*출처: 김수영(2011).

## 2) 집단중심 지도방법

집단지도는 전문가에 의한 의도적인 집단과정과 경험을 통해 개인의 사회적 기능 수행을 향상하게 하며, 또한 개인·집단·지역사회의 당면 문제들에 대해 보다 효과적으로 대처해 나갈 수 있도록 도움을 주는 방법이다(남세진·조흥식, 2001). 구체적인 집단중심 지도방법으로는 브레인스토밍과 문제중심학습(PBL) 등을 들 수 있다.

## (1) 브레인스토밍

브레인스토밍(brainstorming)은 '두뇌'라는 뜻의 'brain'과 '폭풍'이라는 뜻의 'storm'이 결합된 단어이다. 브레인스토밍이란 두뇌에서 폭풍이 휘몰아치듯이 생각나는 아이디어를 밖으로 내놓는 것을 뜻한다. 브레인스토밍은 집단 구성원들의 상상력과 융통성, 토론 기술을 강화하기 위한 방법으로서 집단 구성원 간의 상호작용을 통해 많은 수의 아이디어를 발상하도록 하며, 거의 모든 주제와 상황에서 편리하게 사용할 수 있는 아이디어 창출방법이다(박정옥, 2007; Osborn, 1953).

### ① 브레인스토밍의 기본 규칙

브레인스토밍에서 가장 중요한 두 가지 원리는 '판단유보(deferment of judgment)'와 '많은 양 가운데서 질 좋은 아이디어가 나온다(Quantity breeds quality).'는 것이다. 전통 토의와 브레인스토밍의 차이점은 활동을 진행하는 동안에 집단의 어느 누구도 아이디어를 비판해서는 안 된다는 것이다. 이때 아이디어를 낸 자신도 자신의 아이디어에 대해 비판을 해서는 안 된다는 것이 가장 중요하다. 브레인스토밍의 기본 규칙은 크게 다음의 네 가지로 구분할 수 있다(전경원, 1997).

- 규칙 1: 비판이 제거되어야 한다. 아이디어의 산출을 저해하는 비판·평가·판단은 마지막까지 피해야 한다. 이 규칙은 '비판엄금' '비판금물' '평가보류' '평가유보'라는 단어로 사용되기도 한다. 이는 아이디어를 떠올리는 단계에서는 떠오르는 아이디어 자체에만 전념하고 일체의 평가를 잠시 보류하여 브레인스토밍을 진행하는 동안에는 절대로 어떤 형태의 비난이나 평가를 하지 않고 아이디어의 양에만 관심을 둔다는 것이다. 이 규칙은 브레인스토밍을 대표할 수 있는 규칙으로서 비판을 잠정적으로 보류한다면 아이디어 산출과정은 더욱 생산적일 것이라는 가정을 두고 있다.
- 규칙 2: 자유분방한 사고를 환영한다. 산출된 아이디어가 거칠면 거칠수록 좋다

는 의미이다. 이는 어떤 아이디어를 말해도 좋다는 의미로서 약간은 어리석어 보이고 우스꽝스러워 보이거나 유머스러운 아이디어도 수용한다는 것이다. 브레인스토밍을 하는 참가자들이 자유분방한 사고를 하지 못할 경우에는 이 규칙이 제대로 지켜지지 않았다는 증거이므로 자유분방한 아이디어가 나올 수 있도록 충분한 훈련을 해야 한다.

- 규칙 3: 양이 요구된다. 아이디어 수가 많으면 많을수록 유용한 아이디어가 나올 가능성이 높다는 것이다. 질 높은 아이디어보다는 많은 양의 아이디어가 더 중요하다는 것이다. 이는 많은 양의 아이디어 속에서 질 높은 아이디어가 나올 수 있다고 보기 때문이다. 따라서 어떤 평가도 내리지 않고 생각할 수 있는 아이디어는 모두 떠올려 보는 것이 중요하다.

- 규칙 4: 결합과 개선이 추구되어야 한다. 참가자들은 자신의 아이디어를 내놓는 데 추가해서 다른 사람의 아이디어가 어떻게 하면 더 좋은 아이디어로 개선될 수 있는지를 제안해야 한다. 2개 이상 또는 그 이상의 아이디어가 어떻게 결합하면 이제까지 없었던 다른 아이디어로 될 수 있을지를 제안해야 한다. 이 규칙은 남의 아이디어에 편승한다는 의미로 '히치하이크' 또는 '무임승차'라고 불리기도 한다. 즉, 타인의 아이디어에 착안하여 자신만의 아이디어를 생각해 내는 것인데, 이 규칙이야말로 브레인스토밍이 집단기법이라는 점을 입증하는 것이다. 이런 활동을 통해 어떤 사람이 생각해 낸 아이디어에 다른 사람이 편승하여 더 좋은 아이디어를 만들 수 있기 때문에 하나의 아이디어는 자신만의 것이 아니라 참여자 전원의 아이디어라는 인식을 하게 된다.

② 브레인스토밍 실제

• 브레인스토밍의 일반적인 단계

브레인스토밍의 일반적인 단계는 문제의식, 기본원칙, 연습, 회의 진행, 종결, 낭독, 결합·발전으로 구성된다(한장수, 1996; 〈표 6-8〉 참조). 먼저, 문제의식을 하여 리더가 문제에 대한 설명과 팀원들에게 질문으로 시작을 한다. 네 가지 기본원칙인 '비판엄금' '자유분방' '질보다 양' '결합의견'을 확인하고 환기시키며 기본원칙이

**표 6-8** 브레인스토밍의 일반적인 단계

| 단계 | 내용 |
|---|---|
| 문제의식 | 리더의 문제에 대한 설명과 참가자들의 질문으로 시작 |
| 기본원칙 | 네 가지 확인과 환기 |
| 연습 | 기본원칙이 잘 지켜지는지 연습문제를 제시하고 간단한 연습 |
| 회의 진행 | −한 사람이 하나의 아이디어를 발표<br>−제출된 아이디어로부터 직접 유도되어 나오는 연쇄적 아이디어를 권장<br>−서기는 정확히 기록하되, 제시된 아이디어 순서대로(이름 없이) 일람표 작성<br>−15분 정도 회의 진행 후 10분 정도 휴식 |
| 종결 | 휴식 후 15분 정도 더 계속하며 리더는 아이디어가 더 나오도록 독려 |
| 낭독 | 산출된 아이디어 순서대로 낭독 |
| 결합 · 발전 | −낭독된 아이디어를 들으며 재결합하여 개선<br>−평가과정을 통한 우수 아이디어 선정 |

*출처: 한장수(1996).

잘 지켜지는지 확인한다. 그 다음 회의를 진행하고 회의가 끝나면 산출된 아이디어 순서대로 낭독하여 개선할 부분은 개선하여 결합 · 발전시키는 단계로 마무리한다. 이러한 브레인스토밍의 일반적인 단계는 내용에 따라 조정이 가능하다(백상미, 2010).

• 브레인스토밍 기법을 활용한 수업모형

브레인스토밍 기법을 활용한 수업모형은 동기부여 단계, 준비단계, 브레인스토밍의 원칙을 지키며 개인적인 경험과 삶을 바탕으로 다양한 아이디어를 생성하는 단계, 생성된 아이디어를 개량하거나 연합하여 가치 있는 아이디어로 개선하는 단계, 마지막으로 일관된 태도와 행동으로 이끌 수 있도록 도와주는 가치 내면화 단계를 갖는다. 이것을 정리하면 다음과 같다(이민영, 2008). 이러한 모형을 청소년집단지도 방법에 응용하여 활용할 수 있다.

제 6 장 청소년지도방법

| 동기부여 단계 | • 학습 분위기 조성<br>• 학습문제 인식 |

| 준비단계 | • 학습목표 제시<br>• 학습활동 순서 확인<br>• 교사의 역할 확인: 교사는 무비판적으로 수용적일 것을 강조<br>• 발표권 배부[1]: 성격 유형에 따라 아이디어 표현이 어려운 학생의 적극적 참여 유도<br>• 브레인스토밍의 원칙 확인: '정답은 없다' '비판금지', 발표권 이용에 관한 주의사항 숙지 |

| 아이디어<br>생성 단계 | • 개인적 경험과 삶을 바탕으로 문제해결을 위한 아이디어 생성 |

| 아이디어<br>개량 단계 | • 생성된 아이디어 낭독<br>• 비판적 사고와 평가에 기초해서 아이디어를 개량<br>• 하나의 아이디어를 전체의 아이디어로 인식<br>• 아이디어의 발전 시도 |

| 가치 내면화/<br>평가 단계 | • 아이디어를 정리<br>• 아이디어를 객관화하거나 실제 생활에 적용하여 가치 내면화<br>• 적극적인 참여자 대한 긍정적인 피드백 |

[그림 6-1] 브레인스토밍 기법을 활용한 수업모형

*출처: 이민영(2008).

---

1) 발표권은 1일 1회 사용하며, 수업 준비단계에서 배부되어 수업 중 발표한 후 교사에게 회수되고 가치 내면화/평가 단계에서 발표권을 사용한 학생에게는 긍정적인 피드백을 준다.

## (2) 문제중심학습

문제중심학습(Problem Based Learning: PBL)은 실생활과 관련된 복잡한 문제 상황에서 학습자가 능동적인 주체로서 적극적으로 문제해결에 참여하면서 문제해결을 위한 내용 지식을 학습하고, 문제해결에 필요한 사고능력을 습득하면서 문제 상황을 해결해 가는 일련의 활동이다(윤회정, 2009). 문제중심학습은 처음부터 체계적인 학습이론의 적용을 통하여 나온 것이라기보다는 수업을 실제로 시행하면서 경험적·직감적으로 얻게 된 생각과 지식, 기술, 과정을 종합적·체계적으로 정리하여 제시된 방법이다(Barrows, 1986). 우리나라는 1990년대 이후 구성주의적 학습의 대표적인 모형으로 소개되기 시작하였고, 초·중·고등학교 등 다양한 분야에서 적용되고 있다(강인애, 2003).

### ① 문제중심학습의 개념

문제중심학습은 많은 학자가 다양하게 정의하였다. 배로우즈(Barrows, 1985)는 학습자에게 실제적으로 문제를 제시하고, 그 제시된 문제를 해결하기 위해 학습자 상호 간에 공동으로 문제해결 방안을 강구하고, 개별 및 협동 학습을 통하여 공통의 해결안을 마련하는 일련의 과정에서 학습이 이루어지는 방법이라고 정의하였다. 에건과 카우책(Eggen & Kauchak, 2001)은 문제중심학습이 단순한 하나의 교수 전략이 아니라 문제해결, 탐구, 프로젝트 사례중심 교수 등을 포함한 광범위한 학습방법을 의미한다고 하였다. 이처럼 문제중심학습은 단순히 학습법이라고 정의 내리기보다는 교수–학습방법, 교육과정, 교수전략이 상호 보완적으로 결합되어 있다고 정의할 수 있다(김용현, 2016).

### ② 문제중심학습 특성

배로우즈(Barrows, 1996)는 문제중심학습의 특성을 다음과 같이 요약하고 있다. 첫째, 학습자 중심으로 진행된다. 둘째, 학습은 소집단 안에서 일어난다. 셋째, 교사는 조언자와 안내자의 역할을 하게 된다. 넷째, 문제는 학습을 위한 자극이며 핵심이다. 문제를 이해하려고 시도하는 동안 학습자는 학습해야 할 내용이 무엇인지 깨닫게 된다. 또한 학습자는 문제를 해결하기 위해 수집한 많은 정보를 통합하게 되므

제 6 장 청소년지도방법

| 표 6-9 | 문제중심학습과 기존 학습의 비교 |
| --- | --- |

| 문제중심학습 | 기존 학습 |
| --- | --- |
| 학습은 협동적 · 협력적인 과정 | 학습은 개인적 · 경쟁적인 과정 |
| 학습은 단순한 암기가 아닌 선행학습으로부터 얻은 지식을 활용하여 과제를 확인 · 분석 · 해결해 나가는 과정 | 학습은 특정 내용을 습득하는 과정 |
| 학습자들이 소집단 활동을 통해 다양한 지식과 활용하는 방법을 습득 | 강의식 수업을 통해 학습자에게 지식을 전달 |
| 학습자 스스로 소집단 동료들뿐만 아니라 자신을 평가 | 평가는 부가적이며, 교사가 유일한 평가자 |

*출처: Bapitste(2003).

로 문제는 학습에 있어 핵심적인 역할을 하게 된다. 다섯째, 문제는 문제해결 능력을 개발하는 수단이다. 여섯째, 새로운 정보는 자기주도적인 학습을 통해 얻을 수 있다(윤회정, 2009). 문제중심학습의 전반적인 특성은 이를 기존의 학습과 비교해 볼 때 더욱 명확하게 알 수 있다.

밥피스티(Baptiste, 2003)에 따르면, 문제중심학습에서 학습은 기존의 학습에서처럼 개인적 · 경쟁적으로 특정 내용을 습득하는 과정이 아니라 협동적 · 협력적으로 지식을 활용하여 과제를 해결해 나가는 과정이다. 교사의 역할도 기존의 학습과는 차별화된다. 기존의 학습에서는 교사가 일방적으로 지식을 전달하고 학습자를 평가하는 역할을 담당하는데, 문제중심학습에서는 학습자들이 소집단 활동을 통하여 지식과 활용 방법을 습득하며, 교사뿐만 아니라 동료나 자기 스스로가 자신을 평가하게 된다.

### ③ 문제중심학습의 실제 1

문제중심학습은 철저하게 계획된 일련의 과정을 거쳐 이루어진다. 대표적으로 바로우즈와 마이어스(Barrows & Myers, 1993)의 모형이 가장 많이 알려져 있다. 바로우즈와 마이어스(1993)는 수업전개, 문제제시, 문제 후속단계, 결과물 제시 및 발표, 문제해결과 해결 이후로 나누어 5단계의 과정을 제시하고 있다(윤회정, 2009).

160

1단계인 '수업전개'에서는 수업을 소개하고 수업 분위기를 조성한다. 2단계인 '문제제시'에서는 학습자들에게 문제를 제시하고, 역할을 분담시킨다. 그리고 주어진 문제의 해결안에 대해 깊이 생각해 보도록 한 후, 가능성 있는 해결안에 대하여 생각을 정리해 보도록 한다. 그런 다음 문제해결에 필요한 학습과제를 규명하고, 분담하며 학습자료를 선정하도록 한다. 분담한 학습자료들을 학습해 오도록 하고 그 외에 필요한 자료들을 검색해 보도록 한다. 3단계인 '문제 후속단계'에서는 분담해서 학습해 온 자료들을 종합해 보고, 그에 대한 의견을 교환해 보도록 한다. 의견들을 종합하여 주어진 문제에 대하여 다시 새롭게 접근을 시도해 보도록 한다. 4단계에서는 결과물을 제시하고, 발표하도록 한다. 마지막으로, 5단계에서는 배운 지식을 일반화해 보고, 집단 구성원들에게 견해를 들은 후에 자기 평가를 하는 것으로 마무리한다.

문제중심학습은 기본적인 철학과 방향만 맞는다면 여러 상황에 맞춰 다양하게 적용할 수 있다(강인애, 2002). 이 모형을 청소년집단지도방법에 응용하여 활용할 수 있다.

**표 6-10** 문제중심학습 모형(Barrows & Myers, 1993)

| 학습전개 | | | |
|---|---|---|---|
| 1. 학습내용을 소개한다. | | | |
| 2. 학습 분위기를 조성한다. | | | |
| **문제제시** | | | |
| 1. 문제를 제시한다. | | | |
| 2. 문제에 대해 학습자들이 주인의식을 느끼도록 한다. | | | |
| 3. 마지막에 제출한 과제물에 대한 소개를 한다. | | | |
| 4. 모둠 내 각자의 역할을 분담시킨다. | | | |
| 생각(가정들) | 사실 | 학습과제 | 실천계획 |
| 주어진 문제에 대한 학습자들의 생각을 기록한다(원인과 결과, 가능한 해결안 등). | 개인 혹은 집단 학습을 통해 제시된 가정을 뒷받침할 지식과 정보를 종합한다. | 주어진 과제를 해결하기 위해 학습자들이 더 알거나 이해해야 할 사항을 기록한다. | 주어진 과제를 해결하기 위해 취해야 할 구체적인 실천계획을 작성한다. |

5. 주어진 문제의 해결안에 대해 깊이 사고한다.

: 다음 사항에 관하여 나는 무엇을 할 것인가를 생각해 본다.

| 생각(가정들) | 사실 | 학습과제 | 실천계획 |
|---|---|---|---|
| 확대/집중시킨다. | 종합/재종합한다. | 규명과 정당화한다. | 계획을 공식화한다. |

6. 가능할 법한 해결안에 대한 생각을 정리한다.

7. 학습과제를 규명하고 분담한다.

8. 학습자료를 선정 · 선택한다.

9. 다음 번 토론 시간을 결정한다.

| 문제 후속 |
|---|

1. 활용된 학습자원을 종합하고 그에 대한 의견을 교환한다.

2. 주어진 문제에 대하여 다시 새롭게 접근을 시도한다.

3. 다음 사항에 대하여 나는 무엇을 할 것인지를 생각해 본다.

| 생각(가정들) | 사실 | 학습과제 | 실천계획 |
|---|---|---|---|
| 수정한다. | 새로 얻은 지식을 활용하여 재종합한다. | (필요시) 새로운 과제 규명과 분담을 한다. | 앞서 세운 실천안에 대한 재설계를 한다. |

| 결과물 제시 및 발표 |
|---|
| 문제 결론 및 해결 이후 |

1. 배운 지식의 추상화(일반화)와 정리 작업을 한다(정의, 목표, 도표, 개념, 일반화, 원칙들을 만들어 본다).

2. (모둠원들의 견해를 들은 후에) 자기평가를 한다.

   −적합한 자료를 선정하여 필요한 지식과 정보를 얻어내었는지

   −주어진 과제를 잘 수행함으로써 모둠원들에게 협조적이었는지

   −문제해결을 통해 새로운 지식 습득과 심화학습이 이루어졌는지

*출처: 김민정(2019).

④ 문제중심학습의 실제 2

KYWA형 PBL[2]은 한국청소년활동진흥원(KYWA)에서 개발한 청소년활동이다. KYWA형 PBL은 프로젝트를 중심으로 교수−학습을 이끌어 가는 프로젝트 기반 학습으로 청소년이 주도적으로 도전 질문을 해결하고 결과물을 공유하는 활동과정을

---

2) https://pblez.tistory.com(2020. 04. 15. 검색)

통해 '청소년활동 핵심역량'을 키워 나갈 수 있도록 설계한 청소년활동이다.

이 활동에 참가한 청소년은 실제성 있는 어려운 문제 또는 질문을 해결하기 위해 탐구활동을 하게 된다. 탐구활동을 주도하는 것은 지도자가 아닌 청소년이다. 청소년은 스스로 판단하고 결정하며 해결책을 찾아 나간다. 또한 더 좋은 해결책을 찾기 위해 서로 비평과 개선, 성찰을 하게 된다. 마지막으로, 청소년은 청중 앞에서 공개할 결과물을 발표하게 된다. 이러한 과정을 통해 청소년은 핵심 지식을 이해하고, 청소년활동 핵심역량을 함양하게 된다.

KYWA형 PBL은 청소년이 청소년활동을 통해 미래사회를 살아가기 위한 핵심 지식과 성공 역량을 키울 수 있도록 [그림 6-2]와 같은 요건(GSPBL의 7가지 요건)을 갖

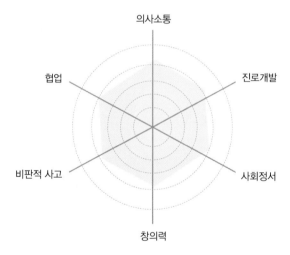

청소년활동 핵심역량은 창의 · 융복합 인재가 갖춰야 할 '비판적사고' '의사소통' '협업' '창의력' '사회정서' '진로개발' 역량을 의미한다.

[그림 6-2] 청소년활동 핵심역량

*출처: KYWA형 PBL 공식 블로그 PBL 이지.

**표 6-11** 프로젝트 기반 학습과 문제중심학습

PBL은 프로젝트 기반 학습(Project Based Learning)과 문제중심학습(Problem Based Learning)을 통칭하는 것으로, 프로젝트 기반 학습은 프로젝트를 중심으로 교수-학습을 이끌어 가는 접근이고, 문제중심학습은 실질적이고 상황적인 문제를 중심으로 교육과정이나 교수-학습을 이끌어 가는 접근이다. 프로젝트 기반 학습과 문제중심학습은 용어가 다르지만, 학습자를 중심으로 바람직한 학습환경을 설계하고자 한다는 점에서 두 방법은 매우 유사하다.

*출처: KYWA형 PBL 공식 블로그 PBL 이지.

제 6 장 청소년지도방법

추고자 한다.

2019년도 KYWA형 PBL 운영 모형은 '플라스틱 다이어트 프로젝트' '프로 스마트폰러 되기' '아지트 프로젝트' 등 세 가지 프로그램으로 이루어져 있다. 이 프로그램은 시범운영을 통해 효과 유의성 검증을 완료하였다. 자세한 사항은 KYWA형 PBL 공식 블로그 PBL 이지(http://pblez.tistory.com)의 2019년도 KYWA형 PBL 운영 매뉴얼을 참고하기 바란다.

[그림 6-3] GSPBL(Gold Standard PBL)을 표방하는 KYWA형 PBL의 7가지 요건

*출처: KYWA형 PBL 공식 블로그 PBL 이지

164

## 요약

1. 청소년지도방법은 "청소년지도사(전문지도인력)가 청소년지도의 이념과 목표 달성에 필요한 내용과 전문적인 역량을 청소년에게 내면화하기 위해 청소년의 활동과 프로그램을 통해 전개하는 구체적인 전략과 도구·기법·기술·계획 등의 수단"을 의미한다.

2. 집단지도자는 집단구성원인 청소년을 처음 만나는 것에서부터 시작하여 청소년활동의 목적을 달성하고 집단활동을 종결하는 것으로 끝나는 일련의 과정을 거친다. 청소년지도의 단계는 크게 사전단계, 초기단계, 중간단계, 종결단계로 구분할 수 있다.

3. 청소년지도방법은 대상청소년이 어떤 형태를 갖고 있느냐에 따라 달라진다. 실제로 지도활동의 대상청소년이 개인이냐 집단이냐에 따라 청소년지도방법상 청소년지도자가 취해야 할 전략과 계획, 사용해야 할 매체와 도구, 기법과 기술은 확연히 달라진다. 개인중심 지도방법으로는 멘토링, 튜터링을, 집단중심 지도방법으로는 브레인스토밍, 문제중심학습(PBL)을 들 수 있다.

강인애(2002). 성인학습환경으로서의 PBL의 가능성. 간호학탐구, 11(1), 25-42.

강인애(2003). PBL의 이론과 실제. 서울: 문음사.

간진숙(2011). 대학에서의 멘토링 모형 개발 연구. 강원대학교 대학원 박사학위논문.

김경준·오해섭·모상현(2011). 멘토링 운영 매뉴얼. 세종: 한국청소년정책연구원.

김경준·김영지·정익중·김지혜(2012). 청소년 멘토링 활성화 방안 연구. 세종: 한국청소년정책연구원.

김민정(2015). 전문대학 튜터링 프로그램 성과에 영향을 미치는 핵심 요인들의 구조적 관계 규명. 이화여자대학교 대학원 박사학위논문.

김민정(2019). 의과대학 문제중심학습(PBL)에서의 학습자 경험에 대한 분석: 학습자 중심 설계에의 시사점 탐색. 인하대학교 대학원 박사학위논문.

김수영(2011). 대학 내 튜터링 학습만족도에 영향을 미치는 요인 분석. 건국대학교 대학원 석사학위논문.

김용현(2016). 학문 목적 한국어(KAP) 수업 모형 개발 및 적용에 관한 실행 연구-문제중심학습(PBL)을 기반으로. 배재대학교 대학원 박사학위논문.

김정렬(2015). 청소년지도방법론. 경기: 공동체.

김지연(2009). 비행청소년 멘토링 운영을 위한 다기관 협력체계 구축방안 연구: 청소년멘토링활동 운영 매뉴얼. 서울: 한국청소년정책연구원.

남세진 · 조홍식(2001). 집단지도방법론. 서울: 서울대학교 출판부.

박정옥(2007). 유아의 창의성 및 정서지능을 위한 브레인스토밍 활동의 효과. 동덕여자대학교 대학원 박사학위논문.

배규한 · 김민 · 김영인 · 김진호 · 김호영 · 문성호 · 박진규 · 송병국 · 이춘화 · 조아미 · 조혜영 · 최창욱 · 한상철 · 황진구(2007). 청소년학개론. 경기: 교육과학사.

백상미(2010). 브레인스토밍을 활용한 평면 · 입체표현 협동작품 수업지도 연구: 초등학교 저학년을 중심으로. 단국대학교 대학원 석사학위논문.

안수현 · 김현철(2014). 튜터링 프로그램에서의 지도튜터 운영사례 연구: S대학교 튜터링 프로그램을 중심으로. 교육과학연구, 45(3), 1-24.

오윤선 · 황인숙(2018). 청소년지도방론. 경기: 양서원.

윤회정(2009). 문제중심학습(PBL) 전략의 개발과 적용 및 그 효과. 이화여자대학교 대학원 박사학위논문.

이미리 · 조성연 · 길은배 · 김민(2016). 청소년학개론. 서울: 학지사.

이민영(2008). 브레인스토밍 운영방법 및 아이디어 창출기법 활용이 창의성에 미치는 영향: 아이디어 양과 질을 중심으로. 전남대학교 대학원 석사학위논문.

전경원(1997). 브레인스토밍에 관한 문헌 고찰. 창의력교육연구, 1(1), 29-64.

주영주 · 김지연(2003). e-Learning 환경에서 교수-학습지원체계로서 튜터의 역할 및 역량에 관한 탐색. 교육과학연구, 34(1), 19-39.

천정웅 · 김민 · 김진호 · 박선영(2011). 차세대 청소년학총론. 경기: 양서원.

천정웅 · 이채식 · 안명선 · 박주현 · 이지민(2017). 청소년지도방법론: 적극적 관점. 서울: 신정.

한국청소년개발원 편(1993). 청소년지도론. 서울: 한국청소년개발원.

한상철(2014). 청소년학: 청소년 이해와 지도. 서울: 학지사.

한장수(1996). 집중적으로 아이디어를 산출해 내는 브레인스토밍. 강원: 강원도교육청

황은영(2008). 엑셀런트 튜터링. 서울: 학지사.

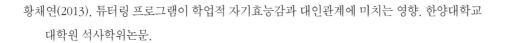

황채연(2013). 튜터링 프로그램이 학업적 자기효능감과 대인관계에 미치는 영향. 한양대학교 대학원 석사학위논문.

Barrows, H. S. (1985). *How to design a problem-based curriculum for the preclinical years*. New York: Springer Publishing Company.

Barrows, H. S. (1986). A taxonomy of problem based learning methods. *Medical Education, 20*, 481-486.

Barrows, H. S. (2005). *The turorial process*(3ed.). 3Ed. IL: Southern Illinois University.

Barrows, H. S., & Myers, A. C. (1993). *Problem-based learning in secondary schools*. Unpublished monograph. Springfield, IL, Problem-based Learning Institute. Lanphier high school and Southern Illinois University Medical School.

Baptiste, S. (2003). *Problem-based lerning: A self-directed journey*. NJ: Slack Inc.

Costello, L., & Thomson, M. (2011). *Youth mentoring*. Melbourne, Victoria: Australian Housing and Urban Research Institute.

Eggen, P. D., & Kauchak, D. P. (2001). 교사를 위한 수업전략[Stategies for TEACHERS]. 임청환, 권성기 역. 서울: 시그마프레스.

Kram, K. E. (1985). *Mentoring at work: Developmental relationships in organizational life*. Glenview, IL: Scott, Foresman.

Margo, M. (2005). 멘토링, 오래된 지혜의 현대적 적용(*Beyond the myths and magic of mentoring*). 이용철 역. 서울: 김영사.

Mishra, S. (2005). Roles and comptencies of academic counsellors in distance education. *Open Learning, 20*(2), 147-159.

Murray, M. (2001). *Beyond the myths and magic of mentoring: How to Facilitate an Effective Mentoring Process*(New and Revised Edition). San Francisco: Jossey-Bass, John Wiley and Sons, Inc.

Osborn, A. (1953). *Applied imagination*. New York: Charles Scribner's Sons.

Rhodes, J. E. (2005). *A Model of Youth Mentoring*. In D. L. DuBois & M. J. Karcher (Eds.), *The Sage program on applied developmental science*. Handbook of youth mentoring (pp. 30-43). Sage Publications Ltd.

Scandura, T. A., & Williams, E. A. (2004). Mentoring and transformational leadership: The role of supervisory career mentoring. *Journal of Vocational Behavior, 65*, 448-468.

Sungkyunkwan University. (2013). *Sungkyun tutoring guidebook*. Seoul: Center for
Teaching & Learing, Sungkyunkwan University.

KYWA형 PBL 공식 블로그 PBL 이지 https://pblez.tistory.com

제7장

# 봉사활동 지도

청소년자원봉사활동의 개념을 명확히 하는 것은 청소년봉사활동을 지도하는 데 있어 매우 중요하다. 이 장에서는 먼저 자원봉사활동에 대해 살펴보고, 다음으로는 청소년자원봉사활동의 개념 분석을 통해 봉사학습의 개념을 정의하고자 한다. 또한 청소년봉사활동 지도에 있어 지도단계를 확인할 필요가 있다. 왜냐하면 청소년봉사활동은 봉사학습으로서의 교육적 의의를 충분히 살리기 위해 준비, 봉사, 성찰(반성적 숙고), 인정과 축하의 4단계를 필요로 하기 때문이다. 따라서 봉사학습의 단계를 확인해 보고, 실제로 봉사학습의 과정에 따른 청소년봉사활동의 지도방법을 살펴보고자 한다.

# 01 자원봉사활동의 이해

자원봉사는 우리 사회에서 다양한 의미로 정의되고 있다. 사전적 정의를 보면, 자원봉사는 자원과 봉사의 합성어로, 자원이란 "어떤 일을 자기 스스로 하고자 하여 나섬"의 의미를, 봉사는 "국가나 사회 또는 남을 위하여 자신을 돌보지 아니하고 힘을 바쳐 애씀"이란 의미를 갖고 있다. 또한 자원봉사(自願奉仕)는 "어떤 일을 대가 없이 자발적으로 참여하여 도움. 또는 그런 활동"이다(국립국어원 표준국어대사전).[1]

자원봉사활동의 개념을 살펴보면 다음과 같다. 먼저, 법률(「자원봉사활동 기본법」 제3조의 제1항)에서는 자원봉사활동을 "개인 또는 단체가 지역사회 또는 국가 및 인류사회를 위하여 대가 없이 자발적으로 시간과 노력을 제공하는 행위"라고 정의한다(국가법령정보센터).[2]

학자들은 자원봉사활동을 다음과 같이 정의하고 있다. 김동배 등(2011)은 "다른 사람이나 물질의 힘에 의하지 않은 개인의 자유로운 결정, 즉 자발성을 핵심으로 하고 경제적 이득을 얻기 위한 직업의 형태가 아닌 무상으로 이루어지며 특정한 계층이나 개인만이 할 수 있는 특별한 활동이 아니라 사회 구성원 누구나 참여할 수 있는 사회활동"이며, 특히 "특정한 개인의 이익이 아닌 공익을 위한 활동이며 조직적이고 지속적인 활동"이라고 하였다. 권중돈(2004)은 "개인, 집단, 지역사회 등에서 나타나는 문제들을 예방하고 해결하기 위해 자발적으로 참여하는 무보수성 활동"이라 정의하였고, 이금룡(2009)은 "타인의 요구나 제도적 책임에 의해 강압적으로 하는 것이 아니라 자신이 자유의지를 가지고 자발적으로 하는 행동"이라고 규정하였다.

다음으로 기관에서 정의한 개념을 살펴보면 다음과 같다. 한국여성개발원(1994)

---

1) 국립국어원 표준국어대사전(https://stdict.korean.go.kr, 2020. 1. 20. 검색)

2) 국가법령정보센터(http://www.law.go.kr, 2020. 1. 20. 검색)

은 자원봉사활동을 "공공복지를 향한 가치 이념임과 동시에 민주적 방법에 의한 자주적 · 협동적 실천 노력이며 개인, 집단, 지역사회에서 발생되는 제반 사회문제를 예방 · 해결하고 사회적 환경을 개선하기 위하여 공사의 조직체를 통해 무보수로 서비스를 제공하는 활동"이라고 정의하고 있다. 서울특별시교육청(2019)은 자원봉사활동에 대해 "자발적인 의도를 바탕으로 개인이나 단체로 다른 사람을 돕거나 사회에 기여하는 무보수의 지속적인 활동"이라 정의하였으며, 또한 "인간의 존엄성에 대한 인식, 더불어 사는 사회의 이해, 협동의식 고취 등 다양한 의미를 부여할 수 있는 활동"이라고 하였다. 행정안전부(2008)는 자원봉사활동을 "자발적으로 보수를 받지 않고 어떠한 단체를 통해 타인과 지역사회의 공익을 위하여 하는 활동"이라고 하였다. 『2011 세계자원봉사 현황 보고서(State of the World's Volunteerism Report 2011)』(United Nations Volunteers, 2011)에서는 "자원봉사활동이란 개인이 속한 지역사회에 함께 참여하는 의사표현이다. 참여, 신뢰, 연대, 호혜 그리고 공동 책임의식은 거버넌스와 세계시민의 덕목이다. 자원봉사는 과거의 유물이 아니며 세계화에 따른 사회문제의 최전방에서 대응하는 우리의 노력이다. 오늘날에는 과거의 어느 때보다 나눔과 돌봄이 필수적이다."라고 하였다.

최근 자원봉사활동의 의미는 시혜적인 의미보다는 '함께'의 의미가 더 크다. 즉, 자발적으로 타인이나 공동체에 유익이 되게 하는 행위로서, 직면한 사회문제 등을 해소하고 '함께' 건강한 시민으로 살아가는 일상적인 활동을 말한다(심영실, 2018).

이러한 내용을 토대로 정리하면, 자원봉사활동이란 "개인, 집단 및 지역사회 등에서 나타나는 문제들을 예방하고 해결하기 위해 어떠한 대가를 바라지 않고 자발적으로 함께 참여하여 사회공익에 기여하는 조직적이고 지속적인 활동"을 의미한다.

## 1) 청소년자원봉사활동[3]

청소년자원봉사활동은 자원봉사활동의 기본정신이나 철학, 이념 등을 바탕으로

---

[3] 이 장에서는 내용의 일관성을 위해 각 연구자들이 언급한 '학생'이란 용어를 '청소년'으로 변경하여 통일하였다.

청소년이 참여의 주체가 되어 이루어지는 활동으로 청소년 개개인의 완전한 자유의지에 따른 자발적인 활동이라기보다는 교육적 차원에서 지도·안내되고, 조정·평가받는 활동이다. 청소년자원봉사활동은 경험학습의 일종으로 청소년이 조직화된 봉사과정을 통해서 무엇인가를 배우고, 자신을 개발시키는 교육의 과정으로, 청소년 스스로가 학교에서 학습한 지식·가치관·기술을 바탕으로 지역사회에 대한 책임감을 가지고 개인 또는 집단으로 행하는 활동이며, 청소년의 이타성, 사회적 책임감, 협동심, 정직성 등의 인성을 개발하는 데 도움을 주는 활동으로 정의하고 있다(김보현, 2011; 황조원, 2018). 또한 유형순(2009)은 청소년자원봉사활동을 청소년의 사회성, 시민성 및 인성을 향상시키기 위하여 의도적이고 체계화된 봉사 기회를 통해 지역사회의 욕구 해결 활동 및 활동 후의 성찰에 청소년을 참여시키는 교육이라고 개념 정리를 하였다. 한국여성개발원(1994)은 청소년자원봉사활동을 체험학습을 통하여 개인적 만족감을 증진시킬 뿐만 아니라 사회참여의 기회와 사회적 책임을 실천할 기회가 되며, 학교에서 배운 지식과 기술을 지역사회에 실천함으로써 그 지식과 기술을 보다 실제적으로 만들 수 있는 행동이라고 정의하였다.

이러한 내용을 토대로 정리하면, 청소년자원봉사활동은 '체험'과 '학습'이 동시에 이루어지는 '실천적 체험 학습 활동'으로(강명례, 2019), 활동의 결과 자체도 중요하지만 자원봉사활동의 과정에서 청소년 스스로가 배우게 되는 교육적 결과가 더 큰 의미를 갖는 활동이다. 따라서 청소년자원봉사활동은 봉사학습의 개념으로 접근하는 것이 적절하다.

### (1) 봉사학습

봉사학습은 기존의 봉사활동과는 다른 개념으로 이해해야 한다. 봉사학습은 '봉사'와 '학습'에 동일하게 의미를 부여하는 것으로 '봉사활동을 통한 학습'과 '학습한 것을 봉사활동에 적용'하는 새로운 개념이다(박혜준·김윤경, 2010). 봉사학습은 봉사와 학습이 함께 이루어져야 한다. 청소년은 봉사와 학습을 통해 자신이 배운 내용을 실제로 실천해 볼 수 있어야 하며, 이러한 실천을 통해 보다 깊은 지식과 기술을 습득할 수 있게 된다.

봉사와 학습을 결합시키기 위해서는 봉사활동에 대한 반성적 숙고의 과정이 있어야 한다. 봉사를 하는 사람과 봉사를 받는 사람이 동등한 입장에서 서로에게 영향을 주고받을 수 있어야 하며, 수행과정이나 결과에 대해 반성적 숙고를 통해 학습으로 이어질 수 있도록 해야 한다. 이러한 과정을 통해서 봉사와 학습이 연결된다(신원동, 2012). 자코비(Jacoby, 1996)는 봉사학습은 실천적 교육으로서 청소년들의 학습향상을 위해 의도적으로 구조화하고 계획된 봉사활동에 청소년을 참여시키는 것이라고 하면서, 반성적 숙고와 호혜성이 핵심 개념이라고 하였다. 조용하(2002)도 봉사학습은 체험 그 자체에서 일어나는 것이 아니라 학습과 자기계발을 의도하기 위해 치밀하게 계획된 성찰의 결과이며, 봉사학습에서 학습은 사고와 행동, 성찰과 실행, 이론과 실천을 통해 이루어진다고 하였다.

따라서 봉사학습이란, 봉사와 학습을 결합시킨 개념으로 청소년에게 의도적으로 구조화하고 계획된 봉사활동을 통해 자신이 배운 내용을 실제로 실천해 볼 수 있도록 하는 체험학습 활동이며, 봉사자와 피봉사자 모두 영향을 주고받는 상호 호혜성과 봉사활동 실행·결과에 대한 반성적 숙고의 과정이 가미된 봉사를 통한 학습활동이다.

성공적으로 봉사학습을 수행하기 위한 기본 원리는 다음과 같다(이지현, 2014).

첫째, 봉사활동이 교육과정과는 별도로 행해지는 자발적 활동이라면 봉사학습은 치밀하게 계획되고 의도된 교육적 원칙에 기초해야 한다(조용하, 2002). 봉사학습에서 봉사는 학습과 분리될 수 없는 관계로 본질적으로 교육과정의 학습목표와 관련되어야 한다. 따라서 봉사학습은 하나의 경험학습으로서 청소년이 지식을 학습하고 검증해 보는 매개체가 되어야 한다.

둘째, 봉사학습은 사전 준비와 반성적 숙고를 통해 교육과정과 통합되어 교육의 질을 보장받을 수 있다. 봉사학습은 준비, 실행, 반성 및 고찰 등의 순환과정을 거치게 된다. 준비과정은 봉사활동과 연관된 맥락·문제·역사를 연구하고 봉사활동을 보다 효과적으로 수행하는 데 도움이 되는 기능들을 배우는 과정이다. 반성과정은 봉사학습의 마지막 단계뿐만 아니라 전 단계에 걸쳐 봉사활동에 대해 토론이나 학습장(일지) 작성, 발표 등 다양한 방법을 통하여 이루어진다. 반성 및 고찰을 통해 봉사활동과 학습이 연결될 때 최상의 효과를 얻을 수 있다.

셋째, 봉사학습은 봉사자와 피봉사자 간의 상호작용이 중요하다. 상호작용은 일방적으로 나누어 주는 봉사가 아닌 상호 존중과 책임을 중요시한다. 즉, 교수자나 학습자가 처음에는 지역사회 기관에 대한 이해가 부족할 수도 있고 지역사회 기관에서도 봉사자가 서툴다고 생각할 수 있으나, 봉사학습을 통해 이러한 선입견을 극복하고 서로의 장점을 존중하고 발전적인 방법을 모색하게 된다. 또한 지역사회의 현안이나 도움이 필요한 사람들과 직접 이어져 있을수록 봉사활동의 교육적 효과가 크게 나타나는데, 이는 상호작용이 학습을 보다 유의미하게 한다는 것을 시사한다.

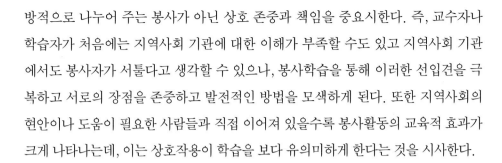

## 02 자원봉사활동의 지도방법

청소년자원봉사활동은 봉사학습의 과정이므로 지도자 역시 봉사학습에 기반을 두어 활동의 단계를 치밀하게 구성하여 청소년의 자발적이고 능동적인 참여가 이루어질 수 있도록 지도해야 한다. 봉사활동은 이를 실시하는 청소년과 봉사대상 기관이나 대상자에게 모두 도움이 될 수 있도록 준비하고 운영해야 한다. 이를 위해서 지도자는 청소년이 자신에 대한 이해가 선행되도록 도우며 봉사활동을 하기 전에 봉사활동 대상기관에 대해 충분히 조사하고 대상기관과 협의하여 필요하고 원하는 내용이 무엇인지를 제대로 파악해야 한다. 그 이후에 봉사활동 계획을 수립하여 사전교육을 실시하고, 현장 교육 및 역할분담을 통해 봉사활동을 실천하며 봉사활동을 실시한 후 활동에 대한 평가 · 반성을 하고 그 결과를 차기 계획 수립에 반영할 수 있도록 지도한다(서울시자원봉사센터 · 서울특별시교육청 · 서울특별시립청소년활동진흥센터, 2011).

### 1) 봉사학습의 단계

지도자는 청소년봉사활동지도에 있어서 봉사학습에 기반을 두어 지도해야 한다. 봉사학습은 봉사와 학습을 긴밀하게 연계하기 위하여 준비, 봉사, 성찰(반성적 숙고), 인정과 축하의 4단계의 과정을 거치는데, 이 과정은 반드시 순차적으로 순환되는 것은 아니며 성찰(반성적 숙고)의 과정은 실천과정의 어느 부분에서라도 일어날 수 있다. 각 단계에 이루어지는 내용은 다음과 같다(김정숙, 2008). 이 장에서는 청소년지도현장 대신 학교현장에서 이루어지는 내용을 중심으로 기술하였다. 왜냐하면 실제로 청소년봉사활동은 청소년 스스로 자발적으로 행하는 경우도 있지만, 학교 상황에 맞춰 이루어지는 경우가 많기 때문이다.

### (1) 준비단계

준비단계에서는 문제의 인식과 분석, 봉사 프로젝트의 선택, 프로젝트 수행에 필요한 기능의 학습, 프로젝트의 수행 계획 등의 과정을 거치게 된다. 이 단계에서 중점적으로 다루어야 할 내용은 다음과 같다.

첫째, 최근에 이슈가 되거나 쟁점이 되는 현안문제를 인터넷이나 지역사회 구성원들을 통해 조사·분석한다. 또한 관련 분야 전문가들을 찾아 이들이 문제를 어떻게 다루고 있는지 확인한다. 둘째, 봉사프로젝트를 수립한다. 봉사활동관련 기관에서 이미 이루어지고 있는 기존의 봉사활동과 연계하여 운영하거나, 새로운 프로젝트를 고안할 수도 있다.

이 단계에서의 또 다른 목적은 프로젝트의 목표와 그로 인한 학습목표를 청소년이 분명히 인식하게 하는 것이다. 실제 봉사활동을 어떻게 수행할 것인지, 봉사수혜자들에 대한 정보, 봉사와 관련된 사회적 문제들에 대한 정보, 봉사 장소에 대한 정보, 어려운 상황에 처했을 때 문제해결에 대한 정보, 성찰에 대한 계획 등이 봉사 프로젝트에 포함되어야 하며, 청소년은 이러한 과정에 적극적으로 참여해야 한다(Fertman, White, & White, 1996).

### (2) 봉사단계

봉사학습의 두 번째 단계는 실제로 봉사활동을 수행하는 것이다. 활동을 설계하는 과정에서 다음과 같은 질문은 봉사활동을 학습과 연계하는 데 도움을 준다.

- 청소년이 배운 것(기술, 지식)을 다른 사람에게 가르칠 수 있는가?
- 청소년의 노력이 누군가에게 도움이 될 수 있는가?
- 학습내용이 봉사에 적용되거나 실제 문제를 해결하는 데 사용될 수 있는가?

봉사학습이 효과적으로 운영되기 위해서는 청소년이 자신의 활동에 책임감을 갖고 참여해야 하며, 봉사가 의미 있는 것이라는 생각을 가질 수 있도록 지역사회의 실제 요구를 다루어야 한다. 지역사회의 문제들을 해결해 내고 도움을 줄 때 청소년은 변화를 이루어 낼 수 있다는 자신감과 더불어 자신이 속한 지역사회에 소속감을 느낄 수 있다. 청소년의 봉사학습은 대체로 세 가지 범주에 속한다. 직접봉사, 간접봉사, 옹호 또는 시민행동이다(Fertman, White, & White, 1996). 각 범주별로 구체적으로 살펴보면 다음과 같다.

① 직접봉사

직접봉사는 도움을 필요로 하는 사람과 개인적으로 직접적인 접촉을 하는 것이다. 봉사의 세 유형 중에 청소년은 이 형태를 가장 보람 있게 여기는 경우가 많다. 왜냐하면 돕고 있는 사람과의 직접적인 접촉을 통해 즉각적·긍정적 보상을 받기 때문이다. 직접봉사 프로젝트의 예는 중학교 청소년이 초등학교 특수교육 아동에게 읽기 지도를 하는 것이다. 봉사활동은 몇 주 혹은 몇 달 동안 지속하는 것이 좋다. 이렇게 함으로써 청소년은 봉사하고 있는 사람과 관계 형성은 물론 활동하고 있는 문제를 더 깊게 이해할 수 있으며, 자신이 중요하고 지속적인 기여를 하고 있다고 느낄 수 있다.

② 간접봉사

간접봉사는 도움을 필요로 하는 개인과 직접 관련을 맺지 않고 문제를 해결하는 자원을 조율하기 때문에 조직하기가 쉽다. 기금 모으기, 먹거리 모으기 등이 간접봉사의 예이다. 청소년은 기관의 봉사나 지역사회의 요구를 충족시키기 위한 노력을 지원하지만, 봉사 수혜자와 정기적인 접촉을 하지는 않는다. 이러한 활동은 청소년을 조직화하기 쉽다는 이유로 인해 학교에서 선호하는 형태이다.

③ 옹호 또는 시민행동

이 유형은 문제의 원인을 제거하는 활동이나 사회적 현안을 공중(公衆)에게 알리는 활동을 의미한다. 청소년은 사회적 이슈로 대두되는 사안에 대하여 다른 사람에게 교육을 시킬 수도 있으며, 법률의 개정을 위한 로비를 할 수도 있다(교육부, 2000). 정치적인 변화를 가져오고자 할 때 매우 효과적인 실천방법이라고 할 수 있다.

### (3) 성찰(반성적 숙고) 단계

성찰은 봉사학습에 있어 필수적이며, 이는 봉사학습과 자원봉사, 지역사회 봉사활동을 구별하는 특징이다. 성찰이란 자신에 대해 기본적인 질문을 하는 것을 뜻한다. '나는 무엇을 하고 있나?' '왜 이것을 하고 있나?' '나는 무엇을 배우고 있나?' 이러한 질문들은 청소년이 자신이 기울이고 있는 노력의 의미·영향을 이해하는 데 도움이 되고, 배운 것을 행한 것과 연계하도록 돕는다. 성찰이 없다면 청소년은 단순히 봉사라는 행위만을 거칠 것이며, 경험에 의해 인지적으로 영향을 받지도 않을 것이다(Fertman, White, & White, 1996).

성찰은 자신의 경험을 다시 포착하여 심사숙고하며 평가하는 중요한 인간 행동이다. 경험 자체만으로도 청소년에게 구체적인 학습의 기회를 제공하겠지만 이러한 경험에 대해 사고할 때 그 경험으로 인한 영향이 배가된다. 양질의 반복적인 성찰은 청소년의 비판적 사고를 증진시킨다.

### (4) 인정과 축하 단계

봉사활동 종료 후 학교·기관·동료로부터 인정받고 축하받는다. 지역사회를 위해 책임감을 가지고 실천한 활동에 대해 인정받고 축하받음으로써 앞으로 더 많은 봉사활동에 참여하게 되고, 자신이 학습한 것에 대해 자긍심을 느끼며, 사회의 구성원으로써 소속감을 가질 수 있다. 이에 따라 항상 무엇인가를 받는 수동적인 존재에서 사회를 위해 무언가를 베풀 수 있는 '자원' 혹은 '기여자'로서의 위치를 공고히 한다. 축하는 봉사시간 인정, 신문 게재, 부모에게 봉사활동의 결과 알림 등 다양한 방식을 취할 수 있다.

## 2) 봉사활동 지도방법

봉사활동 지도방법은 다음과 같다. 여기서는 학교에서 실시되고 있는 방법을 다

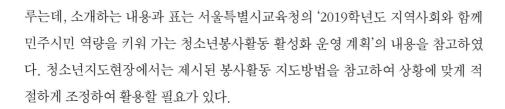

루는데, 소개하는 내용과 표는 서울특별시교육청의 '2019학년도 지역사회와 함께 민주시민 역량을 키워 가는 청소년봉사활동 활성화 운영 계획'의 내용을 참고하였다. 청소년지도현장에서는 제시된 봉사활동 지도방법을 참고하여 상황에 맞게 적절하게 조정하여 활용할 필요가 있다.

## (1) 봉사활동 지도단계

청소년봉사활동은 '봉사학습'으로서의 교육적 의의를 충분히 살릴 수 있도록 단계적으로 지도한다. 특히, 학교교육계획에 의한 봉사활동은 학교의 연간계획에 의하여 매년 학년별로 사전교육(1단계) → 프로그램 구성(2단계) → 봉사활동의 실행(3단계) → 봉사활동의 평가·발전(4단계)' 과정을 거쳐 지도한다. 심화단계는 '개인계획에 의한 봉사활동'으로 청소년이 봉사활동 프로그램에 참여할 수 있도록 지도·운영한다. 봉사활동 지도의 단계와 세부 지도 내용은 〈표 7-1〉과 같다.

**표 7-1**  봉사활동 지도의 단계

| 구분 | 단계 | 지도 중점 | 세부 지도 내용 |
|---|---|---|---|
| 학교교육계획에 의한 봉사활동 | 1단계 | 사전교육 (봉사활동 기본 교육) | • 봉사활동의 개념, 의의 및 절차<br>• 봉사활동에 임하는 태도<br>• 활동 영역 및 유의사항 등 |
| | 2단계 | 프로그램 구성 | • 교사·청소년 상호 협의하에 봉사활동 프로그램 계획 및 구성<br>• 봉사활동 방법 교육 및 역할 분담 |
| | 3단계 | 봉사활동의 실행 | • 봉사활동 장소 및 역할 점검<br>• 봉사활동 현장의 상황과 그에 따른 활동상의 유의 사항 이해<br>• 유사시 대책 및 안전교육<br>• 프로그램 계획에 따른 봉사활동 참여 |
| | 4단계 | 봉사활동의 평가·발전 | • 감상문 쓰기, 소감 발표 및 토론<br>• 봉사활동 내용 및 결과에 대한 반성 및 협의<br>• 봉사활동 결과에 대한 인정 및 격려<br>• 발전된 봉사활동 계획 수립 등 |

| 개인 계획에<br>의한 봉사활동 | 심화<br>단계 | 개별적 · 지속적<br>활동 | • 계획 수립<br>• 사전 지도(사전계획서 제출)<br>• 활동 및 평가<br>• 확인서 제출 |

## (2) 봉사활동의 지도 절차

여기서는 마찬가지로 학교에서 실시되고 있는 지도 절차를 제시한다. 봉사활동의 지도 절차는 학교교육 계획(정규 교육과정 및 수업시간 외)에 의한 봉사활동과 개인 계획에 의한 봉사활동으로 구분하여 설명한다. 제시된 봉사활동 지도 절차를 참고하여 청소년지도현장에 맞게 적절하게 조정하여 활용할 필요가 있다.

### ① 학교교육 계획에 의한 봉사활동

학교교육 계획(정규 교육과정 및 수업시간 외)에 의한 봉사활동은 준비 · 실행 · 평가(반성 및 발전) 단계로 구분된다. 각 단계에 따른 지도 내용은 〈표 7-2〉와 같다.

표 7-2  **학교교육계획에 의한 봉사활동 지도 절차**

| 구분 | 지도 내용 |
| --- | --- |
| 준비 | • 봉사활동에 대한 문제인식, 사전학습, 실행계획 수립이 이루어진다.<br>• 문제인식은 청소년이 봉사활동의 필요성과 활동 대상에 대한 이해를 하는 것을 의미하며, 이 과정을 통하여 구체적인 활동거리를 찾을 수 있다.<br>• 사전학습은 구체적인 활동에 필요한 지식 또는 기능의 습득 과정이다.<br>• 실행계획을 수립할 때는 사전조사, 실행 가능한 봉사활동 선정, 대상기관 담당자와의 협의, 활동 내용 및 준비물 점검 등이 이루어져야 한다. |
| 실행 | • 학교 내에서 또는 학교 밖의 봉사 대상기관이나 장소에서 실제로 봉사활동을 실행한다.<br>• 안전사고 예방, 계획된 대로의 실행 여부, 상황 변화에 따른 대처, 활동 과정에서 인간관계 유지, 지도자의 지시에 잘 따르는지 여부, 봉사자 상호 간의 협조 등에 유의하여 실시하도록 지도한다. |

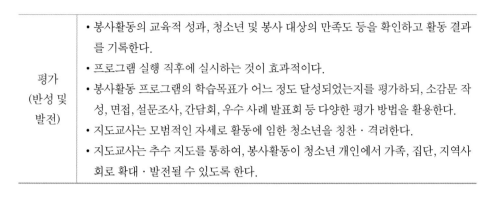

| 구분 | | 지도 내용 |
|---|---|---|
| 평가<br>(반성 및<br>발전) | | • 봉사활동의 교육적 성과, 청소년 및 봉사 대상의 만족도 등을 확인하고 활동 결과를 기록한다.<br>• 프로그램 실행 직후에 실시하는 것이 효과적이다.<br>• 봉사활동 프로그램의 학습목표가 어느 정도 달성되었는지를 평가하되, 소감문 작성, 면접, 설문조사, 간담회, 우수 사례 발표회 등 다양한 평가 방법을 활용한다.<br>• 지도교사는 모범적인 자세로 활동에 임한 청소년을 칭찬·격려한다.<br>• 지도교사는 추수 지도를 통하여, 봉사활동이 청소년 개인에서 가족, 집단, 지역사회로 확대·발전될 수 있도록 한다. |

② 개인 계획에 의한 봉사활동

개인 계획에 의한 봉사활동은 준비(사전교육, 계획서 제출, 학교 승인)·실행·평가 (반성 및 발전) 단계로 구분된다. 각 단계에 따른 지도 내용은 〈표 7-3〉과 같다.

**표 7-3  개인 계획에 의한 봉사활동 지도 절차**

| 구분 | | 지도 내용 |
|---|---|---|
| 준비 | 사전교육 | • 개인 계획에 의한 봉사활동도 학교에서 적극적으로 지원·안내해야 하며, 구체적인 프로그램에 대한 사전협의와 지도가 전제되어야 한다.<br>• 봉사활동에 대한 사전 준비교육을 철저히 실시하며, 봉사활동 각 영역과 영역별 유의사항을 안내한다.<br>• 봉사학습의 의미를 체험할 수 있는 곳인지 점검한다.<br>• 안전사고가 발생하지 않도록 반드시 안전수칙을 교육한다. |
| | 계획서<br>제출 | • 활동 대상과 내용, 시간 등을 고려하여 구체적인 활동계획서를 작성해야 한다.<br>• 봉사활동 대상을 물색하고 기관을 답사하여 자료를 수집한다.<br>• 봉사활동 실행을 위한 구체적 프로그램에 대해 사전에 협의한다.<br>• 발생할 수 있는 문제점을 검토하고 수정·보완한다. |
| | 학교 승인 | • 개인별·소집단별 봉사활동 계획은 사전에 봉사활동 계획서를 제출하여 학교장의 승인을 얻어야 한다. |

| 실행 | • 안전사고에 유의하여 봉사활동을 실행한다.<br>• 봉사활동을 통한 학습의 효과를 거둘 수 있도록 한다.<br>• 취미와 적성에 맞는 체험학습의 기회로 활용하고, 봉사활동이 습관화·내면화되도록 지도한다. |
|---|---|
| 평가<br>(반성 및 발전) | • 봉사활동 실행 후 그 내용을 평가한다.<br>• 청소년은 대상기관에서 발부한 확인서를 학교에 제출한다.<br>• 담임교사는 봉사활동 확인서를 수합·정리하고 평가한다.<br>• 청소년이 봉사활동을 통해 습득된 지식과 기능을 구체적인 방법으로 발전시켜 지속적인 봉사활동에 참여할 수 있도록 추수지도를 실시한다. |

### (3) 봉사활동 평가

봉사활동 결과에 대한 사후 평가에 대한 내용 및 방법은 〈표 7-4〉와 같다.

표 7-4 　봉사활동 결과에 사후 평가

| 구분 | 지도 내용 |
|---|---|
| 봉사활동 결과에<br>대한 사후 평가 | • 봉사학습의 효과 파악을 위하여 봉사활동 프로그램별 목표 달성도를 평가한다.<br>• 일상생활 속에서 봉사활동을 지속할 수 있는 실천 태도 함양을 모색한다.<br>• 체크리스트, 소감문, 발표, 토의 등을 통해 봉사활동 내용 및 결과에 대한 반성과 협의를 실시한다.<br>• 봉사활동 결과에 대한 인정 및 격려를 한다. |

## 03 자원봉사활동 지도의 실제[4]

청소년자원봉사활동 지도는 실제 봉사활동 지도뿐만 아니라 활동을 준비하는 교육과 평가지도 역시 중요하다. 여기서는 이러한 점을 감안하여 봉사학습 과정(〈표

---

4) 이 절의 내용은 서울시자원봉사센터·서울특별시교육청·서울특별시립청소년활동진흥센터(2011)에서 발췌하여 수정·보완하였다.

| 표 7-5 | 청소년의 봉사학습 과정 | | |
|---|---|---|---|

| 구분 | 소요시간 | 내용 |
|---|---|---|
| 자원봉사<br>기본교육 | 2차시 | • 자원봉사자의 이해<br>• 자원봉사자의 자세 |
| 분야별<br>사전교육 | 2차시 | • 분야별 사전교육 및 활동준비<br>(노인, 장애인, 다문화, 지역사회, 환경, 캠페인, 문화, 국제 & 해외) |
| 봉사활동 | 4차시 | • 봉사활동 실천<br>• 조사 및 연구 |
| 평가<br>(반성적 숙고) | 2차시 | • 봉사활동 평가<br>• 사례 발표 및 보고 |
| 인정 및 축하 | 1차시 | • 봉사활동 결과에 대한 인정 및 축하 |

7-5〉 참조)에 따라 지도과정을 구성하였으며, 이에 대한 세부 내용은 다음과 같다. 여기서 다룬 내용과 표는 '청소년 봉사활동 이렇게 지도하세요—청소년봉사학습 가이드북'의 내용을 참고하였다(2011).

## 1) 자원봉사 교육지도

청소년이 봉사활동을 할 때 사전준비 없이 급하게 참여하다 보면 봉사활동이 무엇인지, 왜 봉사활동을 해야 하는지 의미를 모른 채 하는 경우가 종종 발생한다. 따라서 청소년은 봉사활동을 하기 전에 자원봉사 교육을 반드시 받아야 한다. 〈표 7-6〉의 교육지도(안)는 봉사활동의 개념과 특성, 활동방법과 봉사학습의 과정 등 전반적인 내용의 탐색을 위해 구성하였으며, 교육의 목표와 대상에 따라 조정될 수 있다.

| 표 7-6 | 자원봉사 교육지도(안) | | | | |
|---|---|---|---|---|---|
| 교육명 | 자원봉사 ABC | | | | |
| 목표 | • 자원봉사의 개념과 특성을 이해한다.<br>• 봉사활동 및 정보 탐색 방법을 이해한다. | | | | |
| 교육대상 | ■ 초　　■ 중　　■ 고<br>□ 개인　■ 동아리　■ 학급　□ 학년　□ 학교 | | | | |
| 소요시간 | 2차시(45분×2교시) | | 장소 | 교실 | |
| 준비사항 | PPT 파일, 포스트잇, 전지, 매직(볼펜) 등 | | | | |
| 구분 | 활동과정 | 활동내용 | | 시간(분) | 준비물 |
| 도입 | 오리엔테이션 | • 지도자(강사) 소개<br>• 교육과정 안내 | | 5 | |
| 도입 | 경험 나누기 | • 자원봉사교육, 봉사활동 등에 대한 이전의 경험에 대해 이야기한다. | | 5 | |
| 전개 | 자원봉사의 개념과 특성 이해 | • 자원봉사 댓글 토크<br>　-자원봉사에 대해 떠오르는 정의 및 생각을 각자 5개씩 포스트잇에 적도록 한다.<br>　-작성한 포스트잇은 칠판(또는 벽면)에 붙이되, 다른 사람이 붙인 내용과 비슷하면 그 아래쪽에 붙이고, 다르면 옆쪽에 붙이도록 지도한다.<br>　-붙여 놓은 자원봉사에 대한 다양한 생각을 읽어볼 수 있도록 한다.<br>　-자원봉사에 대한 다양한 생각을 자원봉사의 특성(자발성, 공익성, 무보수성, 지속성 등)과 연계하여 안내한다. | | 15 | 포스트잇,<br>매직 |
| 전개 | 자원봉사의 필요성 이해 | • 자원봉사나무 키우기<br>　-작은 씨앗(자원봉사)이 잘 자라날 경우 맺게 될 열매와 성장에 필요한 요소들을 자원봉사의 혜택과 자원봉사활동이 제대로 이루어지기 위해 필요한 것으로 연결지어 모둠별로 토의하도록 한다.<br>　-토의한 내용을 전지에 작성하고 발표한다. | | 25 | 전지,<br>매직 |

| | | | | |
|---|---|---|---|---|
| | 자원봉사활동<br>분야 이해 | • '나' 이해하기<br>　-각자 관심 분야, 취미, 성격, 기존의 활<br>　　동경험 등을 점검하도록 한다.<br>• 자원봉사, 어디서, 어떻게?<br>　-다양한 자원봉사의 영역과 활동 분야<br>　　를 소개한다.<br>　-관심 있는 자원봉사활동을 5가지씩 정<br>　　해 보도록 한다. | 15 | PPT<br>자료 |
| | 봉사학습의<br>이해 및 관련<br>정보 제공 | • 봉사학습의 이해<br>　-봉사활동은 준비-실행-평가-축하의<br>　　봉사학습 과정으로 이루어지는 것임을<br>　　안내한다.<br>• 활동처 안내<br>　-인근의 활동처 및 정보를 찾을 수 있는<br>　　방법에 대해 안내한다. | 10 | |
| 정리 | 활동계획 수립 | • 나의 자원봉사활동 계획 세우기<br>　-앞으로의 봉사활동에 대한 계획을 수<br>　　립하도록 한다. | 10 | |
| | 평가 및<br>소감 나누기 | • 평가 및 소감 나누기<br>　-자원봉사 및 교육에 대한 소감을 나눈다 | 5 | |
| 지도 시<br>유의사항 | • '자원봉사 댓글 토크'는 청소년의 수가 많을 경우 모둠을 구성하여, 모둠에서 먼저<br>　내용을 종합한 후 전체로 확대하여 공유하도록 한다.<br>• '자원봉사 댓글 토크' 중 봉사활동에 대한 부정적인 내용이나 고정관념 등이 많을<br>　경우 이유에 대해 이야기하고 정확한 정보를 제공해 줄 수 있도록 한다.<br>• '자원봉사나무 키우기'의 봉사활동 혜택 및 이점은 청소년 개인, 학교 및 지역사회,<br>　국가, 전 세계 등 다양한 차원으로 생각할 수 있도록 안내한다. | | | |

## 2) 청소년봉사활동 지도

　여기서는 청소년 유해환경 조사 '유해환경을 잡아라' 봉사활동의 사례를 청소년 봉사활동 개요, 사전활동지도안, 주요활동지도안, 사후활동지도안으로 나누어 제시한다.

(1) 청소년봉사활동 개요

이 프로그램은 8회기로 구성하였는데, 이를 세부적으로 사전활동 지도안, 주요활동 지도안, 사후활동 지도안으로 나누어 살펴보면 다음과 같다.

**표 7-7** 청소년봉사활동 개요(사례 예시)

| 봉사활동명 | 청소년 유해환경 조사 '유해환경을 잡아라' | | | | |
|---|---|---|---|---|---|
| 활동규모 | ☐개인　■동아리　■학급　☐학년　☐학교 | | | | |
| 활동시기 | 연중 | | 소요시간 | 8회기 | |
| 목표 | • 지역사회조사에 대해 학습한다.<br>• 청소년 유해환경에 대해 알아보고, 유해환경 개선의 필요성을 인식한다.<br>• 우리 지역의 유해환경의 실태를 조사하고, 자료화하고 알림으로써 유해환경으로부터 청소년의 권리와 생활권을 보호해야 한다는 사회적 공감대를 형성한다. | | | | |
| 준비사항 | • 관련 행정부서와 협의하여 활동계획 수립 | | | | |
| 구분 | 활동내용 | | 회기 | 장소 | 준비물 |
| 사전활동 | • 활동과정 소개<br>• 모니터링 지역 선정과 실태조사서 준비<br>• 청소년 유해환경에 대한 교육<br>• 모니터 요원의 자세와 모니터링 방법 학습 | | 1-2 | - | PPT<br>자료 · 영상,<br>실태조사서 |
| 주요활동 | • 현장 모니터링, 실태조사<br>　-1인 1곳 이상, 2인 3곳 정도 기준으로 배정 | | 3-5 | - | 실태조사서,<br>필기구 |
| | • 현장 실태조사 결과 분석 및 통계 | | 6-7 | - | 실태조사<br>결과서 |
| 사후활동 | • 실태조사 결과보고서 작성, 언론 홍보<br>• 환경개선을 위해 관할기관에 제안서 제출<br>• 청소년 건전문화 우수업체에게 감사의 편지, 시상 추천<br>• 활동소감 나누기 | | 8 | - | 소감문 용지,<br>편지지,<br>필기구 |
| 지도 시<br>유의사항 | • 행정부서의 모니터요원증 착용을 허가받고, 유해환경 소재 자료 공유할 수 있음<br>• 지역의 청소년유해환경감시단 등과 연계하여 교육 및 활동지도 지원 받을 수 있음 | | | | |

(2) 사전활동 지도안

〈표 7-8〉의 사전활동 지도안은 청소년 유해환경에 대한 이해, 유해환경 개선의
필요성, 모니터링 및 조사 방법 등을 비롯한 봉사활동 과정 전체에 대한 내용으로

**표 7-8** **사전활동 지도안(사례 예시)**

| 활동명 | 청소년유해환경 조사활동 교육 | | | |
|---|---|---|---|---|
| 목표 | • 청소년 유해환경에 대해 이해하고, 유해환경 개선의 필요성을 인식한다.<br>• 모니터링 및 조사방법에 대해 배운다.<br>• 청소년 유해환경 조사 봉사활동과정 전체에 대해 학습한다. | | | |
| 소요시간 | 90분(1~2/8회기) | 장소 | 동아리방 | |
| 준비사항 | PPT 파일, 필기구, 실태조사서 등 | | | |
| 구분 | 활동과정 | 활동내용 | 시간(분) | 준비물 |
| 도입 | 과정 소개 및 동기부여 | • 청소년이 할 수 있는 지역사회봉사활동의 유형에 대해 소개<br>• 유해환경 실태조사의 전체 과정 설명 | 15 | |
| 전개 | 청소년 유해환경 이해 | • 내가 아는 청소년 유해환경 찾기<br> −모둠별로 내가 아는 청소년 유해환경을 찾아 마인드맵으로 그리기 | 20 | 전지, 매직 |
| | | • 청소년보호법에 수록된 청소년 유해환경 알리기<br> −모둠별로 작성한 내용을 발표 후 누락된 내용을 보충 설명 | 20 | |
| | 실태조사 방법 이해 | • 청소년 보호를 위해 우리가 할 수 있는 일 찾기<br> −유해환경 모니터링, 개선 캠페인 등 활동 소개 후 실태조사 방법 안내 | 15 | |
| 정리 | 조편성, 지역 배정, 활동 시 유의사항 | • 실태조사서 배부하고 내용 안내<br>• 2~3인 1조로 조사팀을 구성<br>• 현장 모니터링 시 유의사항 안내 | 20 | 실태 조사서 |
| 지도 시 유의사항 | • 사전에 청소년 유해환경에 대하여 자료를 조사해 오도록 과제 제시<br>• 관련 행정부서와 협의하여 모니터요원증 제작<br>• 유해환경현황 자료를 참고하여 조사 지역은 조사 인원에 따라 미리 배정<br>• 유해환경 실태조사서 사전 준비 | | | |

구성되어 있다.


(3) 주요활동 지도안

다음의 주요활동 지도안은 1차, 2차로 구분하여 청소년 유해환경 실태 조사 활동과 모니터링 결과분석 활동에 대한 내용으로 구성되어 있다. 먼저 1차 주요활동 지도안에 대해 살펴보면 〈표 7-9〉와 같다.


**표 7-9  주요활동 지도안(1차)(사례 예시)**

| 활동명 | 청소년유해환경 현장 모니터링 | | | |
|---|---|---|---|---|
| 목표 | • 지역의 청소년 유해환경 실태를 조사하여 기록한다.<br>• 지역사회 조사에 대한 현장을 직접 체험한다. | | | |
| 소요시간 | 135분(3~5/8회기) | 장소 | 지역사회 | |
| 준비사항 | PPT 파일, 필기구, 실태조사서 등 | | | |
| 구분 | 활동과정 | 활동내용 | 시간(분) | 준비물 |
| 도입 | 정보공유<br>모니터링<br>방법 안내 | • 모둠별 모임을 통해 유해환경 정보 공유<br>• 모니터링 시 유의사항 및 준비물(모니터링지, 필기구, 모니터요원증 등) 재점검 | 20 | 모니터링,<br>필기구,<br>모니터<br>요원증 |
| 전개 | 현장<br>모니터링 | • 유해환경 찾아보기<br>　-지역별로 2인 1조로 팀을 구성하여 배정된 지역의 유해환경 찾아보기 | 30 | |
| | | • 현장방문<br>　-활동 취지를 설명하고 협조 요청 | 5 | 모니터링<br>요원증 |
| | | • 실태 모니터링<br>　-모니터링지의 내용을 숙지하여 조사지를 토대로 현장을 점검하고 기록 | 15 | 모니터링지,<br>필기구 |
| | | • 이동<br>　-모니터링을 마치면 다른 활동처로 즉시 이동 | 10 | |
| | | ※ 동일한 방식으로 활동을 전개한다.<br>　-1곳당 이동시간 포함하여 20~30분 정도 소요 | 45 | |

| 정리 | 활동평가 | • 모니터링 결과지 수합<br>• 모둠별 현장 모니터링 활동 소감 나누기 | 10 | |
| 지도 시<br>유의사항 | • 이동시간을 단축하기 위해 조별 모니터링 현장을 인근 지역으로 배정 | | | |

1차 주요활동 지도가 끝난 후, 2차 주요활동에 대한 지도를 해야 한다. 2차 주요활동 지도안은 〈표 7-10〉과 같다.

**표 7-10 주요활동 지도안(2차)(사례 예시)**

| 활동명 | 청소년유해환경 현장 모니터링 결과분석 및 통계 | | | |
|---|---|---|---|---|
| 목표 | • 지역의 청소년 유해환경 실태를 조사하여 기록한다.<br>• 지역사회 조사에 대한 현장을 직접 체험한다. | | | |
| 소요시간 | 90분(6~7/8회기) | | 장소 | 동아리방 |
| 준비사항 | • 청소년용: 모니터링결과지<br>• 지도자용: 모니터링결과 통계자료지 | | | |
| 구분 | 활동과정 | 활동 내용 | 시간(분) | 준비물 |
| 도입 | 현장<br>모니터링 평가 | • 현장 모니터링에 대한 수고 격려<br>• 통계분석팀, 권유문 작성팀으로 나누어 역할분담<br>• 각 팀별로 진행방법 안내 | 10 | |
| 전개 | 모니터링<br>결과분석 발표<br>권유문 만들기 | 〈모니터링 결과처리〉<br>• 통계분석팀<br> -모니터링결과지 수합<br> -항목별 통계처리<br> -통계자료를 토대로 결과분석<br> -보고자료(발표자료) 작성, 발표자 선정<br>• 권유문 작성팀<br> -2~3인 1조가 되어 업체에게 발송할 '건전한 청소년 문화공간 만들기' 동참 권유문 만들기 | 75 | 전지, 매직,<br>투명테이프,<br>스티커,<br>편지지,<br>편지봉투,<br>우표,<br>업체<br>주소록 |

| | | −조별로 작성된 권유문 발표 후 전체 게시<br>−우수 권유문에 스티커를 붙여 우수작 선정<br>−우수작을 토대로 전체 업체에 배포한 권유문을 작성하고, 우편발송 준비 | |
|---|---|---|---|
| 정리 | | • 차기 활동에 대해 안내<br>• 주변을 정리하며 활동 마무리 | 5 |
| 지도 시<br>유의사항 | • 통계분석팀에 적정한 인원을 배정하고, 나머지는 권유문 작성팀으로 배정<br>• 차기 과정의 발표자를 미리 선정하도록 지도 | | |

### (4) 사후활동 지도안

1차, 2차 주요활동 지도가 끝난 후, 사후활동에 대한 지도를 해야 한다. 사후활동 지도안은 〈표 7-11〉과 같다.

표 7-11  **사후활동 지도안(사례 예시)**

| 활동명 | 청소년유해환경 현장 모니터링 결과 발표 및 소감 나누기 | | | |
|---|---|---|---|---|
| 목표 | • 청소년 유해환경 현장 모니터링 분석 자료를 발표하여 결과를 공유한다.<br>• 직접 체험한 지역사회 현장 모니터링에 대한 활동소감을 나눈다.<br>• '건전한 청소년 문화공간 만들기' 권유문을 발송하여 캠페인화한다. | | | |
| 소요시간 | 45분(8/8차시) | | 장소 | 동아리방 |
| 준비사항 | • 청소년용: 분석자료, 발표 자료, 권유문<br>• 지도자용: 소감문 | | | |
| 구분 | 활동과정 | 활동내용 | 시간(분) | 준비물 |

| 도입 | | • 그동안 추진된 봉사활동 과정을 간략히 설명하고, 진행과정 안내 | 5 | |
|------|------|------|------|------|
| 전개 | 모니터링 분석 자료 및 우수 권유문 발표, 활동 소감문 작성 | • 모니터링 분석 자료 발표<br>　－통계 자료를 토대로 작성한 분석 자료를 나눠 주고, 미리 선정된 발표자가 발표<br>• 권유문 작성팀<br>　－발송 예정인 우수 권유문의 내용을 발표하고 발송 범위를 알리기<br>• 지역사회 모니터링 활동 소감문 작성<br>　－느낀점, 활동의 장단점, 개선점, 향후 발전 방향 등에 대해 작성 | 25 | 분석 자료 (배포용), 발표 자료, 활동 소감문 |
| 정리 | 활동평가 및 종결 | • 활동 소감 나누기<br>　－한 명씩 지역사회 모니터링 봉사활동에 참여한 소감 발표<br>• 전체 활동 종결<br>　－지역사회 모니터링 활동의 의의를 알리며 전체 활동 마무리 | 15 | |
| 지도 시 유의사항 | • 분석 자료를 전체가 공유할 수 있도록 활동 인원만큼 복사하여 준비<br>• 활동평가를 전체가 공유할 수 있도록 분위기 조성<br>• 결과물을 게시하여 참여 청소년이 자긍심을 가지도록 동기부여 | | | |

**요약**

1. 자원봉사활동이란 '개인, 집단 및 지역사회 등에서 나타나는 문제들을 예방하고 해결하기 위해 어떠한 대가를 바라지 않고 자발적으로 함께 참여하여 사회공익에 기여하는 조직적이고 지속적인 활동'을 의미한다.

2. 청소년자원봉사활동은 '체험'과 '학습'이 동시에 이루어지는 '실천적 체험학습활동'으로 활동의 결과 자체도 중요하지만 자원봉사활동의 과정에서 청소년 스스로가 배우게 되는 교육적 결과가 더 큰 의미를 갖는다.

3. 봉사학습이란 '봉사와 학습을 결합시킨 개념으로 청소년에게 의도적으로 구조화하고 계획된 봉사활동을 통해 자신이 배운 내용을 실제로 실천해 볼 수 있도록 하는 체험학습활동이며, 봉사자와 피봉사자 모두 영향을 주고받는 상호 호혜성과 봉사활동 실행 및 결과에 대한 반성적 숙고의 과정이 가미된 봉사를 통한 학습활동이다.

4. 봉사학습의 기본원리는 다음과 같다. 첫째, 봉사활동이 교육과정과는 별도로 행해지는 자발적 활동이라면 봉사학습은 치밀하게 계획되고 의도된 교육적 차원에 기초해야 한다. 둘째, 봉사학습은 사전 준비와 반성적 숙고를 통해 교육과정과 통합되어 교육의 질을 보장받을 수 있다. 셋째, 봉사학습은 봉사자와 피봉사자 간의 상호작용이 중요하다.

5. 봉사학습은 봉사와 학습을 긴밀하게 연계하기 위하여 준비, 봉사, 성찰(반성적 숙고), 인정과 축하의 4단계를 필요로 한다.

6. 청소년봉사활동은 '봉사학습'으로서의 교육적 의의를 충분히 살릴 수 있도록 단계적으로 지도한다. 학교교육 계획에 의한 봉사활동은 학교의 연간계획에 의하여 매년 학년별로 사전교육(1단계), 프로그램 구성(2단계), 봉사활동의 실행(3단계), 봉사활동의 평가 · 발전(4단계) 과정을 거쳐 지도한다. 심화단계는 개인 계획에 의한 봉사활동으로 청소년이 봉사활동 프로그램에 참여할 수 있도록 지도 · 운영한다.

7. 청소년자원봉사활동 지도는 자원봉사 교육 · 지도, 청소년봉사활동 개요, 사전활동 지도, 주요활동 지도, 사후활동 지도로 구성된다.

강명례(2019). 청소년 자원봉사활동의 지속성 요인에 관한 연구. 협성대학교 대학원 박사학위논문.

권중돈(2004). 노인복지론. 서울: 학지사.

교육부(2000). 청소년봉사활동 지도편람. 서울: 교육부.

김동배 · 김선아 · 이서원 · 장신재 · 조학래 · 홍영수(2011). 자원봉사의 이해. 서울: 학지사.

김보현(2011). 청소년의 봉사활동 태도에 영향을 미치는 요인. 창원대학교 대학원 석사학위논문.

김정숙(2008). 봉사-학습이 고등청소년의 자아존중감, 학업적 자기효능감 및 학업성취도에 미치는 영향 -또래교수프로그램을 중심으로-. 서울여자대학교 대학원 박사학위논문.

박혜준 · 김윤경(2020). 봉사학습(Service-Learning)의 도덕교육적 함의와 교사의 역할 · 나딩스의 교육이론을 중심으로. 도덕윤리과교육연구, 31, 187-216.

서울특별시교육청(2019). 2019학년도 지역사회와 함께 민주시민 역량을 키워가는 청소년 봉사활동 활성화 운영 계획. 서울: 서울특별시교육청.

서울시자원봉사센터 · 서울특별시교육청 · 서울특별시립청소년활동진흥센터(2011). 청소년 봉사활동 이렇게 지도하세요!-청소년봉사학습 가이드북. 서울: 서울시자원봉사센터 · 서울특별시교육청 · 서울특별시립청소년활동진흥센터.

신원동(2012). 경험주의 교육으로서의 봉사학습과 봉사활동의 실행 양상. 서울대학교 대학원 박사학위논문.

심영실(2018). 청소년 자원봉사활동의 태도요인과 사회적 책임성 간 활성화 지원체계의 매개효과분석. 상명대학교 대학원 박사학위논문.

유형순(2009). 청소년 자원봉사활동과 인성발달요인과의 관계연구-성남시 고등청소년을 중심으로-. 경원대학교 대학원 석사학위논문.

이금룡(2009). 노인자원봉사실천론. 서울: 학지사.

이지현(2014). 봉사학습 프로그램 개발 및 효과 연구-초등청소년의 이해와 민주시민성에 미치는 영향을 중심으로-. 경인교육대학교 대학원 석사학위 논문.

조용하(2002). 대학봉사학습의 동향과 과제. 부산: 동아대학교 청소년생활연구소.

한국여성개발원(1994). 청소년 자원봉사활동. 서울: 한국여성개발원.

행정안전부(2008). 2008 전국자원봉사활동 실태조사 연구 보고서. 서울: 행정안전부.

황조원(2019). 고등청소년의 봉사활동 참여와 기본심리욕구 만족 및 사회적 책임성 지각의
관계. 숙명여자대학교 대학원 석사학위논문.

Fertman, C. I., White, G., & White, L. (1996). *Service Learning in the Middle School: Building a Culture of Service*. Columbus, OH: National Middle School Association.

Jacoby, B. (1996). *Service learning in higher education: concepts and practices*. San Francisco, CA: Jossey-Bass.

United Nations Volunteers (2011). *State of the World's volunteerism report 2011: Universal values for global well-being*. Bonn: UNV Publication.

국립국어원 표준국어대사전 https://stdict.korean.go.kr/
국가법령정보센터 http://www.law.go.kr/

제8장

청소년교류활동 지도

청소년기에 경험하는 다양한 교류활동은 청소년기의 한 단계의 경험으로 끝나지 않고, 청소년기 이후의 모든 단계에 영향을 준다. 특히 진로를 선택하거나 결정할 때 중요한 영향을 미치는 요인이기도 하다. 청소년기에 경험한 감동적이고 의미 있는 교류활동을 통해 그 전 단계에 있었던 다양한 교류경험이 향후 이어지는 삶의 단계에서 부딪칠 수 있는 어려운 국면을 극복해 내는 이정표를 세우기도 한다. 이러한 점에서 교류활동 지도자의 역할이 매우 중요하다.

다양한 청소년교류활동 중에서 최근 크게 관심이 높은 분야는 국제 청소년교류활동이다. 새로운 국제환경이 전개되면서 국가 간 상호 의존성이 점점 커지면서 상호 교류의 확대 차원에서 청소년들 간의 교류에 대해서도 긍정적이다. 또한 청소년 개인에게 있어서는 외국어 학습역량이 높아지고, 타 문화에 대한 호기심과 수용성 그리고 친밀감이 동반자적인 관계 맺기를 위한 동기로 작용하고 있다.

이 장에서는 청소년교류활동을 지도하기 위해 청소년교류활동에 대한 이해와 청소년교류활동 지도를 위한 청소년교류활동의 유형을 설명하고, 청소년교류활동 지도를 위한 전문가로서의 사전준비와 지도역량에 대한 이해를 돕고자 한다.

## 01 청소년교류활동의 이해

### 1) 청소년교류활동의 개념

교류(交流)는 한자의 뜻에 따르면 '물이 서로 섞여 흐르는 것'으로 인간관계에 있어서는 '서로 사귀거나 바꾸거나 하는 것'을 의미하고, 영어권에서의 'interchange' 는 '상호'의 의미를 지니고 있는 고대 영어의 'enter-'라는 접두사와 '바꾸다' 또는 '교환하다'라는 의미의 'change'가 합해져서 '서로 주고받고, 교환하는 행위나 사실'을 뜻하는 것이나, 흔히 사용하는 '교환하다' '바꾸다' '교체하다'의 의미를 지닌 'exchange'가 '교류'에 해당한다고 할 수 있다. 한편,『국어대사전』(이희승, 1992)에서는 교류를 '문화·사상 등의 조류가 서로 통함'이라고 설명하고 있어서 교류는 인간에 속하는 개념으로 해석되고 있는 것을 볼 수 있다. 따라서 이러한 여러 사전적 의미를 종합해 볼 때에 '교류'의 의미는 일반적으로 인간 사이에 시대적 조류를 따른 문화나 사상 등을 주고받는 교환 행위를 통하여 서로 사귀는 것이다(김신아, 2004).

교류는 크게 인적 교류와 물적 교류로 구분한다. 인적 교류는 사람, 생각, 경험, 가치 등을 교환하는 것이다. 즉, 만남을 통하여 생각과 경험 등을 나누는 행위를 말한다. 물적 교류는 물건을 교환하는 것으로, 경제 교류, 정보 교류 등을 말한다. 그러나 일반적으로 교류에서는 인적 교류가 핵심이 된다. 왜냐하면 물적 교류 역시 인적 교류를 매개로 이루어지기 때문이다. 예를 들어, 문화·예술·스포츠·교육 교류는 인적이고 물적인 교류를 모두 포괄할 수 있으나, 인적 교류가 우선적으로 중요한 성격을 지닌다(김창환·유시은, 2013).

교류가 사람이 주체가 되어 물건을 서로 교환하거나 서로가 상대방이 갖고 있는 양식과 사상 등을 수용한다는 점에서 사람은 교류를 통해 자기의 생존을 유지시키고, 또한 유지하면서 더 성장하기도 한다. 그러므로 교류는 사람이 자기 생존을 지

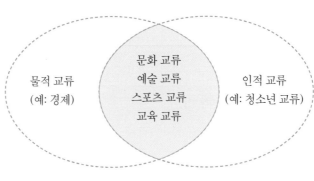

물적 교류
(예: 경제)

문화 교류
예술 교류
스포츠 교류
교육 교류

인적 교류
(예: 청소년 교류)

[그림 8-1] 교류의 범위

키는 수단적 활동이기도 하지만 향상하고 싶은 욕구를 위해 성장할 단계의 삶을 경험하기 위한 창조적 활동이기도 하다. 또한 교류는 교류 당사자들의 필요에 의하여 이루어지기 때문에 협력 개념을 내포하고 있다. 때문에 교류와 협력(exchange and cooperation)이라는 표현을 사용하기도 한다. 이처럼 교류의 사전적 의미는 여러 분야에서 이룬 문화나 사상 따위의 성과나 경험 등을 국가, 지역, 개인 간에 서로 주고받는 것이다. 따라서 청소년교류는 청소년이 중심이 되어서 여러 분야에서 이룬 문화나 사상 따위의 성과나 경험 등을 나라 · 지역 · 개인 간에 서로 주고받는 것이다. [그림 8-1]은 교류의 범위와 청소년 교류를 보여 주고 있다.

청소년기에 경험하는 교류 활동은 진로를 선택하는 데 중요한 결정요인으로 작용한다. 그래서 일찍이 청소년을 세계시민과 지도자로 양성해 내려는 서양의 시민교육과정에 젊은이로 하여금 유럽 각처를 이행하도록 하는 활동을 포함시켰다(주영흠, 2001).

「청소년 기본법」에서 정의한 청소년교류활동은 청소년이 지역 간, 남북 간, 국가 간의 다양한 교류를 통하여 공동체의식 등을 함양하는 체험활동을 의미한다. 특히 교류활동은 「청소년 기본법」에 의한 청소년활동 중 하나로 정의 내리기도 한다. 즉, 청소년활동은 "청소년의 균형 있는 성장을 위하여 필요한 활동과 이러한 활동을 소재로 하는 수련활동 · 교류활동 · 문화활동 등 다양한 형태의 활동"(「청소년 기본법」 제3조 제3호)이다. 활발한 청소년교류활동을 지원하기 위해 국가 및 지방자치단체는 청소년교류활동 진흥시책을 개발 · 시행하고 있다. 또한 청소년활동시설과 청소년단체 등에 대하여 청소년교류활동을 장려하기 위한 다양한 형태의 청소년교류활동 프로그램을 개발하여 운영하거나 필요한 경비의 전부 또는 일부를 지원할 수 있도록 하고 있다. 특히 청소년교류활동이 활발하게 운영되도록 국가는 청소년교류센터를 설치 · 운영하거나 청소년단체 등에 위탁하여 필요한 경비를 지원할 수 있도록 지원하고 있다. 또한 지방자치단체는 자매도시협정을 체결할 때 청소년교류활동에 관한 사항을 포함하도록 노력하여야 한다. 지방자치단체는 청소년교류를 위하여 청소년단체 등 민간기구의 활동을 지원할 수 있다.

청소년교류활동은 지역 간 · 남북 간 · 국가 간 다양한 교류를 통하여 공동체의식 등을 함양하는 체험활동을 의미하지만, 일반적으로 청소년교류활동이라고 하면 주로 국제교류활동으로 활발하게 이루어지고 있다(정선영, 2015). 「청소년 기본법」 제54조에 따르면, 국가 및 지방자치단체는 정부 · 지방자치단체 · 국제기구 또는 민간 등이 주관하는 국제청소년교류활동을 지원하기 위한 시행계획을 수립하고 이를 추진하여야 한다. 그리고 국가는 다른 국가와 청소년교류협정을 체결하여 국제청소년교류활동이 지속적으로 발전할 수 있는 기반을 조성하여야 한다. 또한 국가 및 지방자치단체는 민간기구가 국제청소년교류활동을 시행할 때 이를 지원할 수 있다. 특히 교포청소년교류활동의 지원과 남 · 북 청소년교류활동을 제도적으로 지원하고 있다. 즉, 국가 및 지방자치단체는 교포청소년의 모국방문 · 문화체험 및 국내 청소년과의 청소년교류활동을 지원하고 장려하여야 한다. 국가는 남 · 북 청소년 교류에 관한 기본계획을 수립하고, 남 · 북 청소년이 교류할 수 있는 제도적 여건을 조성하여야 한다. 국가는 남 · 북 청소년 교류를 위한 기반을 조성하기 위하여 필요한 체계적인 통일교육을 실시할 수 있다. 청소년 교류는 청소년 간의 교류뿐만 아니라 국가 간의 교류를 통해서 국가발전의 원동력이며 파트너로서 인정하고 이들을 지원하고 협력할 수 있는 다각적인 방안 모색하고 있다.

청소년교류는 이데올로기나 이익추구의 요소가 깊이 개입하지 않기 때문에 비교적 순수한 교류가 이루어질 수 있다. 일단 교류가 시작되면 인류애를 바탕으로 인간적인 유대를 맺을 수 있다는 장점이 있다. 즉, 한 사람 한 사람의 인간적인 접촉을 통해서 한 사람의 인간을 이해하고 그 인간을 길러 낸 사회문화를 이해한다는 것이며, 그 과정을 통해서 양국 관계 개선의 토대를 다져 가는 것이다. 교류를 통해서 축적된 우정과 신뢰는 새로운 양국 관계를 구축하기 위해서도 반드시 필요한 요소이고, 그것을 바탕으로 양국의 관계를 전망한다면 '불편한 이웃'으로부터 '선한 우호적인 이웃'의 관계로 틀림없이 변화해 갈 것이다(서지연, 2003).

청소년교류활동에서의 교류활동은 참여자에게 자신 및 자신의 것 또는 자신이 속한 집단 외의 대인관계, 물건, 문화, 타 집단 등과의 상호작용을 통하여 대상을 바라보고 이해하게 하는 중요한 활동으로서 의미를 갖는다. 청소년 시기에서의 교류활동이 갖는 가치와 필요성이 사회 구성원 간의 사회적 합의에 토대를 두고 정책으로 강조되기 시작한 것은「청소년 기본법」이 제정된 1991년부터이다. 청소년육성 실천을 위한 적극적인 활동의 하나로 청소년수련활동과 함께 청소년교류활동이 강조되었고, 국제 청소년교류, 남북한 청소년교류, 교포 청소년교류 그리고 국내 지역 간 청소년교류에서 이루어지는 청소년관련 활동으로 분류할 수 있다.

교류활동은 단순히 타 문화의 경험과 참여 위주로 진행되는 것이 아니라 학습효과를 창출할 수 있어야 한다. 즉, 청소년교류활동은 경험학습에 의해서 체계적인 적용과 관리가 필요하다. 경험학습은 학습자의 경험을 학습과정에 통합시키고, 그들의 경험을 의식적으로 학습과정에 적용하려는 시도 아래 이루어지는 실천위주의 교육이다. 또한 학습자가 자신의 생각과 느낌을 표현하고 신체적·감성적·정신적·사회적 존재로서 표출할 수 있는 감각을 총체적으로 활용하는 역동적인 학습 행위로 볼 수 있다. 결론적으로, 경험학습은 학습자가 가지고 있는 모든 물리적 혹은 심리적인 에너지를 자신이 의도하는 학습대상에 집중하는 것이다.

21세기 글로벌 시대에 있어서 청소년교류의 중요성이 부각되고 있다. 과학 문명의 발달로 인해 언제 어디서나 상호 교류를 할 수 있게 되었다. 청소년교류활동은 청소년의 성장과정에서 인간관계 조절능력이나 의사소통 능력, 사회성, 관용성 등 사회 공동체 생활에 필요한 기본적 품성을 기르는 중요한 활동이기 때문에 건전한 청소년 육성에서 중요한 분야이다.

청소년교류정책에 관련하여 종합적인 연구가 이루어진 것은 문화관광부에 의해서였다. 문화관광부 지원으로 이루어진 연구에서 청소년교류의 학문적 기초가 되었다. 아울러 청소년교류의 이론과 실천, 개념과 유형의 정립을 시도하였고, 청소년 사이버 교류를 교류의 영역에 포함시켰다(조영승, 1999). 한편, 청소년교류의 유형은 여러 가지로 구분될 수 있다. 예를 들면, 청소년교류의 성격에 따라 먼저 현실세계에서의 교류와 사이버 세계에서의 교류로 나눌 수 있다. 또한 국제교류와 국내교류, 정부교류와 민간교류, 초청교류와 방문교류, 여행교류와 연수교류, 문화교류와 체육교류, 단기교류와 장기교류, 정기교류와 부정기교류, 선진국교류와 후진국교류, 수련활동형 교류와 강의형 교류, 국제회의와 축제 관련 교류 등 다양한 유형을 열거할 수 있다. 이 밖에도 청소년교류는 문헌 · 자료 · 영상물 · 체험담을 통한 교류와 펜팔 등을 통한 교류 등의 간접교류, 그리고 상대방을 직접 만나는 직접교류로도 나눌 수 있고, 개인 혼자서 하는 교류와 집단으로 참가하는 교류로도 나누어 볼 수 있다(한국청소년개발원, 2004).

청소년교류활동은 매우 다양한 형식으로 이루어지고 있다. 교류의 주체가 누구인지에 따라 국가, 지방정부, NGO, 청소년단체, 청소년시설, 학교, 기업 등으로 구분할 수 있고, 청소년단체가 주최하고 국가가 지원하는 경우는 혼합적인 양식이라고 할 수 있다. 교류의 핵심 내용이 무엇인지에 따라 학술활동, 문화활동, 스포츠활동, 종교활동, 여행친교, 산업시찰 등 매우 다양하고, 대개는 어느 한 가지를 중심에 두고 다른 활동을 겸하는 방식으로 이루어진다. 즉, 학술활동을 중심으로 교류하면서 중간에 문화활동을 포함시키고, 주요 활동을 마친 후에 주변 관광을 하는 방식으로 이루어질 수 있다.

## 2) 청소년교류활동 추진체계

2003년 제정된 「청소년활동 진흥법」에서는 청소년활동을 청소년수련활동, 청소년교류활동, 청소년문화활동으로 구분하였으며, 청소년교류활동은 구체적으로 지역 간 · 남북 간 · 국가 간의 다양한 교류를 통하여 공동체의식을 함양하는 데 목적이 있다. 이러한 교류활동을 진행하기 위해 공통적으로 이루어지는 추진체계에 대해 오해섭, 김진호와 우영주(2005)는 경험학습모델에 근거하여 국제교류활동의 추진체계를 제시하였는데, 이를 수정 · 보완하여 6단계로 구분하여 제시하면 다음과 같다.

1단계는 사업기획 단계이다. 추진 주체 및 지도자들과 함께 청소년 대표단이 참가한다. 대상 지역 및 국가의 선정, 참가 규모, 프로그램 내용, 예산 확정 등을 협의함으로써 청소년들의 적극적인 호응과 협조를 이끌어 낼 수 있다.

2단계는 참여자 사전단계이다. 교육과정에 따라 이해가 쉽고 난이도가 낮은 내용부터 순차적으로 강화시키는 교육원칙을 준수한다. 또한 교육기간에 철저한 사전조사를 실시하여 교류지역의 기후·음식·시차·생활습관 등에 대한 정보를 습득함으로써 현지 적응력을 증진하고, 동시에 학습효과에도 도움이 될 수 있도록 구성한다.

3단계는 교류 지역 및 직간접적인 참여과정을 통한 교류활동 체험단계이다. 지도자 및 참가자들의 적극적인 협조하에 실질적인 체험학습이 될 수 있도록 프로그램이 진행되어야 한다. 이 과정에서 참가자 모두는 사전지식 및 조사 내용을 직접 확인할 뿐만 아니라 타 문화에 대한 이해를 바탕으로 새로운 지식을 습득하고 경험할수 있는 계기로 삼아야 한다.

4단계는 한 가지 프로그램이 종료되고 다음 프로그램으로 전환되는 순간 혹은 하루 단위의 프로그램이 종료된 후 잠깐의 시간을 할애하여 당일 체험한 내용을 토대로 집단별로 정보 공유와 토론을 실시하는 단계이다. 이 과정은 경험학습이론에서 가장 중요시하는 단계로서 교류활동에서 가장 유익했던 내용 및 개선점에 관하여 집단별로 의견을 교환하는 시간이 되어야 한다.

5단계는 현장 보고서를 작성하는 단계이다. 체계적인 현장보고서를 작성하기 위해 교류활동 참가자들이 다소 부담을 가질 수 있다. 부담감을 줄이기 위해서는 보고서 작성 방법에 대한 사전교육 시간에 보고서 양식을 충분히 설명하거나 작성방법을 지도한다. 또는 다양한 예시를 보여 주거나 창의적으로 보고서를 작성할 수 있도록 보고서 경진대회를 하거나 집단별로 상의하여 쓸 수 있도록 한다.

6단계는 평가회 단계이다. 교류활동 기간에 가장 유익했던 경험이나 어려웠던 경험들을 나눈다. 또한 교류활동을 통하여 지식과 경험을 자신의 일상생활과 미래를 위하여 어떻게 활용할 것인지에 대한 의견을 교환하는 기회가 되어야 한다. 평가회의 결과를 통해서 향후 차기 연도에 유사한 프로그램을 계획할 때 환류 계획으로 반영하면 효율적인 교류활동 지원이 될 수 있다.

교류활동은 일반적으로 체험학습 위주로 진행되기 때문에 청소년의 의문을 제기

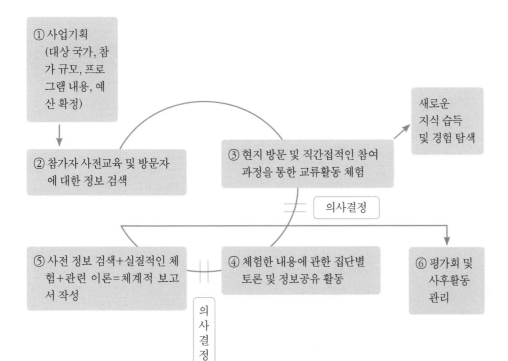

① 사업기획
(대상 국가, 참가 규모, 프로그램 내용, 예산 확정)

② 참가자 사전교육 및 방문자에 대한 정보 검색

③ 현지 방문 및 직간접적인 참여 과정을 통한 교류활동 체험

새로운 지식 습득 및 경험 탐색

의사결정

⑤ 사전 정보 검색+실질적인 체험+관련 이론=체계적 보고서 작성

④ 체험한 내용에 관한 집단별 토론 및 정보공유 활동

⑥ 평가회 및 사후활동 관리

의사결정

[그림 8-2] 청소년교류활동 추진체계

하고, 조사, 실험, 호기심 발휘, 문제해결, 책임 감수, 창의성 발휘, 의미부여 등에 초점을 맞추어야 한다.

### 3) 청소년교류활동 기준

청소년교류활동은 각 기관별로 목적·방법·내용 면에 있어서 특색 있게 추진되고 있고 교류 분야도 다양화되며 대상도 확대되는 추세를 보이고 있다. 이러한 청소년교류를 지도·지원하기 위해서는 청소년교류활동에 대한 기준이 필요하다.

첫째, 청소년교류는 이제 더 이상 특정 국가와 참가자 청소년에게만 이익이 한정되는 활동이 아니라 일정 지역과 국가의 모든 구성원에게 이익이 돌아가는 공익성을 지닌 활동이라는 점을 기준으로 삼아야 한다.

둘째, 청소년교류는 사회통합적인 목적과 미래사회 지도자를 양성하려는 두 가지의 큰 목적을 가지고 있다. 청소년교류를 통해 공동체가 요구하는 시민의식을 키우고 공동의 문화를 이해하도록 하고, 지도자 양성이라는 점에서 반드시 갖추어야 할 소양을 갖도록 하는 데 초점이 맞추어져야 한다.

셋째, 청소년교류는 현재의 타당성과 아울러 미래의 가치를 축적하는 미래 부가가치 창조 활동이다. 청소년교류는 현재의 사회문제를 해결하는 간접적인 방법이자 미래의 바람직한 사회를 창조하는 가장 적극적인 방법으로 받아들여지는 기준이 되어야 한다.

넷째, 청소년교류는 협력적 활동이다. 청소년교류는 프로그램의 개발·운영·평가 등 일련의 과정에서 다양한 인적 자원의 참여와 협력에서 진행되어야 하는 기준이 필요하다.

다섯째, 청소년교류가 지속적으로 실효성을 갖고 운영되기 위해서는 전문기관의 관여가 요구되고, 직간접적인 협력을 통해서 유지되고 있는가에 대한 기준이 마련되어야 한다. 사회 영역의 다양화에 따라 청소년교류의 목적도 다양화되고 있기 때문에 각각의 목적에 맞는 활동 프로그램을 개발하여 이를 효율적으로 운영할 수 있는 전문적 기관이 연구되어야 한다(박진규, 2004).

## 02 청소년교류활동의 유형

### 1) 남북한 청소년교류활동

청소년중심의 교류 협력을 통한 문화교육의 통합 노력은 정치 및 영토상의 체제 통합에 중점을 두어 왔던 남북한 통합 논의의 접근 시각과 범위를 새롭게 확산시키는 역할을 담당할 수 있다. 통일을 준비하는 차원에서 볼 때, 남북 교류 중에서도 청소년교류는 특별히 중요한 의미를 지니고 있는데, 이에 대해 구체적으로 살펴보면 다음과 같다(김창환 외, 2013).

첫째, 현재의 청소년은 분단 환경에 익숙해져 통일에 부정적인 성향으로 변화되고 있다. 1945년 해방을 기점으로 할 때 남북의 분단 기간은 70년 이상이 되었다.

분단이 길어지면서 남북 간의 이질성도 심화되고 있다. 자유민주주의 체제와 사회주의 체제, 자본주의 체제와 공산주의 체제, 개방적 체제와 폐쇄적 체제, 선진사회와 저개발사회 등 기본적 체제와 사회 제도 면에서 남과 북은 다양한 차이를 갖고 있다. 남북은 한민족이면서도 오랫동안 교류와 접촉이 거의 없었다고 할 수 있다. 극히 제한적인 교류로 인하여 남북 주민 및 청소년 간에는 커다란 장벽이 존재하고 있다. 오랜 분단으로 인하여 그러한 장벽은 더욱 공고해져 가고 있는 실정이다. 이러한 추세가 계속될 경우, 남북이 한민족이라는 정체성도 약화될 가능성이 있다. 그렇게 되면 통일은 더욱 요원한 과제가 될 것이고, 분단 체제가 영속되는 위험성도 내포하고 있다. 따라서 이러한 시점에 한민족의 정체성을 보존하고, 이질성을 좁히는 차원에서 남북 간의 교류는 매우 중요하다고 할 수 있다. 특별히 분단 시대에 태어난 남북 청소년은 통일에 대한 열망이 상대적으로 약하다. 그들은 분단에 익숙한 가치관과 삶의 방식을 갖고 있다. 따라서 그들이 성장하여 사회의 주도 세력이 될 때, 통일의 당위성은 더욱 약해질 수 있다. 그러한 측면에서 볼 때, 남북 청소년 간의 교류는 매우 의미 있고 중요하다.

둘째, 현재의 청소년은 분단세대이면서, 동시에 미래에 통일을 이루거나 지금보다는 다양한 교류를 경험할 가능성이 높다. 많은 통일 전문가가 다양한 분야에서 활발하게 교류할 것으로 전망하고 있다. 그러한 전망이 현실화된다면 통일뿐만 아니라 교류활동의 주역은 현재의 청소년이다. 따라서 그들로 하여금 북한과의 분단에 관심을 갖도록 하고, 통일과 더 많은 교류를 준비하도록 하는 것은 중요한 과제이다. 그러한 작업의 일환으로 남북 청소년 간 교류는 큰 의미를 지니고 있다. 그들의 상호 접촉과 교류는 남북이 한민족이고, 언젠가는 함께 더불어 살아가야 하는 사람들이라는 점을 확인시켜 주는 계기가 될 것이다. 그리고 그러한 계기는 분단을 체험한 조부모 세대가 살아 있을 때에, 즉 너무 늦기 전에 가급적 빨리 시작되는 것이 바람직하다.

셋째, 청소년기는 기성세대의 가치와 이념으로부터 비교적 자유로운 순수성을 지니고 있다. 이러한 청소년기가 갖고 있는 특징을 고려할 때, 남북 청소년교류는 통일 및 통일 이후의 사회통합에 긍정적으로 작용할 수 있다는 점이다. 청소년은 또래 친구와 쉽게 어울리고 새로운 환경에 대한 적응력 또한 기성세대에 비해 높은 편이다. 사고가 유연하고 편견으로부터 자유롭게 때문에 새로운 문화와 언어를 이해하는 것에 적극적이며, 이는 청소년의 성장과 학습활동에 긍정적인 영향을 미친다.

## 2) 국가 간 청소년교류활동

「청소년 기본법」은 제3조 제3호에서 '교류활동'을 '수련활동' '문화활동'과 함께 청소년활동의 하나로 규정하고 있다. 청소년활동은 관련법과 정책에 의거하여 시대의 변화에 따라 강조되는 분야가 다른데, 최근에는 다문화 및 글로벌화와 관련된 청소년활동의 하나로 청소년국제교류활동이 대두되고 있다(박숙경 · 김소희 · 오세정 · 강성모, 2011). 또한 청소년국제교류활동은 청소년의 변화를 일으키기 위하여 청소년을 담당하는 국가기관을 비롯한 청소년단체, 청소년동아리 등을 통해서 일정 기간 동안 이뤄지는 계획적인 교류활동으로 볼 수 있다(나연희, 2007). 한편, 청소년국제교류활동의 개념은 협의와 광의의 개념으로 분류할 수 있다. 협의의 개념은 "청소년 집단이 외국과의 직접적 접촉을 통하여 조직적으로 이루어지는 활동"을 의미한다. 이에 비해 광의의 개념은 "청소년의 직접 접촉이 없어도 청소년의 지적 · 신체적 · 정신적인 면에 있어서의 바람직한 변화를 목적으로 일정 기간 동안 청소년 개인, 청소년 대표 또는 청소년동아리, 청소년단체나 사회단체 등 청소년집단에 의해서 이루어지는 외국과의 인적 · 물적 · 문화적 · 사상적인 교류활동"을 포괄한다(김주희 · 곽성현, 2015).

청소년국제교류활동은 양국 청소년 담당부처 간 약정이나 청소년관련기관 등의 상호 협정에 의해 매년 정기적으로 실시되는 사업으로 대상국의 청소년기관 · 단체 · 시설 방문, 양국 청소년 및 지도자와의 토론회, 민박, 역사 · 문화 유적지 답사, 산업시설 견학 등을 통해 청소년관련 정보와 경험 등을 교환함은 물론 각국의 문화를 체험할 수 있는 기회를 제공한다.

선발된 청소년은 사전 워크숍을 통해 프로그램에 대한 이해 및 준비사항을 숙지하고, 청소년업무 담당부처, 청소년단체 등에 대한 설명, 이전 참가자들의 경험담을 듣고, 담당 직원들의 청소년 파견 시의 유의 사항에 대한 설명 등으로 파견 준비를 하게 된다. 각국에서 초청되어 온 외국 청소년대표단은 국가별로 희망 프로그램을 사전협의하여 국가별·대륙별 특성에 맞는 프로그램을 제공받는다. 공통적인 프로그램은 청소년토론회, 문화체험 프로그램(한류 체험), 산업시찰 등으로 이루어진다. 우리나라 청소년대표단은 활동이 끝나면 정부 간 청소년 교류 참가자 사후 워크숍을 열어 참가자 간의 화합과 경험의 교환을 통해 향후 지속적인 연대와 협력방안을 강구한다.

 청소년국제교류활동은 만남을 통하여 상대의 언어와 가치관, 행동 등 문화를 상호 이해하고 배우며 신뢰하고 친밀감을 향상시킨다. 청소년국제교류활동에 참여한 청소년은 자신의 심신에도 발전적 변화를 가져오게 하고, 더 나아가서 평화적으로 결속된 공동의 삶을 만들어 미래사회의 시민의식을 함양한다. 또한 자신의 역량을 개발하고, 세상을 보다 넓은 시야로 바라보며 지구촌의 모든 사람이 함께 공존할 수 있는 열린 사고를 갖게 된다(이지은, 2010). 또한 국가차원에서도 청소년이 다양한 문화를 체험함으로써 국제 감각을 습득하고 글로벌 시민으로서의 역할을 다해 줄 때 급변하는 세계 사회 속에서 성장과 발전을 담보할 수 있다. 청소년국제교류활동의 목적을 청소년 개인의 역량강화에서 글로벌 시민성의 함양과 실천으로 확대하는 동안 유럽연합은 청소년국제교류활동을 사회통합의 중요한 도구로서 인식하고 있다(박선영, 2011).

 〈표 8-1〉은 청소년국제교류활동에 대한 추진체제에 대한 내용을 요약한 것이다.

**표 8-1** 청소년국제교류정책 관련 여성가족부 소관 법조문 분석

| 구분 | 내용 | 「청소년활동 진흥법」 관련 조항 |
|---|---|---|
| 개념 | • 청소년교류활동의 하나로 공동체 의식을 함양하는 체험활동 | −제2조 제4항 |
| 목표 | • 청소년교류활동의 진흥, 사후지원을 통한 성과 유지 | −제57조 |
| 주체 | • 국가<br>• 지방자치단체 | −제53조 제1항 |
| 대상 | • 청소년활동시설, 청소년단체<br>• 국제기구와 민간단체 | −제53조 제2항<br>−제54조 제1항 |

| 수단 | • 교류활동에 대한 경비 지원<br>• 국가 간 협정체결 및 자매도시협정 체결시 청소년교류 촉진<br>• 청소년교류센터의 설치 · 운영 | −제53조 제3항, 제54조 제3항<br>−제54조 제2항, 제55조 제1항<br>−제58조 |
|---|---|---|
| 추진체계 | • 청소년교류센터<br>• 한국청소년활동진흥원<br>• 한국청소년단체협의회 | −제58조<br>−제6조 제8항 |

## 3) 지역 간 청소년교류활동

지역 간 청소년교류활동은 주로 지방자치단체 간의 자매결연을 통해 이루어지는 일반교류 형태이다. 청소년의 상호 교류를 통한 화합과 협동심 함양으로 지역 간의 이해 증진을 도모하는 것을 목적으로 한다. 특히 우리나라의 경우 농업, 농촌, 환경에 대한 이해 증진을 통해 도농 간 문화적 · 정서적 장벽을 해소하고, 도농 공동체의식을 확산을 위하여 농촌일손돕기 및 농촌체험활동을 통한 교류활동이 주요한 목적이며 활동이다.

교류활동 프로그램은 프로그램 기획 및 준비 단계에서 충분한 사전준비와 교류대상지역의 지도자와의 원만한 협조가 중요하다. 또한 교류를 희망하는 농촌지역의 학교 또는 청소년동아리 및 각종 농촌체험봉사활동을 위한 농장, 농촌지역 축제등에 대한 정보는 시 · 군의 농업기술센터로 문의하면 충분한 정보를 제공받을 수 있다.

청소년교류활동의 특성상 행사 추진 전에 교류지역 지도자 간의 충분한 협조를 통해 농촌체험활동을 위한 농장, 청소년 유숙 가능 여부, 문화 유적지 견학 및 답사 등에 대한 계획이 미리 준비되어야 한다. 그리고 농사체험활동을 함에 있어서 청소년에게 농장주의 설명을 통해 농작물의 소중함을 느끼게 하고, 올바른 작업 방법을 알려 주어 청소년이 목적과 취지를 이해함으로써 긍정적인 교류활동의 결과가 나타날 수 있도록 해야 한다. 특히 야외에서 진행되므로 진행자는 항상 안전사고에 철저에 대비해야 하며, 우천 시 변동 일정도 준비해야 한다.

## 03 청소년교류활동 지도의 실제

### 1) 청소년교류활동 지도방법

청소년지도사가 학교교사와 다른 점은 교과서와 일정한 교육과정으로 지식을 가르치지 않는다는 점이다. 청소년을 민주시민으로 역량을 키워 훌륭한 사회 구성원이 되도록 인성을 함양시키고 품격을 갖춰 주고 높여 주는 교육을 지식 대신 몸으로 가르치는 교육자로서의 역할을 해야 한다. 청소년현장에서 처음 만나게 될 지도사의 교과서는 몸과 행동 그 자체이다(우옥환, 2014). 청소년지도사가 가져야 할 교육적 가치를 청소년교류활동 지도 시 적용해 보면 다음과 같다(정하성·유진이·이장현, 2007).

첫째, 문화적 다양성은 청소년과 지도자 사이에서부터 시작되므로 청소년의 개별적 특성을 파악하고 이해하려는 노력이 필요하다. 둘째, 개개인에게 고유한 문화가 있음을 인정하고 청소년이 문화적 다양성을 탐색할 수 있도록 돕는다. 셋째, 청소년활동을 경험함으로써 다름을 인정하고 배려할 수 있도록 한다. 넷째, 추상적이거나 단편적인 지식 전달이 아닌 실제적인 체험활동이 되도록 한다. 다섯째, 청소년이 다양한 관점에서 문제를 볼 수 있도록 다민족·다문화에 편견 없이 수용적인 분위기를 만들어 주어야 한다. 여섯째, 지도자 자신이 국제적인 감각을 지닌 시민으로서 청소년이 국제적 감각을 지닐 수 있도록 배려하고 있는지를 점검해야 한다.

청소년지도사는 청소년교류활동의 질적 수준을 높이고, 청소년이 원하는 교류활동을 기획·운영하는 역할을 담당하므로 청소년지도사에게도 지도방법이 필요하다. 청소년지도사가 어떤 지도방법을 적용하느냐에 따라 청소년에게 미치는 영향이 크게 달라질 수 있기 때문이다.

청소년지도사는 청소년과 상호작용을 효율적으로 이끌어 낼 수 있는 방법으로 청소년을 지도해야 한다. 특히 청소년교류활동을 지도할 때 적용 가능한 지도방법으로 가장 중요한 것은 미리 목표를 제시하고 모든 참여자가 획일적으로 이를 성취하도록 하기보다는 청소년 스스로가 자신이 원하는 목표를 결정하도록 접근하는 것이다(Shuell, 1986). 이때 청소년지도사는 청소년활동 환경의 조성자이자 안내자, 동료 학습자로서 풍부하고 다양한 환경을 조성하고, 상황적 맥락에 따라 활동 과제를 제시함으로써 의미 구성을 촉진하는 역할을 한다. 청소년교류활동에서 청소년지도사는 청소년에게 복합하고 생소한 환경을 잘 배합하고 적응할 수 있도록 지도해야 한다. 특히 과학적 추론, 비판적·반성적 사고, 문제해결, 인지적 유연성 획득 등을 지원해 주어야 한다. 이를 뒷받침하기 위해서는 복잡하고 비구조화된 다양한 상황을 제공하고, 다양한 관점의 제시 및 사회적 협상과 협력적 활동환경의 조성 등을 강조해서 지도해야 한다(Fosnot, 1996). 또한 학습자 또는 활동 참여자 역할이 변화됨에 따라 지도사의 역할도 과거 전통적인 활동현장에서의 역할과 다른 방식으로 다양하게 이루어져야 한다(강재원, 2017). 교류활동을 지도할 때 지도방법으로 참여자 중심의 지도를 들 수 있다. '참여자 중심'이란 '교사(청소년지도사)중심' 개념과 대비되면서 동료 참여자와의 관계보다 '참여자 개인, 그리고 참여자 개인의 인지적 발달'에 초점을 두는 점에서 구별된다(강인애·주현재, 2009). 다시 말해, 청소년지도사는 교류활동을 지도할 때 청소년 개인의 인지적 발달을 지원하고 강조해야 한다. 이를 위해 청소년지도사는 교류활동 시에 청소년이 활동자료를 의미 있고 적합하게 잘 다룰 수 있도록 도와주는 중요한 역할을 수행하게 된다.

## 2) 청소년교류활동 지도를 위한 사전준비: 청소년문화 이해

청소년교류활동을 지도하기 위해서는 청소년문화에 대한 이해가 선행되어야 한다. 청소년교류활동, 특히 청소년국제교류활동을 지도할 경우 국가 고유의 문화와 현대 사회 청소년문화의 특징을 고려하여 교류활동 프로그램을 기획하고 진행해야 한다. 문화는 그 나라와 그 사회 구성원들이 행동하고 사고하는 방식은 물론이고 그들의 총체적인 삶의 방향과 질에 결정적인 영향을 미치고 있기 때문에 문화 이해와 적용이 중요하다.

청소년문화란 청소년이라는 특정 인구 집단이 향유하는 행동방식과 가치관 생활양식 모두를 총칭한다. 그러나 이러한 정의는 이론적 입장에서만 가능할 뿐 실제로는 그 존재 자체에 대한 사회적 승인과 존중 없이 심각한 위협을 받아 온 것이 사실이다. 그러나 현대 사회에서 청소년문화는 문화의 소비자이자 생산자의 역할을 하고 있다. 과거 청소년문화에서 청소년은 소비자 중심으로 청소년을 대상으로 하였다면 현대 사회에서는 적극적·주도적인 생산자 역할을 담당하고 있다. 이는 성인문화의 영향을 받아 생성되었다기보다는 청소년 자체, 특히 청소년을 대상으로 하는 다양한 문화 콘텐츠를 개발하고 있는 점에서도 알 수 있다. 특히 다른 연령대의 문화보다 청소년문화가 더 활발하고 파급력이 높을 뿐만 아니라 국내외적인 영향력으로 인해 경제 발전에도 기여하고 있는 실정이다.

청소년문화를 바라보고 규정하는 관점과 시각은 다양하다(이용교, 2013). 첫째, 청소년문화를 미숙한 문화로 바라보는 관점이다. 이는 청소년기를 성인기로의 성장과정 중에 있는 이른바 과도기와 준비기로 파악하는 발달심리학적 견해에 기초한다. 이로 인해 청소년이 창출하는 문화는 사회적 승인과 존중을 받는 완숙된 문화라기보다는 아직 성숙과정 중에 있는 미숙한 문화로 간주된다. 둘째, 청소년문화를 일탈문화 혹은 비행문화로 바라보는 관점이다. 전체적으로 청소년문화를 사회적 승인이 어려운 미숙한 문화로 바라봄으로써 현상적으로 불거지는 비행현상에 초점을 맞추는 경향이 강하며, 한편으로는 지배 문화의 부정적 부산물, 곧 하위문화적 양태로 청소년 비행문화를 주목함으로써 결국 청소년문화를 비행문화로 규정한다. 셋째, 청소년문화를 하위문화로 보는 관점이다. 하위문화란 사회 전체의 지배적인 주류문화 중 하나의 부분을 이루는 문화를 의미하고, 사회를 이루는 문화란 단위적 요소들, 즉 계급, 성, 세대 등으로 구분되는 커다란 범주에 속하면서 각기 다른 속성에 의해 구별되는 다양한 소집단의 독특한 정체성을 반영한 것을 의미한다. 하위문화에는 전체 집단에 대한 하위집단의 요구가 반영된다. 청소년문화는 기술문명의 발달과 밀접한 관련을 맺는다. 청소년이 즐기는 새로운 문화는 정보통신기술의 발달과 같은 새로운 기술문화의 영향을 받는다. 예를 들면, 인터넷문화와 모바일문화는 청소년이 주도하고 성인이 따라가는데, 대부분 새로운 기술의 영향을 강력하게 받고 있다. 대중매체를 통해서 국경을 넘나들고 인터넷을 통해서 국경을 초월한 지 오래이다. 넷째, 청소년문화를 대항문화 또는 반문화로 보는 관점이다. 이 관점에서 기성세대의 문화는 주류문화이고, 청소년문화는 주류문화를 전복하는 대항세력의 문화이다. 이는 새로운 세대인 청소년의 문화가 기성세대와는 다른 역사관과 가

치관을 가지고 있어서 기성세대와는 다른 삶의 방식을 추구하기 때문이며, 이 입장
은 어느 시대 어느 사회의 청소년이든 간에 이들은 기성세대의 문화를 일단 거부하
고, 자신들의 세대 문화를 형성하고 독점적으로 공유하려는 성향을 갖고 있다. 마지
막으로, 청소년문화를 새로운 문화로 바라보는 입장이다. 이는 미숙한 문화, 비행문
화, 하위문화, 대항 문화적 성격을 모두 부분적으로 함축하면서 한 걸음 더 나아가
통합적이며 공통적인 면모로서의 생활양식과 이미지 및 문화적 의미의 창출을 통
해 청소년 스스로가 새로운 청소년문화를 만들어 가고 있다고 보는 것이다. 그리고
문화가 인간의 인위적 행위의 산물이자 생활양식이란 정의에 기초해 그만큼 사회
가 빠르고 심각하게 변화하고 있다는 사실에 기인한다. 지금의 청소년문화가 기존
의 문화와는 전혀 다른 새로운 문화로 자리매김되는 이유는 지금의 사회가 기존의
사회와는 전혀 다른 패러다임으로 규정될 만큼 매우 빠르고 폭넓게 변화되고 있음
을 방증하고 있다.

### 3) 청소년교류활동 지도를 위한 필요 역량: 다문화 역량

우리나라의 다문화에 대한 가장 큰 특징은 국제결혼으로 인한 다문화 청소년의
증가와 이주 노동자, 유학생, 파견근로자 등이 늘어나면서 외국인 구성비가 증가하
고 있다는 점이다. 특히 외국으로 유학을 가거나 외국에서 유학 오는 학생이 많아
지고, 외국인은 아니지만 귀국, 교포, 탈북 등으로 서로 다른 민족적·언어적·문화
적 배경을 가진 청소년이 현저히 늘어 가고 있다. 다문화 감수성은 문화적 차이를
인지하고 타 문화를 존중할 수 있는 능력으로서 청소년지도사의 다문화에 대한 긍
정적인 인식을 알아볼 수 있는 성향이다. 다문화 감수성은 다른 문화에 대한 흥미
를 바탕으로 문화 간 차이를 인식하고 이를 존중하는 행동의 변화까지도 포함한다
(Bhawuk & Brislin, 1992). 다문화 수용성은 원주민으로서 다양한 배경의 구성원들이
서로의 문화를 인정하고 이해하며 조화로운 관계를 위해서 협력하는 것을 말한다.
또한 다양한 배경의 이주민을 대할 때 편견이나 차별을 두지 않는 보편적 가치에 입
각하여 실천하고자 하는 총체적인 태도를 말한다(안상수 외, 2012).

골니크와 친(Gollnick & Chinn, 2006)은 다문화교육의 목적을 다음의 여섯 가지로

제안하였다. 첫째, 문화적 다양성의 가치를 증진시키는 것이다. 둘째, 나와 다른 사람을 존중하는 것이다. 셋째, 인종, 성, 가난의 불평등이 존재한다는 것을 보다 잘 이해하기 위하여 역사적인 사실을 인지하고 사회 전반에 관한 지식을 획득하는 것이다. 넷째, 사람들의 대안적 삶의 선택에 관대하게 바라보는 것이다. 다섯째, 사회 정의와 평등을 촉진하는 것이다. 마지막으로, 다양한 배경을 가진 집단 안에서 권력과 수입의 평등한 분배를 지원하는 것이다. 이러한 다문화 교육의 목적과 부합되려면 청소년지도사는 다문화에 대한 감수성을 갖추어야 한다. 다문화적 의사소통이 효율적으로 일어나기 위해서 개인이 갖추어야 할 능력은 문화적 차이를 인식하는 민감성과 문화적 차이를 존중하는 정서적 태도이다(김옥순, 2008).

변화하는 한국의 사회 속에서 살아가야 할 원동력인 청소년에게 문화적 역량을 넘어 다문화역량은 매우 중요한 개념이다. 다문화역량은 외국인과 함께 일하는 직업에서만 필요로 하는 특수한 역량이 아니며, 또한 학급 내에 다문화가정 학생이 존재하는 반의 청소년에게만 필요한 역량이 아니다. 다문화역량은 생애 핵심 역량으로서 일상생활에서 시시때때로 요구되는 핵심 역량이다. 또한 더욱 다양한 문화적 배경을 가진 구성원들과 함께 일하기 위해 필요한 기초직업 능력이다. 일례로, 우리사회는 취업, 결혼과 가족 형성, 교육 등 다양한 목적으로 갖고 입국·체류하고 있는 이주민이 늘면서 그 자녀 역시 빠르게 증가하고 있다. 결혼이민자와 귀화자의 18세 이하 자녀 수만 보아도 2009년 약 11만 명에서 2010년에는 12만 명, 2011년에는 15만 명, 2013년 19만 명, 2015년 21만 명으로 빠르게 증가하고 있다. 이 가운데에는 국제결혼 부모 사이에서 태어나 출생 시부터 한국 국적을 지닌 자녀가 대다수를 차지하나 외국인 부모 사이에서 태어나 외국 국적을 지니고 있었던 자녀가 부모의 결혼이주나 귀화 이후에 부모의 초청으로 이주해 온 소위 '부모동반-중도입국 자녀' 역시 꾸준히 증가하고 있다(김이선 외, 2018).

특히 다문화 역량은 다문화사회를 살아가는 데 필요한 시민적 자질이자 직업적 능력인 생애 핵심 역량으로 파악될 수 있다(한현우·이병준, 2011). 다문화 인식의 발달 단계를 설명한 머시(Mushi)에 따르면, 교사는 문화적 역량과 상호 문화적 의사소통 능력, 교수 전략을 통해 교실 내외의 문화적 다양성을 유지해야 한다. 머시(2004)는 예비교사의 다문화 역량 중 다문화 인식이 어떻게 변해 가는지를 〈표 8-2〉와 같

| 표 8-2 | 다문화인식 변화 단계 |

| 단계 | 단계별 의미 |
|---|---|
| 1. 개입단계 | 문화와 관련된 활동에 대한 인식이 없는 단계이다. 청소년지도사는 청소년의 다양성이나 민족적·문화적 배경의 차이를 언급하지 않는다. 게다가 교육과정에서 언급하는 문화도 특정 주류 문화만을 의미한다. |
| 2. 고립단계 | 청소년의 특정한 문화를 활동과 연관시킨다. |
| 3. 특별한 경우 단계 | 청소년지도사가 다루는 문화는 공휴일, 문화적 이벤트, 기념일 등 특별한 경우에만 국한되어 있다. |
| 4. 기회를 잡는 단계 | 이 단계에서 청소년은 청소년지도사에게 자신에 대한 표현할 기회를 갖게 되고, 교사는 나와 다른 문화적 가치나 문화적 개념에 대해 존중하고 중요하게 생각하게 된다. |
| 5. 문화와 문화를 연결하는 단계 | 다른 사람의 문화적 가치와 의미가 자신의 문화와 어떻게 다른지 비교한다. 지식과 기술, 가치, 믿음에 대한 차이점과 공통점이 어떻게 만들어지는지 사고한다. |
| 6. 개인과 공동체를 연결하는 단계 | 개인의 문화적 양산은 지역사회 내에서 가능하다. 이 단계는 어떻게 청소년의 문화적 가치가 효과적으로 기능하는가에 관한 것이다. 이 단계에서 청소년은 가정과 활동에서의 경험을 연결시킨다. |
| 7. 글로벌 인식 단계 | 세계의 부분으로서 추상적인 개념과 실천적 경험을 포함한다. 세계의 문화적 차이와 보편성을 알게 되는 단계이다. |
| 8. 개인과 글로벌 인식을 연결하는 단계 | 활동, 학교 및 사회에서의 문화적 차이에 대한 중요성을 인식한다. 세계 속의 자신을 인식하게 된다. |

*출처: Mushi (2004).

이 8단계로 설명하고 있다. 여덟 단계 중 첫 단계는 다문화역량에 대한 인식이 형성되어 있지 않은 경우인 개입단계이다. 또한 다문화역량에 대한 인식을 시작하는 경우 두 번째 고립단계, 세 번째 특별한 경우 단계, 네 번째 기회를 잡는 단계로 나누었다. 다문화역량에 대한 인식이 촉진되는 경우 다섯 번째 단계인 문화에서 문화로 전환되는 단계, 여섯 번째 개인에서 공동체로 전환되는 단계로 진행되었다. 마지막 다문화적 인식이 견고해지는 상황은 일곱 번째 단계인 글로벌 인식의 단계와 마지막 단계(여덟 번째 단계)인 개인과 글로벌 인식을 연결하는 단계로 나뉘어 있다.

티머버그(Timmerberg)는 문화적 역량을 성, 문화, 세대, 종교적 다양성 속에서 필요한 사회적 역량이라고 하였다. 또한 문화적으로 이질적인 다양한 사람과 더불어 살아가는 역량이라고 정의 내렸다(김영순, 2010). 이러한 점에서 청소년지도사는 청소년을 존중하고, 그들에게 봉사하는 마음을 가짐으로써 섬기는 리더십(servant leadership)을 발휘해야 하며, 모든 청소년을 공정하게 대해야 한다. 이것이 청소년지도사의 인격적 자질이며 윤리적 리더십의 원리로 설명할 수 있다(Northouse, 2001). 청소년지도사가 이러한 윤리적 리더십을 발휘할 때 청소년으로부터 신뢰를 받을 수 있고, 신뢰를 바탕으로 하는 청소년교류활동이야말로 효과적인 지도가 될 수 있다. 특히 청소년지도사는 청소년교류활동을 운영할 때, 자신의 사적인 이익이나 관심을 앞세우지 않아야 한다. 이러한 윤리적 리더십을 갖춘 청소년지도사는 청소년교류활동을 통하여 다문화청소년의 동기를 유발하고 지속시킬 수 있으며, 다문화청소년의 삶 가운데 조력자의 역할을 수행해 나갈 수 있다(임한나, 2016).

## 요약

1. 교류의 의미는 일반적으로 '인간들 사이에 시대적 조류를 따른 문화나 사상 등을 주고받는 교환 행위를 통하여 서로 사귀는 것'이라고 한다면, 청소년교류는 청소년이 중심이 되어서 여러 분야에서 이룩된 문화나 사상 따위의 성과나 경험 등을 나라 지역 개인 간에 서로 주고받는 것이다.

2. 「청소년 기본법」에서 정의한 청소년교류활동은 청소년이 지역 간, 남북 간, 국가 간의 다양한 교류를 통하여 공동체의식 등을 함양하는 체험활동을 의미한다. 특히 교류활동은 「청소년 기본법」에 의한 청소년 활동 중 하나로 정의 내리기도 한다.

3. 교류활동은 단순히 타 문화의 경험과 참여 위주로 진행되는 것이 아니라 학습효과를 창출할 수 있어야 한다. 즉, 청소년교류활동은 경험학습에 의해서 체계적인 적용과 관리가 필요하다.

제8장 청소년교류활동 지도

4. 교류활동을 진행하기 위해 공통적으로 이루어지는 추진체계는 경험학습모델을 근거로 한다.

5. 청소년교류활동은 각 기관별로 목적, 방법, 내용 면에 있어서 특색 있게 추진되고 있고, 교류 분야도 다양화되고 대상도 확대되는 추세를 보이고 있다. 이러한 청소년교류를 지도지원하기 위해서는 청소년교류활동에 대한 기준이 필요하다.

6. 청소년교류활동은 남북한 청소년교류활동, 국가 간 청소년교류활동, 지역 간 청소년교류활동으로 분류할 수 있다.

7. 청소년지도사가 어떤 지도방법을 적용하느냐에 따라 청소년에게 미치는 영향이 크게 달라질 수 있기 때문에 청소년지도사는 청소년과 상호작용을 효율적으로 이끌어 낼 수 있는 방법으로 청소년을 지도해야 한다. 이를 위해 청소년교류활동을 위한 청소년지도사는 사전 준비를 위해 청소년문화를 이해하는 것이 필요하고, 다문화 수용성 또는 감수성 등의 다문화 역량이 필요하다.

참고문헌

강인애 · 주현재(2009). 학습자 중심 교육의 의미에 대한 재조명: 현직교사들의 이해와 실천을 중심으로. 학습자중심교과교육 연구, 9(2), 1-34.

강재원(2017). 구성주의 이론에 입각한 학습 중심교육에 대한 연구. 현대영미어문학회 학술대회 발표논문집, 122-125.

김신아(2004). 세계윤리의식 함양을 위한 청소년 국제교류활동에 관한 연구. 서울대학교 대학원 석사학위논문.

김영순(2010). 다문화사회와 시민교육: 다문화역량을 중심으로. 시민인문학, 18, 33-59.

김옥순(2008). 한 · 중 예비교사들의 문화 간 감수성 비교연구. 비교교육연구, 18(1), 193-217.

김이선 · 최윤정 · 윤지소 · 이재경 · 문희영 · 이명진 · 양계민(2018). 2018년 국민 다문화수용성 조사. 서울: 한국여성정책연구원.

김주희 · 곽성현(2015). 청소년의 국제교류 참여효과에 대한 인식 연구. 한국과학예술포럼, 19, 231-242.

김창환 · 유시은 · 김윤영(2013). 남북청소년교류추진방향 연구. 서울: 한반도평화연구원.

나연희(2007). 청소년의 국제교류 참여현황 및 인식에 관한 연구. 전북대학교 대학원 석사학위논문.

박선영(2011). 해외 청소년국제교류활동 동향과 과제: 유럽연합을 중심으로. 청소년 국제교류 발전방안 워크숍 발표자료.

박숙경 · 김소희 · 오세정 · 강성모(2011). 청소년의 국제교류활동 참여효과에 대한 인식 연구. 세종: 한국청소년정책연구원.

박진규(2004). 우리나라 국제 청소년교류 현황과 교류유형 탐색에 관한 연구. 청소년학연구, 11(3), 471-506.

서지연(2003). 한 · 일 관계 발전을 위한 청소년 교류의 활성화 방안 연구. 동양대학교 대학원 석사학위논문.

안상수 · 민무숙 · 김이선 · 이명진 · 김금미(2012). 국민 다문화 수용성 조사 연구. 서울: 한국 여성정책연구원.

오해섭 · 김진호 · 우영주(2005). 국제청소년교류활동 평가체계 및 모형개발. 서울: 한국청소년 정책연구원.

우옥환(2008). 현장에서 요구하는 청소년지도사의 전문성과 역할. 한국청소년학회 학술대회, 2008(2), 1-19.

이용교(2013). 한일 청소년문화 교류의 실제와 발전방안. 글로벌청소년학연구, 3(2), 67-90.

이지은(2010). 청소년구제교류활동과 지구시민교육: 양천구 사례를 중심으로. 경희대학교 NGO대학원 석사학위논문.

이희승(1992). 국어대사전. 서울: 민중서림.

임한나(2016). 청소년지도사의 다문화교육 이해와 태도에 관한 연구. 문화교류연수, 5(1), 5-24.

정선영(2015). 수련활동 · 교류활동 문화활동 참여수준이 자기주도적 및 성인의존적 진로의 사결정태도에 미치는 영향: 중학생 시기와 고등학생 시기의 비교를 중심으로. 청소년시설 환경, 13(4), 56-66.

정하성 · 유진이 · 이장현(2007). 다문화 청소년 이해론. 경기: 양서원.

조영승(1999). 청소년교류의 정책모형 개발에 관한 연구. 서울: 문화관광부.

주영흠(2001). 서양교육사. 서울: 양서원.

한국청소년개발원(2004). **청소년지도방법론**. 서울: 교육과학사.

한현우·이병준(2011). 다문화역량 측정도구 개발 연구. **문화예술교육연구**, 6(2), 63-82.

Bhawuk, D., & Brislin, R. (1992). The measurement of intercultural sensitivity using the concepts of individualism and collectivism. *International Journal of Intercultural Relations, 16*(4), 413-436.

Fosnot, C. T. (1996). Constructivism: theory, perspectives, and practice. New York: Teachers College Press.

Mushi, S. (2004). Multicultural competencies in teaching: A typology of classroom activities. *Intercultural education, 15*(2), 179-194.

Northouse, P. G. (2001). *Leadership.* California: Sage.

Gollnick, D. M., & Chinn, P. C. (2012). **다문화교육개론**[*Multicultural education in a pluralistic society*]. 염철현 역. 파주: 한울아카데미.

Shuell, T. J. (1986). Cognitive conceptions of learning. *Review of Educational Research, 56*, 411-436.

Theuns, L. (1991). The Significance of Youth Tourism: Economic Dimensions. International Conferenceon Youth Tourism. New Delhi.

# 동아리활동 지도

학습개요

　　동아리활동의 개념 파악 및 지도방법은 청소년 동아리활동을 지도하는 데 있어 매우 중요
하다. 청소년지도자가 체계적이며 일관성 있게 동아리활동을 지도하기 위해서는 동아리활동
의 개념 파악을 통해 시작단계부터 종료단계에 이르기까지 지도과정을 세밀하게 구성해야 하
기 때문이다. 따라서 이 장에서는 준비, 실행, 평가에 이르는 과정을 통해 동아리활동을 체계
적으로 지도할 수 있는 매뉴얼을 살펴본다. 그리고 기획, 준비, 진행 및 평가 단계에 의해 운영
되고 있는 청소년동아리활동 사례들을 제시한다.

## 01 동아리활동의 개념

동아리는 "같은 뜻을 가지고 모여서 한패를 이룬 무리"(국립국어원 표준국어대사전)[1]라는 사전적 의미를 갖는 순우리말로서 "공통의 목적과 관심사에 의해 형성, 운영되는 작은 모둠"(허성욱, 2001)을 지칭한다. 한국청소년정책연구원(2011)은 동아리의 개념을 다음과 같이 설명하고 있다. 동아리란 "패를 이룬 무리"라는 사전적 의미를 갖는 우리말로 1980년대부터 대학가를 중심으로 기존의 서클(cirle)에 대한 순수한 우리말의 형태로 사용되기 시작하여 일반화된 용어이다.

청소년기의 동아리활동은 내재된 역동적 에너지를 긍정적으로 발산할 수 있는 기회가 되고, 동아리활동 경험은 문제해결 능력과 긍정적인 태도를 개발시켜 주며, 대인관계 기술을 길러 주어 자신의 잠재력을 최대로 발휘하도록 하는 원동력이 된다. 동아리활동은 청소년에게 자주적 · 합리적으로 사고할 수 있게 해 주며, 자발적 · 능동적으로 실천하여 모든 문제를 자율적으로 처리하는 데 도움이 된다. 또한 청소년의 소질을 신장하고, 창의력 계발에 도움이 되며, 개성 있는 인격형성을 도모한다(김한솔, 2018). 청소년 동아리활동은 사회적으로 경계하거나 금기하다가 1990년대 들어서 사회 전반적인 민주화의 진전에 따라 점차 활성화되었다. 특히 시민 참여와 권리에 대한 사회적 관심이 증가하면서 청소년참여의 개념이 확산되고 청소년의 주체적 · 자율적 자치활동의 중요성에 대한 인식이 증가하면서 청소년 동아리활동이 본격적인 관심을 받게 되었다(진은설 · 김도영 · 조영미 · 이혜경, 2019; 한국청소년개발원, 2004).

청소년이 참여하는 동아리활동의 대부분은 교내에서 이루어지고 있는 것으로 인식되고 있으나, 지역사회 자치기구와 청소년시설에서도 매우 활발하게 운영되고 있다. 일본의 경우, 동아리활동이 '고등학교 생활의 꽃'이라고 여길 만큼 다양성과

---

1) 국립국어원 표준국어대사전(https://stdict.korean.go.kr/2020. 02. 04. 검색)

역사성을 지니고 있다. 또한 명문 동아리가 그 학교의 전통으로 자리매김하면서 동아리 전국대회를 개최하기도 한다(달그락청소년과 정건희, 김민, 김세광 외, 2018).

청소년동아리활동의 개념을 살펴보면, "청소년 스스로가 선택하고 사회적·문화적으로 용납되어 형성된 또래집단 활동으로, 청소년의 끼, 재능, 진로, 가치관이나 사회적 문제의식 등을 공유하고 자기계발과 함께 협동심과 공동체의 성격을 지닌 활동이자, 자신의 진로를 탐색하고 준비하기 위한 활동"으로 공인된 학교 내 동아리 활동과 학교 외 동아리 활동 모두를 포함하는 개념이다(이승렬, 2013). 허성욱(2001)은 "자주적 활동으로서 취미나 소질, 가치관이나 문제의식 등을 공유하는 청소년들에 의해 자생된 자치활동이라 할 수 있으며, 자치적이며 지속적인 청소년 활동"을 의미한다고 하였고, 김성규(2010)는 '청소년 스스로 모인 자치모임'으로서 "청소년이 자발적인 모임을 통해 학교 내외에서 비슷한 취미나 적성, 가치관, 생각을 나누는 주체적 활동으로 청소년의 인성 발달, 창의성 발달 등의 능력을 배양할 수 있고 다른 사람들과 더불어 살아가는 데 필요한 의사소통, 갈등 조정 등 사회적으로 필요한 소양을 쌓을 수 있는 활동"으로 정의하였다.

따라서 청소년동아리활동에 대해 명확하게 합의된 개념은 없으나 다양한 학문적 논의들을 바탕으로 살펴볼 때, 청소년동아리활동이란 "교내외를 막론하고 취미나 적성, 가치관, 생각 등을 공유하는 청소년들에 의해 자생된 자치활동"이라고 정의할 수 있다. 즉, 청소년동아리활동은 취미나 소질, 가치관이나 문제의식 등을 공유하는 청소년에 의해 자발적으로 이루어지는 자치적이며 지속적인 청소년활동으로, 학교 중심의 동아리활동, 그리고 청소년수련관 및 청소년문화의집 등 학교 밖에서 행해지는 청소년 동아리활동까지를 모두 포함하는 개념으로 정의할 수 있다.

## 02 동아리활동 지도방법

동아리활동이 제대로 이루어지기 위해서는 동아리활동 운영지침에 근거한 운영을 해야 한다. 또한 지도자의 역할에 따라 동아리활동이 달라질 수 있어 지도에 대한 계획도 철저히 수립하는 것이 필요하다. 따라서 청소년동아리활동에 있어서 지도자의 역할은 매우 중요하다. 지도자는 청소년동아리활동 지도를 위해 기본적으로 숙지해야 할 내용을 확인하고 지도해야 한다. 동아리활동 운영지침, 청소년동아리 운영 시 지도자의 역할, 지도자가 청소년동아리활동 지도를 위해 숙지해야 할 내용, 그리고 청소년동아리활동의 지도체계에 대해 살펴보면 다음과 같다(여성가족부, 2012).

## 1) 동아리활동 운영지침

동아리활동 운영지침의 내용은 다음과 같다. 첫째, 동아리 구성원들 간 수평적·개방적 관계를 유지하면서 청소년 중심의 운영을 통해 자율성이 최대한 신장되도록 한다. 둘째, 동아리운영에 있어 민주적인 절차와 의사결정 및 재정의 투명성을 유지하면서 구성원의 진정한 참여가 이루어질 수 있도록 한다. 셋째, 학교 및 지역사회의 여건을 고려한 다양한 방식으로 운영될 수 있도록 하되, 동아리활동에 제약이 되는 조건이 있다면 이를 최소화시켜 자율성이 침해되지 않게 운영될 수 있도록 한다. 넷째, 동아리활동 활성화를 위하여 다양한 인적·물적 자원을 적극 활용할 수 있도록 하되, 가능하면 지역의 활용 가능한 자원들에 대하여 정확한 정보를 적극적으로 제공할 수 있도록 한다. 다섯째, 동아리활동을 활성화하기 위해 활동보고회, 콘서트, 전시회, 발표회, 봉사활동과 연계하는 방안 등 다양한 동아리활동의 장을 적극적으로 추진한다. 여섯째, 지역사회 시설과 인력을 적극 활용할 수 있도록 정보를 제공하고, 지원할 수 있는 다양한 방식을 동아리와 함께 고민할 수 있는 토론의 장을 적극적으로 추진한다. 일곱째, 동아리 실태조사를 정기적으로 실시하여 동아리활동 활성화를 위해 필요한 것들이 무엇인지 지속적으로 모니터링하고 필요한 지원들이 이루어질 수 있도록 추진하다.

## 2) 청소년동아리 운영 시 지도자의 역할

청소년동아리활동은 청소년활동 중에서도 자율성이 매우 중요한 활동이므로 지도자는 동아리 회원들의 자율성이 적절히 유지될 수 있도록 지도·지원해야 한다.

지도자의 역할에 대해 살펴보면 다음과 같다. 첫째, 동아리 구성원들이 스스로 결정한 사안에 대해서는 스스로가 책임질 수 있도록 한다. 둘째, 동아리활동을 통해 새로운 지식과 기술을 발전시킬 수 있도록 다양한 도전의 기회와 정보를 제공해야 한다. 셋째, 동아리 구성원들이 지역사회에 다양하게 참여할 수 있는 방법과 아이디어를 제공할 수 있어야 한다. 넷째, 동아리 구성원들과 지도자가 서로에게 종속되지 않도록 서로 간의 협력관계를 함께 논의할 수 있는 기회를 통해 진정한 파트너십 관계를 유지하도록 노력해야 한다. 다섯째, 동아리 활동을 통해 청소년 스스로가 하고자 하는 활동의 목표를 결정하고 이를 달성함으로써 성취감을 느낄 수 있도록 한다.

### (1) 동아리 구성원들 간의 갈등 발생 시 지도자의 역할

동아리 구성원들 간에 갈등이 생길 수 있는데, 이것은 지극히 정상적인 현상이다. 갈등은 동아리 구성원들 간에 의사소통이 원활하게 이루어지지 않았을 경우, 서로 다른 견해나 입장을 취하는 경우, 다른 가치관을 갖고 있거나 구성원들 간에 감정이나 가치관에 관련된 문제를 다루는 데 불안감을 느낄 경우 발생할 수 있다. 갈등을 적절하게 해결할 수 있다면 갈등 자체가 유익하고 창의적인 동아리활동으로 전환될 수 있지만, 그렇지 못한다면 갈등으로 동아리활동이 중단되거나 동아리 자체가 해체될 수 있기 때문에 지도자로서 동아리 구성원 간의 갈등관리는 매우 중요하다. 따라서 지도자는 동아리 구성원들이 갈등에 빠지지 않도록 도와야 한다.

동아리 구성원 간의 갈등이 발생했을 경우 지도자의 역할을 살펴보면 다음과 같다. 첫째, 갈등이 왜 일어났는지에 대해서 충분히 시간을 가지고 생각하고 토론할 수 있도록 해야 한다. 둘째, 동아리 구성원 각각의 입장이 무엇인지, 어떤 의견을 가지고 있는지 명확하게 얘기할 수 있도록 돕는다. 셋째, 동아리 구성원 간에 의견을 적극적으로 경청할 수 있도록 돕는다. 넷째, 동아리 구성원 간에 서로가 공감할 수 있는 것들을 찾을 수 있도록 돕는다. 다섯째, 만약 아주 심각하고 깊은 갈등이 일어났다면, 조급하게 해결책을 찾기보다는 동아리 구성원들에게 갈등을 해결할 수 있는 더 적절한 방법을 찾을 수 있도록 충분한 시간을 주는 것이 더 현명한 방법일 수 있다. 동아리 구성원 각자가 갈등 상황을 재조명해 봄으로써 새로운 접근법이나 해결책을 찾을 수도 있기 때문이다.

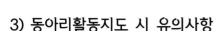

## 3) 동아리활동지도 시 유의사항

### (1) 동아리활동 지도 전 숙지사항

지도자가 청소년동아리활동을 지도하기 전에 숙지해야 할 내용은 다음과 같다. 첫째, 청소년 그 모습 그대로를 존중해야 한다. 둘째, 동아리 구성원이 잘못했을 때에도 청소년의 마음이 어떠한지를 먼저 살펴봐야 한다. 셋째, 동아리 구성원들이 공동으로 한 활동의 결과를 신뢰하고 과소평가하지 말아야 한다. 넷째, 청소년에게 권위를 내세우거나 권력을 행사하지 말아야 한다. 다섯째, 청소년의 인권을 침해하는 행위는 하지 말아야 하며, 청소년의 최상의 이익을 지키기 위해 행동해야 한다. 여섯째, 청소년의 이야기에 언제나 귀 기울이고 청소년과의 동등한 파트너십을 유지하기 위해 노력해야 한다. 일곱째, '청소년이 해결할 수 있다.'라는 생각으로 청소년 스스로가 해결할 수 있도록 필요한 모든 지원을 하기 위해 노력해야 한다. 여덟째, 활동에서 배제되거나 활동에 참여가 어려운 청소년이 없는지 관심을 가지고 지켜봐야 한다.

### (2) 동아리활동 활성화를 위한 숙지사항

지도자가 청소년동아리활동 활성화를 위해 숙지해야 할 내용은 다음과 같다. 첫째, 지도자의 반응에 따라 청소년의 분위기가 순응이나 반항쪽으로 갈리기도 하고 청소년의 기분이 만족이나 불만으로 나타나기도 한다. 따라서 지도자는 동아리 구성원들과의 협력관계에서 청소년의 과거 이야기나 먼 미래에 대한 이야기를 하기보다는 현재의 시점을 중심으로 이야기하는 자세가 필요하다. 또한 청소년을 있는 그대로 받아들이고 인정하는 태도가 필요하다. 그러기 위해서는 다음과 같은 마음가짐을 갖는 것이 중요하다.

지도자의 마음가짐

- 청소년의 주장이나 마음 상태를 있는 그대로 인정한다.
- 청소년의 지각을 부정하지 않는다.
- 청소년의 감정을 반박하지 않는다.
- 청소년의 소망을 부인하지 않는다.
- 청소년의 취향을 조롱하지 않는다.
- 청소년의 의견을 무시하지 않는다.
- 청소년의 개성을 경멸하지 않는다.
- 청소년의 인격을 훼손하지 않는다.
- 청소년의 경험에 대해 왈가왈부하지 않는다.

둘째, 동아리활동이 적절하게 이루어질 수 있도록 하기 위해서는 동아리 구성원 개개인 및 각자의 활동에 대한 지속적인 피드백이 이루어져야 한다. 청소년이 자발적으로 동아리를 구성했더라도 흥미가 떨어진 청소년의 탈퇴나 잦은 구성원 교체로 동아리활동이 중단되거나 동아리가 해체되는 일들이 발생할 수 있기 때문에 이를 최소화하기 위해서는 지도자의 지속적인 피드백이 중요하다. 이때 지도자가 어떻게 피드백을 하는지에 따라 동아리 구성원들의 동아리활동에 큰 영향을 줄 수 있다.

피드백을 제공할 경우 동아리 구성원들을 존중하는 마음을 갖고, 구성원들이 한 말이나 행한 일에 집중해야 한다. 서로 수평적인 관계에서 청소년이 중심이 되어 활동할 수 있도록 지도자는 최대한 지지자의 입장으로 청소년과 끊임없는 대화를 통해 그들의 의견 하나하나에 귀 기울여야 한다.

피드백 방법

- 지도자는 충분한 시간을 갖고 동아리 구성원들 스스로가 피드백할 수 있도록 돕는다.
- 동아리 구성원들이 자신의 의견을 즉각 피력하지 않고 피드백을 주의해서 들을 수 있도록 격려해야 한다.
- 지도자는 되도록 긍정적인 말을 사용해 피드백을 제공하도록 한다.
- 지도자는 동아리 구성원들을 존중하는 마음을 갖고, 경멸하는 말을 사용하지 말아야 한다.
- 동아리 구성원들 개개인에 대한 피드백보다 동아리활동 자체에 집중하여 피드백을 할 수 있도록 한다.
- 객관화시켜 말함으로써 동아리 구성원들이 참여한 활동에 대해 객관적으로 책임을 질 수 있도록 한다.
- 동아리 구성원들이 이러한 경험을 통해 배우며 지지받고 있다고 느끼도록 하여 실망하지 않도록 한다.

## 4) 청소년동아리활동 지도체계

지도자는 체계적이며 일관성 있게 동아리활동을 지도하기 위해서 시작단계부터 종료단계에 이르기까지 세밀하고 일관된 관점하에서 이를 기획하고 계획해야 한다. 여기서는 동아리 프로그램의 준비과정, 실행과정 및 평가과정에 이르는 체계를 통해 지도자 스스로 동아리활동을 체계적으로 수행할 수 있는 프로그램 매뉴얼을 제시한다. 첫째, 준비과정은 ① 청소년의 욕구파악과 계획수립, ② 동아리 홍보 및 설명회, ③ 개별 면담 , ④ 동아리 신청 접수의 절차로 진행된다. 둘째, 실행과정은 ① 동아리 발대식(오리엔테이션 및 인증식), ② 동아리 정기활동, ③ 외부 활동, ④ 활동의 결과물 발표회로 구성된다. 셋째, 평가과정은 동아리활동에 대한 평가계획, 평가회의 및 보고회의 절차를 따른다. 각 과정에 따른 자세한 내용은 다음과 같다. 여기에서 제시하는 내용과 표는 여성가족부(2012)의 '청소년동아리활동 운영매뉴얼(지도자용)'의 내용을 참조하였다.

## (1) 과정별 체계도

동아리 프로그램의 준비과정, 실행과정 및 평가과정에 이르는 체계도를 살펴보
면 〈표 9-1〉과 같다.

**표 9-1** 과정별 체계도

| 준비과정 | | | 실행과정 | | | 평가과정 | | |
|---|---|---|---|---|---|---|---|---|
| 홍보, 설명회, 접수 | | | 발대식, 정기 활동, 외부 활동, 발표회, 중간 점검 | | | 평가회의, 정산, 보고서 | | |
| 욕구파악, 계획수립 | 홍보, 신청 | 접수, 반영 | 준비 | 실행 | 중간 점검 | 평가계획 수립 | 평가 회의 | 정산 보고서 |
| ↑ | | | (환류 체계) | | | | | |

## (2) 과정별 세부 내용

동아리 프로그램의 준비과정, 실행과정 및 평가과정에 따른 세부 내용을 살펴보
면 〈표 9-2〉와 같다.

**표 9-2** 과정별 세부 내용

| 과정 | 구분 | 세부 내용 |
|---|---|---|
| 준비과정 | 욕구파악 | -욕구파악 실시(설문조사, 회의 등) |
| | 계획수립 | -연간계획서 작성 |
| | 홍보 | -홍보지 제작<br>-공문서 작성 및 발송 |
| | 설명회 | -연간 활동 및 계획 설명<br>-동아리 운영지침 설명 |
| | 면담 | -개별 동아리 신청 회원 면담<br>-단체 동아리 면담 |
| | 신청 | -신청서, 소개서 작성<br>-단체 동아리 연간계획서 작성 |
| | 접수 | -신청서, 연간계획서, 소개서 접수 |
| | 반영 | -전년도 실적 등 평가 반영 |

| | | |
|---|---|---|
| 실행과정 | 발대식 | -오리엔테이션 |
| | 정기 활동 | -회의(정기회의, 임시회의) |
| | | -친목활동(단합대회, 워크숍, 캠프) |
| | | -교육(소양교육, 기능교육) |
| | 외부 활동 | -외부 활동(공연, 봉사활동) 참가 |
| | 발표회 | -동아리연합회 발표회 |
| | | -개별 동아리 자체 발표회 |
| | 중간 점검 | -평가회의 |
| 평가과정 | 평가계획 수립 | -평가계획서 작성 |
| | 평가회의 | -평가회의 실시 |
| | 보고서 작성 | -동아리활동 정산 |
| | | -연간결과보고서 작성 |

*출처: 여성가족부(2012).

### ① 준비과정

준비과정은 욕구파악, 계획수립, 홍보, 설명회, 면담, 신청, 접수, 반영으로 구성
된다. 세부 내용은 〈표 9-3〉과 같다.

**표 9-3** 준비과정 세부 내용

| 구분 | | 개요 |
|---|---|---|
| 욕구<br>파악,<br>계획<br>수립 | 목표 | -동아리 회원들의 활동에 대한 욕구파악<br>-연간 동아리활동 계획 수립 |
| | 기간 | -1~2월<br>-소요시간: 욕구파악 2주, 계획수립 1주 |
| | 장소 | -소속 기관 |
| | 대상 | -동아리 |
| | 내용 | • 욕구파악<br>-욕구파악 실시: 설문지, 욕구 스티커판, 회장단 회의, 지도자 면담 등<br>• 계획수립<br>-연간계획서 작성 |
| | 준비물 | -회의록, 설문지, 우드락, 스티커, 노트북 등 |

| | | |
|---|---|---|
| 홍보,<br>설명회,<br>면담,<br>신청 | 목표 | −동아리 및 회원들에게 연간활동계획 설명<br>−개별 또는 동아리 대상 홍보 및 신청 |
| | 기간 | −2~3월<br>−소요시간: 홍보 1주, 설명회 1일(2시간), 면담 1일, 신청 1주 |
| | 장소 | −소속 기관 강당 외 |
| | 대상 | −동아리 회원 및 부모 |
| | 내용 | • 홍보<br>−동아리 접수 안내 홍보지 제작 및 배포<br>−동아리 접수 안내 공문 작성 및 발송<br>• 설명회<br>−연간 활동 계획 및 동아리 운영지침 설명<br>• 면담<br>−개별 동아리 회원 면담(모집 인원 대비)<br>−단체 동아리 면담(모집 동아리 대비)<br>• 신청<br>−개별 및 동아리 신청서 작성<br>−연간계획서 작성 |
| | 준비물 | −홍보지, 공문, 신청서, 소개서, 연간계획서, 면담기록지, 운영지침,<br>빔, 노트북 등 |
| 접수,<br>반영 | 목표 | −동아리 신청서, 연간계획서, 소개서 접수<br>−접수된 동아리 개별 회원 및 단체 선발 |
| | 기간 | −2~3월<br>−소요시간: 접수 2주, 반영 1주 |
| | 장소 | −소속 기관 |
| | 대상 | −동아리 회원 |
| | 내용 | • 접수<br>−개별 동아리 회원 접수: 신청서, 자기소개서<br>−단체 동아리 접수: 신청서, 동아리소개서, 연간계획서<br>• 반영<br>−동아리 실적 등 평가, 계획서 및 소개서 평가 |
| | 준비물 | −홍보지, 공문, 신청서 및 연간계획서 양식, 운영지침, 빔, 노트북 등 |

② 실행과정

실행과정은 발대식, 정기 활동, 외부 활동, 발표회, 중간 점검으로 구성된다. 세부 내용은 〈표 9-4〉와 같다.

**표 9-4** 실행과정 세부 내용

| 구분 | | 개요 |
|---|---|---|
| 발대식 | 목표 | −기관 동아리 구성원으로서의 소속감 고취<br>−건전한 동아리활동 장려 |
| | 기간 | −3월 중<br>−소요시간: 식전행사 1시간 30분, 발대식 1시간, 후속행사 1시간 30분 |
| | 장소 | −소속 기관 강당 또는 대강의실 |
| | 대상 | −동아리 회원 |
| | 내용 | • 식전행사<br>−축하공연, 안전교육, 특강(동아리활동, 진로, 자원봉사 등)<br>• 발대식<br>−소속기관 직원 소개, 동아리 활동 발표, 서약서 낭독 등<br>• 후속행사<br>−간식타임, 동아리별 자치모임, 평가회의 등 |
| | 준비물 | −진행물품, 단체 티셔츠, 구급상자 등 |
| 정기<br>활동 | 목표 | −회의를 통해 동아리 스스로 자율적 참여활동 도모<br>−동아리 간의 친교 형성 및 교류활성화 도모<br>−교육을 통해 건전한 동아리활동 장려 |
| | 기간 | −1~12월 연중 |
| | 장소 | −소속 기관 강당 및 연습실 외 |
| | 대상 | −동아리 |
| | 내용 | • 회의<br>−정기회의, 임시회의<br>• 친목활동<br>−단합대회(체육대회 등), 워크숍(캠프 등)<br>• 교육<br>−소양교육(청소년동아리활동, 자원봉사, 진로 등)<br>−기능교육 |
| | 준비물 | −진행물품, 단체 티셔츠, 구급상자 등 |

**제9장 동아리활동 지도**

| | | |
|---|---|---|
| 외부<br>활동 | 목표 | −동아리활동의 동기유발 촉진<br>−축제 및 대회 참여를 통해 동아리 역량 향상 |
| | 기간 | −1~12월 연중 |
| | 장소 | −행사장 |
| | 대상 | −동아리 |
| | 내용 | • 찬조 및 봉사공연<br>−공연동아리(공연 참가), 비공연동아리(전시, 체험부스 운영 등)<br>• 대회<br>−공식대회(정부부처 및 지방자치단체 대회 등)<br>−지역대회(기관 및 학교 대회 등) |
| | 준비물 | −의상 및 소품, 대회참가에 필요한 각종 물품, 기타 물품 등 |
| 발표회 | 목표 | −동아리활동의 동기유발 촉진<br>−공연을 통한 동아리 역량 향상 |
| | 기간 | −1~12월 연중 |
| | 장소 | −공연장 외 |
| | 대상 | −동아리 |
| | 내용 | −동아리 연합발표회, 개별 동아리 발표회 |
| | 준비물 | −의상 및 소품, 기타 물품 등 |
| 중간<br>점검 | 목표 | −동아리 활동 평가회의를 점검 및 보완 |
| | 기간 | −활동 실시 후 즉시 |
| | 장소 | −세미나실 등 |
| | 대상 | −활동 참여 동아리 및 회원 |
| | 내용 | −발대식, 정기 활동, 외부 활동, 발표회 후 평가회의 |
| | 준비물 | −빔, 노트북, 회의록 등 |

③ 평가과정

평가과정은 평가계획 수립, 평가회의, 보고서 작성으로 구성된다. 세부 내용은
〈표 9-5〉와 같다.

**표 9-5** 평가과정 세부 내용

| 구분 | | 개요 |
|---|---|---|
| 평가<br>계획<br>수립 | 목표 | -종합평가를 통한 내년도 계획 수립<br>-동아리 전체 활동(사업) 및 개별 동아리 평가 실시 |
| | 기간 | -12월말 |
| | 장소 | -소속 기관 회의실 외 |
| | 대상 | -활동 참여 동아리 및 회원 |
| 평가<br>회의<br><br><br>보고서<br>작성 | 내용 | • 평가계획 수립<br>-평가계획서 작성: 동아리 전체 활동 및 개별 동아리 평가<br>-평가 설문지 작성<br>• 평가회의<br>-평가회의: 동아리 전체 활동 평가, 개별 동아리 평가<br>-평가 설문지 작성 및 분석<br>• 보고서 작성<br>-동아리 활동 정산<br>-동아리 활동 결과보고서 작성 |
| | 준비물 | -빔, 노트북, 회의록 등 |

## 03  동아리활동 지도의 실제

청소년동아리활동 중에서 기획, 준비, 진행 및 평가 단계에 의해 운영되고 있는 사례들을 다음과 같이 제시한다. 소개된 청소년동아리 우수사례는 청소년수련시설에서 운영하고 있는 청소년동아리활동 가운데 기획, 준비, 진행 및 평가단계와 지역자원의 활용 등 지역과 연계하여 우수하게 운영되고 있는 사례이다. 군포시당동청소년문화의집에서 운영하는 자원봉사동아리 '이끌림'과 동네프로젝트 기획단은 지역사회기반 동아리활동 우수사례이며, 홍은청소년문화의집에서 운영하는 청사초롱(문화재지킴이-과거와 현재, 현재에서 미래로), 뛰뛰빵빵(빵을 통해 세대를 뛰어넘는 사랑의 띠), 제설자원봉사단(지역사회에서의 책임과 의무), 북한산 생태환경지킴이(더 큰 시민으로 자라나기) 동아리는 기획동아리 우수사례이다. 사례를 통해 청소년동아리활동지도자들이 동아리활동 프로그램 운영 시 참조·활용할 수 있도록 하였다. 여기에서 제시하는 내용과 표는 여성가족부(2012)의 '청소년동아리활동 운영매뉴얼(지도자용)'의 내용을 참조하였다.

## 1) 지역사회 기반 동아리활동 우수사례

지역사회 동아리활동은 지역사회 안에서 지역 주민과 나누고 함께할 수 있는 활동에 기반을 둔 것을 의미한다. 일반적으로 기자단동아리의 경우 지역사회의 다양한 정보를 취재하고 알리는 활동을 한다. 하지만 지역 주민을 대상으로 서비스를 제공할 수 있는 전문교육을 받고 봉사활동과 연계하는 동아리, 벽화 그리기나 놀이터 미화 작업, 마을축제 참여 등과 같은 지역사회에 적극 참여하는 동아리활동은 청소년동아리활동에 대한 사회적 인식 제고에 크게 기여하고 있다. 이러한 지역사회 기반 동아리활동 우수사례로서 군포시당동청소년문화의집에서 운영하는 자원봉사동아리 '이끌림'과 동네프로젝트 기획단 사례를 제시한다.

### (1) 자원봉사동아리 '이끌림'

2010년 활동을 시작한 동아리로 봉사활동을 위한 기본소양교육 및 전문교육을 받고 지역에서 필요로 하는 다양한 활동을 실시하는 특징이 있다. 2011년의 경우 무료급식소 환경미화, 마을벽화 그리기, 농촌 일손돕기 등을 실시하였고, 특히 동네 어르신과 함께 어울리고 즐길 수 있는 윷놀이 대회를 하거나 청소년문화의집 주변 상점의 간판(혹은 문패)을 만들어 지역 살리기에 도움이 되는 각종 봉사활동을 진행했다. 이로 인해 청소년동아리활동에 대한 지역 주민의 긍정적인 인식 확산에 크게 기여할 수 있었다.

### (2) 동네프로젝트

동아리청소년이 스스로 지역사회를 행복한 공간으로 만들 수 있는 창의적인 아이디어를 나누고 지역 주민과 토론 등 다양한 형태로 소통하여 지역 네트워크를 형성하는 동네프로젝트는 2010년부터 활동을 시작하였다. 지역주민과 청소년이 마을 살리기를 위한 대책을 함께 논의하고, 청소년 스스로가 지역의 행사를 위한 다양한 프로젝트를 기획·운영하는 과정을 통해 만족감과 교육적 효과를 얻을 수 있었다.

## (3) 동아리운영 과정별 내용

동아리운영 과정별 세부 내용은 〈표 9-6〉과 같다.

**표 9-6** 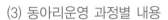 **동아리운영 과정별 내용**

| 과정 | 세부 내용 | |
|---|---|---|
| 구분 | 이끌림 | 동네프로젝트 |
| 기획 | 추진 내용: 지역사회 주요 이슈 확인<br>특이 사항: 필요 시 봉사활동 대상기관, 협력단체 등과 사전교류 실시 | |
| 준비 | 추진 내용: 동아리 신규 단원 모집 | |
| 실행 | 〈추진 내용〉<br>-정기모임: 정기회의, 일일지킴이 활동 등<br>-전문교육: 폼아트, 목공예, 초크아트, 발마사지 교육 등<br>-봉사활동: 간판 및 문패 나눔 봉사, 무료급식소 환경미화, 농촌 일손돕기, 어르신 윷놀이 대회 등<br>〈특이 사항〉<br>-정기모임을 통해 봉사활동 주제를 정하고 그에 따른 전문교육 실시<br>〈운영 팁〉<br>-동아리 구성원 스스로가 지역에 필요한 봉사활동 거리를 고민할 수 있도록 독려<br>-봉사활동 전에 봉사대상 기관과의 충분한 협의과정을 거칠 수 있도록 함 | 〈추진 내용〉<br>-정기모임: 정기회의<br>-기획회의: 지역 주민과의 회의<br>-공공디자인 활동: 당동일대 벽화 그리기, 축제 전야제를 위한 환경미화 등<br>-동네축제 운영<br>〈특이 사항〉<br>-마을 살리기와 축제를 위한 준비과정에 마을 주민과의 협의과정을 충분히 거침<br>〈운영 팁〉<br>-축제 운영 과정에는 기관 내 동아리연합회를 활용하여 여러 동아리의 공연 및 전시회 등의 활동을 할 수 있도록 연계 |
| 평가 | 〈추진 내용〉<br>-개별 프로젝트 후에 평가회의 진행함<br>-연말에 총괄평가회의를 운영함<br>〈특이 사항〉<br>-지역 주민과 연계한 평가 및 환류체계를 구축함 | |

(4) 성과 및 유의점

① 청소년의 지역애착심 증진

자신의 살고 있는 지역에 대해 고민하고, 다양한 활동을 기획·실천하는 과정을 통해 지역에 대한 애착심이 높아졌다. 특히 소득 수준이 낮은 지역에 대한 부정적 인식을 긍정적으로 변화하는 데 큰 도움이 되었다.

② 청소년동아리활동에 대한 인식 제고

청소년이 지역사회의 변화를 위해 노력하는 모습을 지켜본 지역 주민의 청소년 활동, 동아리활동에 대한 긍정적인 인식이 확산되었다. 처음에는 청소년의 방문을 귀찮아하거나 불편해하던 지역 주민도 점차 적극적으로 협조하였다. 또한 동아리 뿐만 아니라 청소년문화의집의 다양한 행사 및 프로그램에도 관심을 높이는 효과를 제공하였다.

③ 지역적 특성에 대한 고찰 및 지역주민과의 연계 필요

지역사회 연계활동은 해당 지역의 특성을 충분히 고찰하는 과정이 필요하다. 예를 들어, 정치적·경제적 현실뿐만 아니라 복지시설의 규모, 관공서의 위치, 지역 내 이슈 등 다양하고 구체적인 정보를 습득하고 청소년(동아리)활동과 접목할 수 있는 접점을 찾는 것이 매우 중요하다. 이러한 과정에서 지역 주민이나 지역 내 시민단체 등과 연계하여 추진하는 것이 효과적이다.

## 2) 기획동아리활동 우수사례

기획동아리는 지역사회단체나 청소년기관에 의해서 조직되어 활동하는 동아리로서 참여청소년의 균형 있는 성장과 교육적 효과를 기대할 수 있는 특징이 있다. 기획동아리활동 우수사례로서 홍은청소년문화의집에서 기획하여 운영하고 있는 동아리활동들을 제시한다.

### (1) 청사초롱(문화재지킴이—과거와 현재, 현재에서 미래로)

문화재를 통해 시대와 시대가 어떻게 이어지고 있는지 그 의미를 생각해 보고, 다음 세대에 현재의 문화유산을 어떻게 물려줄 것인가를 고민하는 동아리활동으로 지역 내에 있는 다양한 문화재를 알아보고, 문화재 모니터링, 환경정화활동, 캠페인활동 등 문화재에 대한 인식 제고와 함께 환경 개선을 추진하는 동아리활동이다. 이를 통해 지역의 역사적 의미와 가치를 발견하게 되고 그 지역에 머무르고 싶은 마음, 즉 정주의식도 갖게 한다.

### (2) 제설자원봉사단(지역사회에서의 책임과 의무)

비교적 가파른 경사로가 많은 지역의 특성을 고려하여 기획된 동아리활동이다. 폭설 이후에 대부분의 제설작업을 성인들이 하는 모습을 보면서 청소년도 참여와 권리뿐만 아니라 지역사회의 일원으로서 책임과 의무를 겸할 수 있도록 하기 위해 조직된 제설자원봉사동아리활동이다. 주민자치센터에서 제설작업을 위한 물적자원을 지원받아 지역사회에서 일정 구역의 제설작업을 맡아서 진행하였다.

### (3) 북한산 생태환경지킴이(더 큰 시민으로 자라나기)

북한산 자락에 위치한 기관의 특성과 세계시민으로서 해결해야 할 전 지구적 문제의 하나인 환경문제를 연계하여 진행하는 동아리활동이다. 북한산국립공원관리공단 등과 연계하여 환경에 대한 교육, 생태계지도 이해, 외래종식물 제거, 환경미화활동, 캠페인 활동 등을 펼친다. 세계시민으로 성장하기 위해서 갖춰야 할 역량을 지역사회 내에서 소재를 찾아 발전시켰다.

### (4) 뛰뛰빵빵(빵을 통해 세대를 뛰어넘는 사랑의 띠)

지역사회 내의 다양한 세대의 구성원들과 만나고 교류하는 동아리활동으로 매주 청소년들이 쿠키와 빵을 만들어 지역사회의 독거노인에게 편지와 함께 전달하거나, 노인전문요양센터에 있는 중증장애 노인을 찾아가 안마하기, 말벗하기 등의 활동을 통해 다른 세대에 대해 이해하고 궁극적으로 세대통합을 이루기 위해 실시한 동아리활동이다.

(5) 동아리운영 과정별 내용

동아리운영 과정별 세부 내용은 〈표 9-7〉과 같다.

**표 9-7  동아리운영 과정별 내용**

| 과정 | 세부 내용 |
|---|---|
| 기획 | −지역 및 기관 분석(물리적 · 환경적 · 인구사회학적 요인 등)<br>−유사 기관 및 지역 내 타 기관의 청소년동아리활동 자료 분석<br>−청소년정책 및 사회적 요구 등에 대한 자료 수집<br>−학교 및 청소년기관(청소년문화의집, 청소년수련관 등) 방문<br>−청소년과 학부모 등을 대상으로 면접 및 관찰조사<br>−지역 청소년의 특성 및 생활패턴에 맞는 소재 파악<br>〈운영 팁〉 타 기관 및 유사 사례분석 시 동아리활동의 방식 · 내용 · 소재 등을 구분하여 접근하는 것이 바람직함 |
| 준비 | −기획동아리별 담당지도자 배정 및 사업추진계획 수립<br>−동아리 모집 홍보 실시(SNS, 문자, 홈페이지, 전단지 등)<br>−시설 이용자를 중심으로 집중 홍보(지역 참여형 동아리 등)<br>−활용 가능한 자원의 확보 및 연계 방안 모색(교육 및 체험을 위한 관련 단체 및 기관과의 연계)<br>−대학생지도자 및 실습지도자 연계<br>−예산의 배정 및 외부 예산 펀딩작업<br>〈운영 팁〉 시설이 가지고 있는 이용자 데이터베이스를 적극 활용하고, 학교별 해당 분야 동아리가 있을 시 연계하여 활용 |
| 실행 | −동아리연합 발대식을 기점으로 본격 활동 실시<br>−청소년과 지도자가 일정 및 추진방법 등 논의<br>−초기 과정에서 활동의 방향성과 정체성에 대한 논의<br>−외부 자원을 연계한 강의 및 체험 등 진행<br>−온라인상의 커뮤니티를 구성하여 구성원 간 공유<br>−동아리별 해당 전문 분야 기관 등과 연계하여 활동영역 확장<br>〈운영 팁〉 다양한 공모사업 및 지원 프로그램을 적극적으로 활용할 필요 있음 |
| 평가 | −정기적인 활동일지 작성 및 확인<br>−회기별 담당 직원의 활동 결과보고서 작성 및 보고<br>−평가에 따른 결과를 다음 활동에 반영할 수 있는 방안 모색<br>−활동 사진과 결과물 정리 및 보관<br>−활동의 결과를 지역사회와 공유하고 뉴스레터 등을 통해 홍보 |

(6) 성과 및 유의점

홍은청소년문화의집 청소년동아리의 특징은 기관의 기획에 의해 동아리가 조직되고 운영되고 있다는 점이다. 이는 청소년동아리가 자율적 참여에 의한 활동이라는 점에서 일반적인 동아리의 운영 형태와 상반되는 것으로 여겨질 수도 있으나, 특수한 상황에서 제한적인 지도자의 개입은 청소년동아리활동의 정체성을 훼손한다고 볼 수 없다. 이에 청소년문화의집에서는 지역이 가지고 있는 물리적 · 환경적 · 경제적 요인 등 다양한 자료수집 및 분석, 대상자 관찰, 면접 등을 파악하고 이를 기관운영의 전체적인 시각과 접목하여 청소년동아리를 조직하여 운영하고 있다.

### ① 신생기관 또는 동아리활동이 미흡한 기관에 적합

기획동아리 운영은 신생기관이나 동아리활동이 미흡한 기관에 적합한 모델이다. 기관 운영의 초기과정에서 해당 기관의 방향성을 알리는 측면에서도 효과적이다. 기관과 청소년과의 관계 형성이 충분하지 않아 자발적 참여를 위한 충분한 분위기가 형성되지 않았을 경우 적합하다. 청소년 프로그램 개발에서 사용되는 청소년(학습자) 중심의 기술적 요구와 지도자 중심의 규범적(전문가)요구의 측면에서 볼 때, 규범적 요구에 해당하는 기획중심의 동아리활동은 해당 기관의 청소년에게 필요한 역량 등을 파악하여 동아리를 모집하고 운영하는 방식이다.

### ② 지역특화형 청소년활동으로 성장 가능

기획동아리 운영 방식은 기관이 속한 지역의 지리적 · 환경적 · 사회경제적 요인을 분석하여 접근함으로써 지역특화형 청소년활동으로 성장할 수 있다. 이는 청소년문화의집이 읍 · 면 · 동 단위로 설치되어 청소년활동을 추진하도록 한 법적 근거에도 부합되며 청소년수련관과 비교하여 설명할 수 있는 운영 방식이기도 하다. 이러한 청소년동아리활동은 청소년 자신의 성장과 더불어 지역사회의 변화와 성장을 도모하기도 하고, 지역사회 내 청소년의 위상과 긍정적 이미지를 제고한다는 점에서 매우 유의미하다.

③ 지속 가능한 청소년동아리활동 추진

청소년동아리활동에서 중요한 점은 지속 가능한 활동이어야 한다는 것이다. 이를 위해서는 지역사회에서 쉽게 접할 수 있는 요인 · 소재 · 요구를 파악하여 동아리를 모집 · 운영할 필요가 있다. 또한 기관이 가지고 있는 다양한 인적 · 물적 자원, 공간 자원 등을 활용하여 동아리활동을 지원함으로써 지속적인 활동이 이루어질 수 있는 토대를 마련할 필요가 있다.

④ 충분한 예산과 지도자의 확보 필요

기획동아리는 충분한 예산과 지도자의 확보를 필요로 한다. 이는 청소년에게 필요한 교육 및 다양한 체험의 기회를 제공해야 하기 때문이다. 예를 들어, 평소 문화재에 관심이 많은 청소년보다 문화재 보호에 대한 필요성을 이제 막 인식하기 시작한 청소년은 더 많은 교육과 체험의 기회가 필요하기 때문이다. 또한 동아리활동의 방향성을 지속적으로 주지시켜야 하며 일정한 수준의 단계에 이르기까지 많은 관심과 지원이 있어야 한다. 기획동아리 운영은 일종의 인큐베이팅 방식과 흡사하다. 따라서 기획동아리 운영에 있어서 지도자의 역할은 매우 중요하다. 기획동아리는 지도자의 수에 비례하기 때문에 충분한 지도자의 확보가 되지 않으면 기하급수적인 성장이 어렵고 일정한 수에 이르면 성장이 정체되는 측면이 있다.

**요약**

1. 청소년동아리활동이란 "교내외를 막론하고 취미나 적성, 가치관, 생각 등을 공유하는 청소년들에 의해 자생된 자치활동"이라고 정의할 수 있다. 즉, 청소년동아리활동은 취미나 소질, 가치관이나 문제의식 등을 공유하는 청소년들에 의해 자발적으로 이루어지는 자치적이며 지속적인 청소년활동으로, 학교중심의 동아리활동, 그리고 청소년수련관, 청소년문화의집 등 학교 밖에서 행해지는 청소년 동아리활동까지를 모두 포함하는 개념이다.

2. 청소년동아리 운영에 있어 지도자의 역할은 다음과 같다. 첫째, 동아리 구성원들이 스스로 결정한 사안에 대해서는 스스로가 책임질 수 있도록 한다. 둘째, 동아리활동을 통해 새로운 지식과 기술을 발전시킬 수 있도록 다양한 도전의 기회와 정보를 제공해야 한다. 셋째, 동아리 구성원들이 지역사회에 다양하게 참여할 수 있는 방법과 아이디어를 제공할 수 있어야 한다. 넷째, 동아리 구성원들과 지도자가 서로에게 종속되지 않도록 서로 간의 협력 관계를 함께 논의할 수 있는 기회를 통해 진정한 파트너십 관계를 유지하도록 노력해야 한다. 다섯째, 동아리 활동을 통해 청소년 스스로가 하고자 하는 활동의 목표를 결정하고 이를 달성함으로써 성취감을 느낄 수 있도록 한다.

3. 동아리 구성원 간의 갈등이 발생했을 경우 지도자의 역할은 다음과 같다. 첫째, 갈등이 왜 일어났는지에 대해서 충분히 시간을 가지고 생각하고 토론할 수 있도록 해야 한다. 둘째, 동아리 구성원 각각의 입장이 무엇인지, 어떤 의견을 가지고 있는지 명확하게 얘기할 수 있도록 돕는다. 셋째, 동아리 구성원 간에 의견을 적극적으로 경청할 수 있도록 돕는다. 넷째, 동아리 구성원 간에 서로가 공감할 수 있는 것들을 찾을 수 있도록 돕는다. 다섯째, 만약 아주 심각하고 깊은 갈등이 일어났다면, 조급하게 해결책을 찾기보다는 동아리 구성원들에게 갈등을 해결할 수 있는 더 적절한 방법을 찾을 수 있도록 충분한 시간을 주는 것이 더 현명한 방법일 수 있다. 동아리 구성원 각자가 갈등 상황을 재조명해 봄으로써 새로운 접근법이나 해결책을 찾을 수도 있기 때문이다.

4. 지도자가 청소년동아리활동을 지도하기 전에 숙지해야 할 내용은 다음과 같다. 첫째, 청소년 그 모습 그대로를 존중해야 한다. 둘째, 동아리 구성원이 잘못했을 때에도 청소년의 마음이 어떠한지를 먼저 살펴봐야 한다. 셋째, 동아리 구성원들이 공동으로 한 활동의 결과를 신뢰하고 과소평가하지 말아야 한다. 넷째, 청소년에게 권위를 내세우거나 권력을 행사하지 말아야 한다. 다섯째, 청소년의 인권을 침해하는 행위는 하지 말아야 하며, 청소년의 최상의 이익을 지키기 위해 행동해야 한다. 여섯째, 청소년의 이야기에 언제나 귀 기울이고 청소년과의 동등한 파트너십을 유지하기 위해 노력해야 한다. 일곱째, '청소년이 해결할 수 있다.'라는 생각으로 청소년 스스로가 해결할 수 있도록 필요한 모든 지원을 하기 위해 노력해야 한다. 여덟째, 활동에서 배제되거나 활동에 참여가 어려운 청소년이 없는지 관심을 가지고 지켜봐야 한다.

5. 지도자가 청소년동아리활동 활성화를 위해 숙지해야 할 내용은 다음과 같다. 첫째, 지도자의 반응에 따라 청소년의 분위기가 순응이나 반항쪽으로 갈리기도 하고 청소년의 기분이 만족이나 불만으로 나타나기도 한다. 따라서 지도자는 동아리 구성원들과의 협력관계에서 청소년들의 과거 이야기나 먼 미래에 대한 이야기를 하기보다는 현재의 시점을 중심으로 이야기하는 자세가 필요하다. 또한 청소년을 있는 그대로 받아들이고 인정하는 태도가 필요하다. 둘째, 동아리활동이 적절하게 이루어질 수 있도록 하기 위해서는 동아리 구성원들 개개인 및 각자의 활동에 대한 지속적인 피드백이 이루어져야 한다. 청소년이 자발적으로 동아리를 구성했더라도 흥미가 떨어진 청소년의 탈퇴나 잦은 구성원 교체로 동아리활동이 중단되거나 동아리가 해체되는 일들이 발생할 수 있기 때문에 이를 최소화하기 위해서는 청소년지도자의 지속적인 피드백이 중요하다.

6. 지도자는 체계적이며 일관성 있게 동아리활동을 지도하기 위해서 시작단계부터 종료단계에 이르기까지, 즉, 준비·실행·평가 과정에 이르는 체계를 통해 동아리활동을 지도해야 한다. 첫째, 준비과정은 청소년의 욕구파악과 계획수립, 동아리 홍보 및 설명회, 개별 면담 및 동아리 신청 접수의 절차로 진행된다. 둘째, 실행과정은 동아리 발대식(오리엔테이션 및 인증식), 동아리 정기활동, 외부 활동 및 활동의 결과물로서 발표회로 구성되어 있다. 셋째, 평가과정은 동아리활동에 대한 평가계획, 평가회의 및 보고회의 절차를 따른다.

 참고문헌

김성규(2010). 동아리활동이 청소년들의 자아존중감과 교우관계에 미치는 영향. 경운대학교 대학원 석사학위논문.

김한솔(2018). 청소년 자율동아리활동 참여특성에 따른 청소년활동 핵심역량 차이분석. 광운대학교 대학원 석사학위논문.

달그락 청소년과 정건희·김민·김세광·이용교·정은균(2018). 청소년이 상상하는 행복한마을. 전북: 진포.

여성가족부(2012). 청소년수련시설 청소년동아리 활성화를 위한 운영모델 및 매뉴얼 개발연구-청소년동아리활동 운영매뉴얼(지도자용)-. 서울: 여성가족부.

이승렬(2013). 청소년의 동아리 활동과 진로관련 요인에 관한 연구. 경기대학교 대학원 박사
　　학위논문.

진은설 · 김도영 · 조영미 · 이혜경(2019). **청소년활동론**. 서울: 학지사.

한국청소년개발원(2004). **청소년학용어집**. 서울: 한국청소년개발원.

한국청소년정책연구원(2011). **청소년동아리활동 인증방안 연구**. 세종: 한국청소년정책연구원.

허성욱(2001). 한국과 중국의 청소년동아리활동에 관한 연구. 명지대학교 대학원 박사학위
　　논문.


국립국어원 표준국어대사전 https://stdict.korean.go.kr/

제10장

청소년참여활동 지도

청소년참여에 대한 확대 논의는 다양한 영역에서 중점적으로 다뤄지고 있다. 이는 청소년이 미래사회를 준비하는 정책 대상자에서 현재 사회의 중요한 정책을 함께 결정하는 정책 결정자로서의 역할로 변화되고 있다는 것이다.

청소년이 참여하는 활동인 청소년참여활동은 실천적 행위로서 청소년이 자발적으로 선택한 행위적 활동에 다른 사람과 소통을 하거나 자신의 의사를 표현하기 위한 구체적 행위이다. 이때 청소년지도사는 청소년과 함께하며 청소년의 전인적이며 균형적인 성장을 촉진하고 지지하는 역할을 담당한다.

청소년참여활동 중 청소년은 청소년정책의 전달이나 시혜적인 대상에서 정책과정에서 주체로 나아가고 있다. 이에 청소년정책의 효과적인 시행과 미래지향적인 변화를 위해 청소년지도사의 역할도 함께 강조되어야 한다. 청소년지도사는 다양한 청소년현장에서 풍부한 경험과 청소년에 관한 특화된 전문지식과 기술을 갖고 있다. 따라서 청소년지도사는 청소년정책의 주요 영역과 실천단계에 직접적으로 관련되어 있다.

이 장에서는 청소년참여활동을 지도하기 위한 청소년참여활동에 대한 이해와 청소년참여활동 지도를 위한 청소년참여활동의 유형을 설명하고, 청소년참여활동 지도를 위한 전문가로서의 지도방법의 이해를 돕고자 한다.

## 01  청소년참여활동의 이해

### 1) 청소년참여활동의 개념

청소년참여는 일반적으로 청소년이 자신의 삶에 영향을 미치는 의사결정 과정에 주체적으로 참여하여 영향력을 행사하는 활동을 의미한다. 특히 청소년참여에 대한 선행연구에서는 공통적으로 청소년이 자신의 판단에 따라 주체적으로 참여하고 의사결정 과정을 공유하며 이를 통해 자신과 자신이 속한 지역사회·기관·시설에 영향을 미쳐 변화를 가져온다는 점을 포함하고 있다(최창욱·전명기·김윤희, 2013). 청소년참여는 청소년에게 영향을 미치는 정책·사업·의사결정 및 지원을 통제하는 과정이고, 청소년이 자신들의 삶에 영향을 미치는 의사결정 과정에 참여하고 영향을 주며, 청소년이 관심을 가지는 문제에 대하여 행동할 수 있도록 권한 및 권리를 주는 활동이다(Benjamin, Jennifer, & Milbrey, 2002). 우리나라에서는 2005년 청소년위원회가 청소년참여에 대해서 청소년의 기여, 아이디어, 에너지로부터 청소년과 지역사회가 모두 이득을 얻을 수 있는 것으로 설명하였다.

청소년참여는 복잡한 개념이기는 하지만, 분명한 것은 참여가 자문(consultation)과는 다른 의미를 갖고 있다는 점이다(Hill, Davis, Prout, & Tisdall, 2004). 청소년참여는 개입(involvement)과 임파워먼트(empowerment)와 비슷한 의미로 사용하기도 한다. 개입은 청소년이 관심과 책임감을 느끼고 있으나 성인이 통제권을 가지고 있는 경우를 의미하는 반면, 참여는 실제 행위를 수반하며 청소년 스스로 통제한다는 점에서 다르다. 또한 개입은 참여의 한 형태로서 청소년 서비스 제공기관이나 행정기관 등에서 청소년 참여과정을 주도하는 경우를 의미한다는 점에서 차이가 있다(천정웅, 2011)

또한 비슷한 의미로 임파워먼트는 청소년 개인의 자율성과 시민적 권리를 강조한다는 점에서 청소년참여와 비슷하다. 그러나 청소년참여가 주어진 환경 내에서 청소년의 의사결정 권한을 증진하는 데 초점을 두는 데 비해, 임파워먼트는 청소년의 사고능력 개발과 집단의식을 증진해 문제에 대응하도록 하는 데 더욱 관심을 갖기 때문에 이러한 점이 차이가 있다(강현아·김희숙·신원영·장승원, 2006).

청소년참여는 청소년이 능동적으로 자신의 생활환경에 참여하는 기회(Winter, 1997)이며, 자신이 살고 있는 지역사회에 영향을 주는 의사결정을 공유하는 과정(Hart, 1997)으로 정의되기도 한다. 체코웨이(Checkoway, 1998)는 참여(participation)를 "자신의 삶에 영향을 미치는 의사결정과 구조에 자신이 개입하는 것"이라 정의하고 있으며 주도성(initiatives)으로 참여를 파악하고자 하였다. 청소년을 희생자, 병리적 집단으로 간주하는 것을 비판하고 '유능한 지역사회의 구축자'라는 대안을 제시하면서 청소년의 주도성이 청소년에게 실질적인 도움을 제공할 수 있다고 보았다(Checkoway, 1998).

우리 사회에서는 1980년대 후반 민주주의 발전의 성과로 청소년참여가 확대되고 사회적 관심도 높아졌다. 1980년대 말부터 1990년대 초반에 서울고등학생연합, 광주고등학생연합, 부산고등학생연합 등 중·고등학생들의 단체들이 당시 우리 사회의 민주화 열기를 타고 만들어졌다. 또한 김대중 정권 출범 이후 정부 차원에서 청소년육성 정책의 일환으로 청소년참여 정책을 강화해 온 것도 청소년과 청소년참여에 대한 인식을 전환하는 데 큰 역할을 하였다.

'2차 청소년육성 5개년 계획'을 통해 청소년의 참여를 정책 방향으로 설정하고, '청소년헌장'을 선포하여 청소년의 주체적 삶과 권리 또한 지식정보화의 진전과 인터넷, 소셜 네트워크 서비스(SNS)의 발달은 청소년의 참여를 확대하는 사회적 조건이 되고 있다. 지식정보사회에서는 정보의 활용능력이 바로 개인의 경쟁력을 결정짓게 된다. 온갖 지식과 정보가 넘쳐흐르는 지식정보화사회에서는 필요한 정보들을 결합하여 필요한 지식을 생산해 낼 수 있는 능력이 더욱 중요해진다는 것을 확인하였다.

이러한 청소년참여의 중요성을 종합적으로 정리해 보면 다음과 같다.

첫째, 청소년의 참여는 청소년의 '성장'을 위해 필수적인 요소로 제기되고 있다. 청소년의 참여는 청소년의 사회적 발달과업을 위해 필요하다. 사회적 발달과업이란 한 개인이 집단이나 사회의 구성원으로서 참여하는 데 필요한 지식·기술·태도를 습득하는 것이다. 훌륭한 시민으로서의 지식·역량·책임감은 평소에 자신의 세계를 보다 넓은 사회적 영역으로 확산시키기 위해 실천하고 경험함으로써 키워지는 것이다. 또한 청소년의 참여는 청소년의 자아정체감을 형성하는 데 긍정적 역할을 한다. 급격한 사회변동으로 인한 가치관의 혼란, 기성세대와 청소년 간의 세대격차, 입시경쟁에서 패배한 청소년의 박탈감 등은 청소년의 올바른 자아정체감 확립을 저해하고 있다. 이러한 상황에서 청소년의 참여는 청소년들이 자신들의 실제적인 생각을 결정하고 행동으로 이전될 수 있도록 결정함으로써 자아정체감을 형성하여 진정한 자기 삶의 주인이 될 수 있게 하는 과정이 된다. 청소년 시기의 참여를 통해 자기주도력이 증진되고 자신의 삶의 목적을 계획하고 실행할 수 있게 된다. 따라서 청소년기의 참여는 성인기의 참여보다 더 중요한 의미를 가진다고도 볼 수 있다.

둘째, 청소년의 참여를 보장하는 것은 민주주의의 현재와 미래를 위해 중요하다. 공적인 과정에 청소년을 참여시켜 이해를 도모하는 것은 청소년 자신을 위해서뿐만 아니라 정치적 제도 전체의 발전을 위해서도 중요하다. 청소년도 시민의 일부이기 때문에 이들의 소리를 반영하는 것은 민주주의와 사회통합을 위해 필수적인 요건이라 할 수 있다. 또한 참여는 능동적인 시민이 되는 법을 배우는 과정이며 시민성이 형성되는 과정이다. 시민성이란 '공동체 구성원, 시민이라는 지위에서 요구되는 자질'을 의미한다. 다른 사람과 더불어 살아가는 데 필요한 기본적인 태도와 행동을 의미하는 것이다. 그런데 이러한 의식이나 행동은 저절로 이루어지는 것이 아니라 교육에 의해 길러지는 것이며 참여함으로써 강화된다는 특성을 지닌다. 청소년기에 참여활동을 해 본 경험이 있는 사람이 그렇지 않은 사람에 비해 시민성이 더 높다는 연구결과는 청소년참여의 의미를 입증하는 것이라 할 수 있다. 청소년참여는 능동적인 시민을 양성하여 미래의 민주주의 발전의 초석이 될 것이다.

셋째, 청소년의 참여는 공동체 발전에도 중요한 역할을 한다. 생활환경이나 사회환경의 개선과 개발에 참여하는 활동은 지역사회를 하나로 결속시켜 주는 촉매제가 될 수 있다. 사회가 당면하고 있는 여러 가지 문제들은 기성세대의 생각과 노력만으로는 해결하기 어려운 경우도 있다. 이때 청소년의 참신한 아이디어와 건전한 에너지가 조직 및 지역사회를 보다 건강하게 만들 수 있다는 점에서 청소년참여가

01 청소년참여활동의 이해

중요한 의의를 갖는다. 이를 통해 세대 간의 갈등을 완화할 수 있으며, 사회 구성원으로서의 공동체 의식과 연대감을 형성시킬 수 있다.

마지막으로, 청소년의 참여는 자신의 권리를 확장하고 완성하는 과정이다. 청소년이 자신의 삶과 자신의 삶에 영향을 미치는 다양한 환경에 자기 결정을 강화하는 과정, 성인과 더불어 이 사회를 구성하는 파트너로 힘을 공유하는 과정으로서 참여는 청소년과 사회의 발전을 위해 미룰 수 없는 과제가 되었다. 청소년참여의 활성화는 청소년의 건강한 성장을 도모하고 민주주의와 사회의 공동체적 발전에 기여하게 될 것이다(이혜정, 2013).

### 2) 청소년참여활동의 의의

청소년참여는 청소년이 자신들의 삶에 향을 미치는 다양한 의사결정 과정(계획 · 실행 · 평가 과정)에 능동적으로 관여하는 것을 의미한다(최창욱 · 조혜영, 2006). 김정주 등(1997)은 윈터(Winter)의 말을 인용하여 청소년의 참여가 청소년을 사회 구조에서 통합하고, 청소년에게 자질 있고 독립적이며 책임감 있는 시민으로 발달할 수 있는 기회를 제공하는 수단뿐만 아니라 청소년의 사회적 영향력과 권한을 강화하는 임파워먼트의 수단으로 기능한다고 밝혔다. 또한 후기 청소년에 해당하는 대학생이 지역사회 활동에 참여하는 것은 의사결정 과정에 같이 참여하게 되고, 책임감을 갖게 됨으로써 개인의 임파워먼트를 증대시킬 수 있다고 보았다. 이처럼 청소년참여는 상호 영향력 있는 관계성을 통해 '청소년참여'를 매개로 하여 일상적 삶의 사회적 실천 가능성을 실현시키는 역할을 한다. 청소년의 참여활동 경험은 하나의 경험에만 매달려 있는 것이 아니다. 그렇다고 해서 그 경험들이 순차적이거나 무분별하게 일어나는 것도 아니다. 연속적인 경험 안에는 나름대로 일맥상통하는 목적이 설정되어 있으며, 이러한 목적은 실천을 통해서 달성 또는 수정되기도 한다(김정주 · 길은배 · 정화수, 1997). 따라서 청소년참여를 통한 성과는 크게 학습영역, 자기개발 영역, 그리고 성장과 발전 영역으로 나눌 수 있다.

첫째, 학습영역은 청소년의 참여활동 경험이 다양해질수록 청소년이 자발적으로 참여 학습 차원으로 발전하는 것을 의미한다. 즉, 청소년참여활동이 실생활의 문제해결 과정을 통해서 실질적인 지식과 유용한 기술을 증가시키는 효과를 얻을 수 있다는 것을 의미한다. 새로운 것을 깨닫게 되고, 발견하면서 재인식하는 과정이다.

둘째, 자기개발 영역은 청소년참여활동을 통해 대부분의 청소년들의 리더십 함양, 시민교육 관점에서 시민의식 혹은 시민성과 공동체 의식 증진 등과 같은 역량과 연결지을 수 있다. 역량 차원에서 청소년참여활동은 그 행위를 통해 청소년으로 하여금 자신과 자신이 하고 있는 일에 대한 정체성을 알게 하는 것이며, 참여활동 과정에서 타인과 상호 영향을 주고받으면서 곧 핵심역량으로 발전시킨다고 할 수 있다. 청소년의 참여활동 경험은 참여역량을 강화하는 중요한 학습과정이며, 이를 통해 능동적·사회적으로 상호작용할 수 있는 청소년으로의 변화가 가능한 실천적 기회라고 하겠다. 청소년은 다른 청소년과의 상호 교류가 없더라도 다른 사람의 긍정적인 경험을 통해 서로 간에 전이되는 현상이 있다(김희성, 2005). 이와 관련한 연구들은 청소년 개인의 역량 증진에 초점을 둠으로써 참여활동이 지닌 가치를 강조하고 있다. 정책과정에서의 참여는 또한 청소년이 리더십을 배울 수 있는 기회를 제공하기 때문에 긍정적으로 작동한다. 소득 및 교육 수준, 사회문화적 특성, 그리고 개인적 및 정치적 성향에 있어서 다양한 청소년이 함께 모여 목표를 달성하기 위한 확신을 공유하면서 리더십 능력을 보여 준다. 하지만 청소년 리더십은 계속해서 변화할 수 있다는 점에 주목해야 한다(문성호, 2006).

셋째, 성장과 발전 영역이다. 청소년은 지속적인 참여활동 경험을 통해 명료한 역할 수행과 참여 목적에 대한 인식을 개선하면서 변화해 간다. 특히, 청소년은 가정이나 학교와는 다른 여러 인적·물적 자원의 지지를 통해 자신과 의미 있는 타인과의 관계를 발전시켜 나가면서 개인의 성장뿐만 아니라 참여한 환경의 성장과 발전에 기여한다. 성장과 발전은 청소년을 현재의 경험보다 바람직한 경험이 되도록 할 때 의미 있는 것이다. 즉, 청소년의 현재 경험 안에는 과거, 현재, 미래가 모두 존재하고 있다. 그리고 이 모든 경험은 단절되어 있는 것이 아니라, 반성적 차원과 개선에 대한 의지의 숙고과정을 통해 상호작용하면서 더욱 발전·변화되어 간다.

## 3) 청소년참여기구의 현황

1998년 '제2차 청소년육성 5개년 계획' 수립 이후부터 청소년참여가 정책의 중요한 부분으로 포함되었으며, 2003년도에 개정된 「청소년 기본법」에서는 청소년 참여보장을 청소년육성정책의 주요 추진 방향으로 정함으로써 청소년정책의 기본이념으로 채택하여 왔다. 「청소년활동 진흥법」 제4조에는 청소년 자치권의 확대를 명시하여 제1항에 따라 청소년활동을 활성화하고 청소년의 참여를 보장하기 위하여 청소년으로 구성된 참여기구들을 운영하고 있다.

### (1) 청소년특별회의

청소년과 관련된 정책의사결정 과정에 청소년의 참여를 확대하기 위해 정부에서는 '제2차 청소년육성 5개년 계획'의 청소년의 권익증진과 자율적인 참여 확대를 위한 정책으로 '청소년의 정책참여 기회 확대'를 분야별 사업으로 제시하면서 같은 해 문화관광부에 청소년들로 구성된 청소년위원회를 설치하고 1999년 제주시, 2000년 경기도 등을 시작으로 청소년참여위원회 설치를 확대하여 왔다. 한편, 2002년 월드컵을 계기로 청소년의 사회참여에 대한 요구가 확대되었다. 이에 정부에서는 기존에 지원하던 청소년참여위원회와는 별도로 전국 단위의 범부처적 성격을 띠는 청소년참여기구 설치 요구에 부응하기 위하여 범정부 차원의 청소년정책을 설정 · 추진 · 점검하는 청소년특별회의를 2004년 시범 개최하고 2005년부터 매년 개최하고 있다.

청소년특별회의는 각 지역별로 청소년의 활동과 보호, 복지, 관련 지역 예비의제를 선정하고 예비의제를 바탕으로 중앙의 청소년특별회의 출범식 및 의제선정 워크숍을 통해 당해의 청소년특별회의 정책의제를 선정한다. 선정된 정책의제에 따라 지역별로 청소년과 전문가들의 의견수렴과 토론, 워크숍, 캠페인 등을 통해 정책의제를 실현하기 위한 정책과제를 발굴하고, 의제연구를 통하여 세부 정책과제를 조율한 후 본회의에서 이를 최종으로 정부에 제안한다. 2005년부터 2018년까지 연도별 의제 및 과제와 수용률을 살펴본 결과는 〈표 10-1〉과 같다.

**표 10-1** 연도별 의제 및 과제 수용률

| 연도 | 의제 및 과제 | 수용물 |
|---|---|---|
| 2005 | • 청소년참여기반 확대<br>　−청소년정책에 청소년참여 등 6개 영역 35과제 제안 | 31개 수용<br>(88.6%) |
| 2006 | • 청소년성장의 사회적 지원망 조성<br>　−위기청소년을 위한 지역사회 안전망 확대 등 5개 영역 37개 과제 제안 | 33개 수용<br>(89.2%) |
| 2007 | • '제4차 청소년정책기본계획' 제안<br>　−청소년자원봉사 · 체험활동의 다양화 등 18개 과제 제안 | 15개 수용<br>(83.3%) |
| 2008 | • 청소년의 복지와 권익이 보장되는 사회<br>　−리틀맘에 대한 정책 마련 등 6개 영역 35개 과제 제안 | 29개 수용<br>(82.9%) |
| 2009 | • 청소년, 자신의 꿈을 찾을 수 잇는 사회만들기<br>　−청소년 직업체험 프로그램 활성화 등 4개 영역 20개 과제 제안 | 14개 수용<br>(70.0%) |
| 2010 | • 자기주도적 역량개발, 존중받는 청소년<br>　−체험활동을 통한 자기주도적 역량개발 인프라 확대 등 3개영역 53개<br>　　과제 제안 | 49개 수용<br>(92.4%) |
| 2011 | • 우리 사회의 건전한 성문화, 건강하게 성장하는 청소년<br>　−유해매체로부터의 청소년 성보호 등 3개 영역 41개 과제 제안 | 36개 수용<br>(87.8%) |
| 2012 | • 자유로운 주말, 스스로 만들어 가는 청소년활동<br>　−체험활동 여건 조성 등 3개 영역 89개 과제 제안 | 81개 수용<br>(91.0%) |
| 2013 | • 꿈을 향한 두드림, 끼를 찾는 청소년<br>　−진로교육 활성화 등 29개 과제 제안 | 28개 수용<br>(96.5%) |
| 2014 | • 안전한 미래, 청소년의 권리와 참여로<br>　−가칭 '국립중앙청소년안전기구' 설치 및 운영 등 4개 영역 31개 제안 | 28개 수용<br>(90.3%) |
| 2015 | • 청소년의 역사 이해, 미래를 향한 발걸음<br>　−역사교육 뷰(View) 프로그램 개발 등 23개 제안 | 20개 수용<br>(87.0%) |
| 2016 | • 틀림이 아닌 다름, 소수를 사수하라<br>　−학교 밖 청소년 대상 프로그램 다양화 및 활성화 등 29개 제안 | 28개 수용<br>(96.5%) |
| 2017 | • 청소년, 진로라는 미로에서 꿈의 날개를 펼치다<br>　−진로체험 프로그램 지역사회 연계 활성화 등 3개 분야 30개 과제 제안 | 24개 수용<br>(80.0%) |
| 2018 | • 참여하는 청소년, 변화의 울림이 되다<br>　−3개 영역 22개 과제 제안 | 20개 수용<br>(90.9%) |

출처: 청소년참여포탈.

(2) 청소년참여위원회

2012년 2월 '청소년참여활동'의 중요성을 강조하고, 적극 지원하기 위해 청소년
참여위원회 활동이 「청소년복지 지원법」에서 「청소년 기본법」으로 이관하였다. 이
는 청소년참여위원회의 활동이 복지 차원을 넘어 모든 청소년이 직접 참여할 수 있
는 기본적인 권리로서의 청소년자치권에 대한 중요성을 부각하고, 「청소년 기본
법」의 법제정 취지에 부합한다는 점을 근간으로 하여 이루어진 것이다(여성가족부,
2015).

청소년참여위원회는 지방자치단체 정책의 형성·집행·평가에 이르는 사업과정
에 청소년이 주체적으로 참여할 수 있도록 제도화함으로써 청소년관련 정책의 효
율성과 실효성을 높이고, 청소년이 직접 참여하여 다양한 의견을 개진하고 자율적
인 활동에 참여함으로써 청소년 스스로의 권익증진을 도모하고자 하는 데 목적이
있다(여성가족부, 2016). 사례별 차이는 있으나, 정기회의와 임시회의를 통한 청소년
정책 모니터링 활동 및 청소년 의견 제안과 정책자문, 설문조사 등을 통한 청소년
실태조사와 의견수렴, 워크숍을 개최한다.

정부에서 주도하는 청소년참여기구의 초창기 운영에 있어서는 각 청소년참여기
구가 소속된 정부, 지방자치단체, 청소년기관·시설·단체의 영향력이 청소년참
여기구 소속 청소년의 영향력보다 컸으나 점차 청소년이 주도하고 관련기관 및 전
문가가 지원하는 경향으로 발전하고 있다. 청소년참여기구의 역할과 기능을 비교
하면 〈표 10-2〉와 같다.

**표 10-2** 청소년참여기구의 역할과 기능

| 구분 | 청소년참여위원회 | 청소년운영위원회 | 청소년특별회의 |
|---|---|---|---|
| 설치 | 시·도 지방자치단체 | 청소년수련시설 | 범정부적 차원 |
| 법적 근거 | 「청소년 기본법」 제5조의2 | 「청소년활동 진흥법」 제4조 | 「청소년 기본법」 제12조 |
| 법적 기능 | 청소년과 관련된 정책수립 절차에 청소년참여 및 의견 수렴 | 시설의 사업, 프로그램 운영과 관련된 의사결정 과정에 청소년이 참여 | 범정부적 청소년정책 설정·추진·점검 |

| | | | |
|---|---|---|---|
| 목적 | 청소년의 권리신장과 건전한 민주시민으로 육성 | 청소년수련시설 이용 청소년의 의견과 욕구를 반영하여 청소년 중심의 시설 운영 | 청소년정책과제에 대한 사회적 공감대 확산 |
| 역할 | -청소년관련 정책사업 의견 제시, 자문<br>-사업에 대한 모니터링<br>-토론회, 캠페인 참여 | -청소년시설 심의·평가 및 운영 전반 참여<br>-프로그램 기획·운영<br>-지역사회 청소년관련 행사 참가 | -청소년 및 전문가 의견수렴, 토론, 캠페인을 통한 정책과제 발굴<br>-연구 및 세부 과제 발굴<br>-정책 추진결과 모니터링 |
| 회의 회수 | -시·군·구: 분기별 또는 반기별 1회<br>-시·도: 월 1회 | -월 1회 | -지역회의: 월 1회<br>-중앙회의: 년 2회 |
| 특징 | -지방자치단체장에 청소년정책 제안하여 지역 청소년의 참여 활성화 | -청소년수련시설 의무적 설치로 전국의 모든 청소년수련시설이 설치·운영되어 청소년의 자발적 참여 주도 | -청소년이 바라는 정책과제를 직접 발굴하여 정부에 제안하고 그 성과를 매년 검토하여 청소년의 실질적인 참여 견인 |

*출처: 여성가족부(2015)의 내용을 바탕으로 재구성함.

### (3) 청소년운영위원회

청소년운영위원회란 청소년수련시설의 운영에 있어 청소년이 주체적으로 참여하여 시설의 운영에 청소년의 의견을 반영하고, 사업의 기획·과정·평가 등에 청소년을 참여시키기 위하여 만들어진 것으로「청소년활동 진흥법」제4조에 의해 운영되고 있다.

청소년운영위원회는 2001년 전국 청소년수련시설 설치운영을 사업지침에 구성·운영을 권장하고 이후 2003년「청소년활동 진흥법」에 법적 근거가 마련되면서 확대 설치되었다(여성가족부, 2015). 청소년운영위원회의 설치 목적은 청소년수련시설 운영 및 각종 프로그램 등의 자문·평가에 직접 참여해 봄으로써 청소년 참여의식을 확대하고, 청소년의 욕구와 의견이 실제 청소년수련시설 및 프로그램 운영과정에서 개선·반영하여 청소년수련시설이 청소년 중심으로 운영될 수 있도록 하기 위한 것이다(여성가족부, 2016).

청소년운영위원회는「청소년활동 진흥법 시행령」제4조에 따라 10인에서 20인이내의 청소년으로 구성되며, 위원의 임기는 1년이며 연임할 수 있다. 청소년운영위원회는 청소년시설의 평가 요소로도 연결되어 있다. 청소년운영위원회의 평가 요소로는 운영위원의 구성 활동과 관련된 실행계획서의 작성 내용을 확인하는 운영계획이다. 그리고 회의 운영 또한 공식적으로 개최된 운영위원회 전체회의 실적을 확인한다.

청소년운영위원회의 평가 확인 자료들로는 청소년운영위원회 운영규정 및 연간 운영계획, 청소년운영위원회 명단, 청소년운영위원회 운영실적(회의록, 실행, 평가기록 등), 운영위원회 의견반영 자료 문서(결재—실재 청소년운영위원회에서 제안한 사업과 운영 등 전반적인 내용들이 실제 시설사업에 반영된 결재과정의 철들)이다. 청소년시설에 대해 청소년참여의 실질적 참여를 규정한 부분이다.

청소년운영위원회의 운영을 통해 얻어진 주요 성과는 다음과 같다. 첫째, 청소년수련시설의 주인인 청소년의 의견을 직접적으로 청소년수련시설의 운영에 반영하도록 하는 법과 제도의 정착으로 청소년이 원하는 시설 환경을 조성하고 사업을 운영하는 데 긍정적으로 작용하고 있다. 둘째, 청소년의 실질적인 사회참여 경험의 기회를 제공하여 단순히 의견만을 제시하거나 자문하는 것이 아니라 의견 반영을 위한 다양한 활동을 통한 민주시민역량 개발의 기회를 제공하고 있다. 셋째, 지역 간 청소년운영위원회의 교류활동을 통해 전국의 우수 청소년활동 운영사례를 발굴하는 기회를 마련하고 있다. 넷째, 지역사회 단위의 청소년 사회참여를 위한 의견수렴 통로로서 청소년운영위원회가 청소년수련시설이 속한 지역 사회의 청소년을 위한 긍정적인 역할을 수행하고 있다(남화성, 2010).

## 02 청소년참여활동의 유형

청소년참여는 개인 발달, 조직개발, 지역사회 개발의 세 가지 측면에서 유용하다. 첫째, 개인 발달은 청소년이 참여를 통하여 문제를 해결함으로써 실질적인 지식과 유용한 기술을 획득할 수 있고, 비판적 사고력과 능동적인 도전정신을 기를 수 있다는 것이다. 둘째, 조직개발은 청소년이 참여함으로써 조직 내의 의사결정 능력을 강화할 수 있고 집단행동에 기여할 수 있으며 조직을 위한 프로그램을 기획할 수 있다는 것이다. 셋째, 지역사회 개발은 청소년이 다양한 지역사회 활동, 특히 봉사활동 등에 참여함으로써 지역사회 발전에 공헌할 수 있다는 것이다(Checkoway, 1999). 청소년참여활동은 대상, 목적, 방법에 따라서 다음과 같이 분류할 수 있다.

## 1) 또래중심 참여활동

청소년참여에 의한 또래집단 활동은 그 중요성과 유용성에도 불구하고 특별한 도움이나 장치, 단체의 협력 없이 이루어지는 경우는 매우 드물다. 일반적으로 또래중심 참여활동은 자신들의 주장과 의견을 자율적으로 제시하거나 동료집단끼리 프로그램을 구성해서 참여하는 형태여야 하는데, 대표적인 것이 또래 간의 상호작용에 기반을 두는 또래상담이 여기에 해당된다. 또래중심 참여활동은 또래 간에 상호작용하면서 서로에게 긍정적으로 작용하여 유사한 가치와 관심을 갖고 참여할 때 참여동기와 참여활동이 더욱 향상되기 때문에 또래와의 교류를 통한 활동은 더욱 긍정적이다.

또래에게 수용되기 위해 또래와 같은 행동과 사고를 가질 수 있고, 학습되어 가면서 더욱 열심히 참여하는 장점을 가질 수 있다. 반대로 부정적인 행동을 학습하기도 하고, 집단에 소속감을 느끼지 못하거나 서로에게 스트레스를 받게 될 경우 또 다른 어려움을 겪게 될 가능성도 있다.

## 2) 지역중심 참여활동

지역사회는 청소년참여 실천의 장이며 주체적 행위가 드러나는 기회의 장이다. 지역 구성원으로서 청소년이 능동적인 삶을 영위하는 공간으로 지역사회가 더욱 강조되어야 한다.

청소년참여가 지역중심으로 이루어져야 하는 것은 결국 청소년이 그 지역사회에서 태어나서 그 곳에서 성장하며 문제가 발생한 곳이나 그 문제를 해결해야 할 곳도 바로 그 지역사회이며, 또한 청소년이 역사적 · 사회적으로 지역사회에서 매우 중요한 역할을 수행해 왔다는 인식과도 관련된다. 이 점에서 여러 가지 유형이 있을 수 있으나 다양한 형태의 자원봉사활동을 통한 참여활동과 지역사회 문제해결을 위한 참여활동 등을 들 수 있다. 지역사회를 기반으로 한 청소년참여활동은 청소년 자신을 포함하여 지역 구성원들의 일상생활에 다가가고 삶의 장면을 이해하는 것을 훨씬 더 용이하게 한다는 것이다(Henderson, 2007).

참여활동은 행위의 주체인 청소년뿐 아니라, 객체로서 이들과 마주친 지역 구성원들에게 설득적이고 다의적 의미로 해석될 수 있을 것이다. 이는 청소년참여활동의 가치가 지역사회의 가치로 연결되는 것으로도 의미 있는 행위라고 하겠다. 그러므로 청소년이 지역사회를 참여활동의 토대로 인식하고 실천 행위를 전개하는 것은 청소년에게 함축되어 있는 지역사회에 대한 애착심과 심리적 유대감을 불러일으킬 수 있다. 참여활동 모습이 지역사회를 발전시키는 역동적 에너지로 제 역할을 할 수 있을 것이다.

### 3) 정책과정 참여활동

정책과정 참여활동은 청소년이 자신들의 생활에 영향을 주는 지역사회와 국가의 청소년관련 정책이나 행정과정에 관심을 갖고, 그에 대해 의견을 제안하고 건의함으로써 정책결정 과정에 개입하고 영향을 미치고자 하는 활동이라고 할 수 있다. 넓은 의미에서 볼 때, 청소년의 권한과 역할이 정책결정 과정에 영향을 미치고, 개입하는 정도와 수준에 관계없이 청소년과 관련된 제반 사회문제에 대해 주장을 밝히는 여러 단계의 활동을 모두 포함한다고 할 수 있다.

정책과정 청소년참여는 청소년의 삶에 영향을 미치는 결정에 청소년을 관여시키는 하나의 과정이다. 여기에서 말하는 정책과정이란 정책의제 선정, 정책결정, 정책집행, 정책평가, 정책환류의 과정을 의미한다(한국청소년개발원, 2003). 청소년참여는 중요한 정책 이슈들에 주도권을 갖고 조직화하려는 청소년의 노력, 공공기관의 정책과정에 청소년을 관여시키려는 성인의 노력, 그리고 세대 간 정책 파트너십을 형성하여 함께 정책을 구상하려는 청소년 및 성인의 노력을 모두 포함한다(Checkoway, 1998).

## 4) 단체자율 참여활동

단체활동이란 청소년 단체나 시설 등을 통한 조직적 집단적 수련활동과 체험적 생활을 전제한 것이다. 중요한 것은 이러한 집단적 단체활동 또한 실질적인 청소년의 자율적인 참여를 기반으로 모든 활동이 이루어져야 진정한 의미가 있다는 점이다. 특히 청소년단체는 청소년 참가자에 의한 의사결정과 자율적인 프로그램 기획 및 자립·자활 활동을 하는 경우가 많이 있다.

청소년은 단체자율활동을 통해 스스로 배려하고 양보하는 정신을 배우기도 하고 더불어 살아가는 방법을 배우면서 여러 다양한 활동을 통해 자신들의 스트레스를 해소시키고, 삶의 질을 향상시키고 있다. 청소년의 단체자율참여는 개개인의 합보다는 집단의 합이 더 크기 때문에 집단 응집력을 활용하여 개개인의 협력적 힘을 통하여 더 큰 에너지를 경험한다는 점에서 긍정적인 성과가 있다. 특히 타인에 의한 강제성이 아닌 자율성에 의한 것이라면 지속성을 확보함으로써 개인뿐만 아니라 집단의 성장을 경험하게 된다.

## 5) 사이버 참여활동

멀티미디어의 발전과 다양한 통신망 구축 등으로 청소년의 의사소통 수단도 이제 사이버 공간이라는 새로운 국면에서 이루어지고 있다. 주목할 사실은 10대 청소년이 직접 가상공간 속에 웹진을 제작하고 있으며, 통신망을 통한 선거운동과 토론 등 전자민주주의에 대한 관심도 증대되고 있다는 것이다.

청소년의 사이버 참여는 사이버스페이스를 활용한 온라인 또는 오프라인에서 이루어지는 청소년참여활동을 지칭하는 것이다. 대표적인 사이버 참여활동은 인터넷 잡지 제작, 사이버토론, 동호회 모임과 홈페이지 및 블로그 참여 활동 등이다.

청소년세대는 다른 세대와 비교해 볼 때 사이버스페이스의 이용 정도가 가장 높으며, 활용능력이 뛰어난 집단으로 정보매체의 영향을 가장 많이 받는 세대이다. 무엇보다도 '청소년참여' 관점에서의 사이버 참여활동은 청소년참여적 관점을 기본으로 가장 취약하면서도 역동적인 잠재성을 가진 연령에 있는 청소년의 힘을 인정하면서 출발해야 한다. 즉, 하위문화라는 인식이 아닌 청소년이 가장 주체적인 활동으로 대우받는 공간이어야 한다는 점이다.

청소년과 사이버 커뮤니티의 관계는 사이버 커뮤니티가 청소년에 미치는 영향에 의해 결정된다기보다는 오히려 청소년이 사이버 커뮤니티라는 공간을 어떻게 인식하고 있으며 그 공간에서 어떻게 활동하고 있는가, 그리고 그 결과가 현실생활에 어떻게 반영되고 있는가에 의해 주로 결정될 것이기 때문에 새로운 공간으로서 청소년의 독립성이나 자율적 태도를 높이는 기회의 장으로 만들도록 지원해야 한다.

## 03 청소년참여활동 지도의 실제

### 1) 청소년참여활동 지도방법

정책과정에서의 참여는 청소년의 삶에 영향을 미치는 결정에 청소년을 관여시키는 하나의 과정이다. 여기에서 말하는 정책과정이란 정책의제 선정, 정책결정, 정책집행, 정책평가, 정책환류의 과정을 의미한다(한국청소년개발원, 2003). 최대한 청소년이 참여에 활발하게 참여하기 위해서 지원하고 지지해야 한다. 청소년참여의 결정적인 요소 가운데 하나는 전문적 서비스를 제공하는 신뢰할 만한 성인과의 상호의존적인 관계이다(Bell, 2002). 따라서 효과적인 의사소통을 통해서 관계를 유지한다. 여기서 관계는 청소년지도를 의미한다. 즉, 청소년참여를 위한 지도방법 중 하나가 의사소통이다. 청소년과 전문가 혹은 다른 신뢰할 만한 성인과의 관계를 발전시키는 데 있어서 매우 중요하다고 할 수 있다. 이는 청소년의 의견을 경청하는 것뿐만 아니라 청소년에게 정보를 제공하는 것을 의미한다.

청소년참여를 지도하기 위해서는 청소년조직의 리더인 청소년지도사가 먼저 고유역량을 지니고 있어야 한다. 전문가들은 고유 역량으로 청소년 관련 역량(청소년이해, 청소년참여, 권익증진 역량, 청소년 친화적인 환경조성 능력), 리더십 역량(화합능력, 청소년활동의 가치와 비전을 지닌 운영철학, 혁신적인 사고, 갈등관리), 정책역량(정책적 대응, 유사정책 및 제도 이해) 등을 제시하였다(한정수, 2016).

청소년은 정책참여 과정에 혼자가 아니라 운영 및 관리 업무를 수행하는 공무원, 열성적으로 청소년을 옹호하는 집단, 필요한 정보를 제공하고 청소년이 제기하는 이슈들을 강조하는 청소년기관 실무자, 그리고 다양한 방법으로 지원하는 부모 및 교사들과 함께한다. 이들은 청소년참여를 위해 효율적인 의사소통 방법으로 청소년을 지도하는 역량이 필요하다. 청소년참여활동 지도를 위해서는 청소년정치참여에 대한 정치참여 지도역량과 청소년을 효과적으로 지도하는 방법인 코칭 지도역량이 중요하다.

### (1) 정치참여활동을 위한 지도

청소년을 중심으로 지속적인 정치참여가 활성화되기 위해서는 정치 및 사회 지식 측면뿐 아니라 실제적인 경험, 학교교육에서 행해지는 다양한 참여활동이 동시에 이루어질 때 그 효과가 증가한다(Parker, 1996).

청소년의 정치참여 행위와 태도와 관련한 정치사회화에 영향을 미치는 요인으로서 가정과 학교, 미디어, 또래집단 등을 꼽을 수 있다. 청소년의 정치참여 기능은 공공 문제에 대해 숙고하기, 공공정책 결정을 실행하기, 공공정책 결정에 영향력 행사하기, 공공 및 사적 이익을 위해 상호작용하기, 공공 문제와 사건을 감시하기, 공적 생활을 개선하기 위해 활동하기를 증진하기 위함이다. 주요 지도방법은 사례연구 방법, 공동체 문제해결, 이슈와 핵심 개념을 연결하기, 신중한 토의, 모의재판, 세미나식 토의, 모의 청문회 등이다(모경환·차경수, 2008).

정치교육에서의 정치참여 역량은 의사소통, 정치적 의사결정, 논쟁 문제에 대한 합리적 제시, 집합행동으로서의 협력적 경험 여부와 능력이다(Newmann, Bertocci, & Landsness, 1977). 의사소통 역량은 대화 및 토론, 토의 과정에서 타인의 이야기에 귀 기울이고 자신의 생각이나 입장을 원활하게 전달할 수 있어야 한다. 정치적 의사결정은 사회 내에서 발생하는 현안에 대해서 의사결정할 수 있어야 한다. 논쟁 문제에 대한 합리적 대안 제시는 민주주의와 정의를 우선시 하는 입장으로 논쟁 문제를 통해 나타나는 현안에 있어 합리적인 대안을 제시할 수 있어야 한다. 집합행동으로서의 협력적 경험은 사회적 문제나 딜레마로 인해 집합적 형태의 실천적 행위가 요구되는 상황에서 다른 사람과의 협력을 통한 사회적 행동경험을 해 볼 수 있어야 한다.

청소년이 적극적인 시민으로서 자신이 속한 커뮤니티와 그보다 넓은 커뮤니티에서 활동하도록 용기를 주고 지원하는 것이 청소년지도이다. 이 역할에 따른 지도자의 세부 행동 지침을 제시하면 다음과 같다(한정수, 2016).

① 청소년과 함께 시민적인 개념에 대해서 지역적·국내적·국제적인 차원에서 건설적으로 탐색한다.
② 더 넓은 커뮤니티가 존재한다는 것을 잘 알려 주고, 그 커뮤니티와 연결되면 유익한 점을 알아내고 탐색한다.
③ 적극적인 시민이 되기 위해 청소년의 역할·권리·책임을 알아내고 탐색한다.
④ 더 넓은 커뮤니티에 청소년이 참여하는 목표와 동기를 알아내고 탐색하고, 참여를 늘릴 수 있도록 적극적으로 답변을 주고 지원한다.
⑤ 지역적·국내적 자원에서 의사결정 과정에 영향을 주는 아이디어와 방법들에 대한 회의를 적극 지원함으로써 청소년의 참여와 목소리, 영향력을 늘린다.
⑥ 적극적인 시민으로서 청소년의 잠재력을 개발하는 데 있을 만한 장벽과 갈등에 대한 자신들의 시각을 탐색하고, 그것들을 책임감 있고 건설적인 방식으로 해결해 나가는 행동들을 알아낸다.
⑦ 적극적인 시민으로서 참여를 늘릴 수 있도록 지식과 이해를 향상시키기 위해 설계된 행동들을 알아내고 조직하는 데 청소년을 참여시킨다.
⑧ 청소년의 참여를 발전시키도록 설계된 관련 행동들을 실행하고, 그것들에 참여하고, 더 큰 커뮤니티에 적극적으로 기여한다.
⑨ 글로벌 환경 속에서 청소년이 개인적·지역적·국내적으로 결정하고 행동하는 것을 탐색한다.
⑩ 적극적인 시민으로 성장하도록 그들의 역할과 관련된 행동에서 나오는 배울 점들을 청소년과 검토하고, 이것을 활용해 청소년의 역할을 강화하고 미래에 할 일들을 알린다.

### (2) 코칭중심의 지도

코칭에 대한 정의는 일치하지는 않지만 모든 개념적인 부분이 그러하듯 시각에 따라 변화하는 코칭의 정의를 선행연구 자료를 토대로 코칭에 관한 개념을 정리하면 다음과 같다. 코칭이란 리더의 행동과 긴밀한 관계를 가지며 리더의 행동은 구성원에게 관심을 가지고 실제로 협력과 조력을 하고 동기부여를 하는 것이다(Day, 2000). 코칭은 상대방의 변화와 성장을 위한 리더의 커뮤니케이션 과정이라고 할 수 있다. 리더의 코칭 행위는 조직 구성원의 역량을 향상시키고 조직에 더욱 많은 기여를 하는 데 있어서 중요한 역할을 한다. 이는 단순히 조직 구성원의 역량 향상이나 성과 향상에만 초점을 두기보다는 개인적 배려와 지속적인 관리를 바탕으로 조직 구성원들의 내적 동기부여에 많은 비중을 둔 코치적인 사고방식의 행위라고 볼 수 있다(Crane, 2006). 코칭 리더십은 '조직 구성원이 업무 수행 과정에서 자신과 조직의 성과를 달성할 수 있도록 자신의 강점을 자각하고 개발하도록 지원 하고 촉진하는 리더십'으로 정의하였다(조은현·탁진국, 2011).

따라서 코칭은 리더에게 반드시 필요한 역량이다. 리더십과도 연결되어 코칭 리더십의 개념이 발생하게 된다(Grant, 2007). 그린과 그랜트(Greene & Grant, 2003)에 따르면, 코칭리더십이란 조직에서 구성원 스스로가 문제를 해결하도록 하고 그들의 수행능력을 보다 향상시켜 성과를 내는 결과 지향적 리더의 체계적인 행동방식이다. 엘린저(Ellinger, 1997)는 코칭을 동기부여 혹은 촉진(facilitating)과 권한위임

표 10–3  **코칭리더십 정의**

| 구분 | 방향 제시 | 촉진 | 지지 |
|---|---|---|---|
| Ellinger (1997) | • 적절한 피드백 제공<br>• 조직 구성원의 피드백 제공<br>• 대화를 통한 업무 해결<br>• 커뮤니케이션, 목표 설정 | • 학습에 적합한 환경조성<br>• 시각 전환<br>• 조직 구성원의 인식 확대<br>• 비유, 사례의 활용 | • 타인의 학습참여 촉진<br>• 질문 프레임을 통한 격려<br>• 주도권 위임<br>• 자원이 되어 줌<br>• 해답을 제공하지 않음 |
| Heslin et al. (2006) | • 성과 기대치에 대한 가이드<br>• 성과에 대한 분석 지원<br>• 건설적인 피드백 제공<br>• 성과 개선을 위한 유용한 방안 제시 | • 아이디어 개발을 위한 모델 역할 제공<br>• 창의적인 사고를 통해 문제해결 촉진<br>• 대안 탐색 지원 | • 향상과 발전에 대한 확신 표현<br>• 지속적으로 발전할 수 있도록 격려<br>• 도전에 대한 적절한 지원 |

*출처: 정그린(2015)의 내용을 재구성함.

(empowering) 등 두 가지 차원으로 정의하여 총 13개의 행동지표를 개발하였다. 헤슬린 등(Heslin et al., 2006)은 기존의 연구들을 정리하여 코칭을 방향 제시(guidance), 촉진(facilitation), 지지(support) 등 세 가지 차원의 구성요소로 정의하고 각각의 세부 행동들을 제시하였다. 엘린저의 코칭리더십 정의와 헤슬린의 리더십 정의를 헤슬린이 구성한 세 가지 자원을 기준으로 재구성하여 정리하면 〈표 10-3〉과 같다.

코칭에서 사용하는 구체적인 행동기술을 코칭기술이라고 한다. 코칭기술은 통상적으로 경청하기, 질문하기, 인정·칭찬하기, 피드백하기로 나눌 수 있다. 즉, 효과적으로 코칭을 하기 위해서는 이러한 코칭의 기술을 습득하여 청소년을 지도하는 데 활용하는 것이 중요하다. 따라서 지도자는 청소년의 참여활동을 위해 경청, 질문, 인정·칭찬, 피드백을 통해서 청소년을 코칭할 수 있다.

첫 번째 기술은 경청이다. 경청이란 관계를 진전시키고 코칭 성과를 이루는 데 필요한 기술이다. 경청은 상대방의 말을 듣는 기술이다. 코치가 코치이(coachee)를 코칭하기 위해서는 정확한 정보가 필요한데, 정보를 수집할 수 있는 방법은 듣는 것이다. 코칭의 과정에서 코치가 상대방의 말에 집중하고 귀를 기울여 듣는 것은 상대에 대한 존중심의 표현으로 상대를 잘 이해하여 공감대를 형성하고 서로 간에 신뢰를 구축하는 중요한 기술이므로 잘 듣는 훈련이 되어 있어야 하며, 경청하는 법을 배우고 먼저 이해하게 될 때에 보다 훌륭한 의사소통 법을 배우게 되는 것이다(김경섭·박창규, 2002). 경청은 일상적인 소리를 듣는 행위인 일상적인 경청과 대화를 하면서 주의깊게 듣는 적극적인 경청이 있다. 마지막으로, 고도의 집중력과 인식을 요구하는 직관적인 경청으로 나눌 수 있다.

두 번째 기술은 질문이다. 질문은 대상자인 청소년의 생각을 자극하여 감정을 솔직하게 알아내는 것이다. 때와 상황에 맞는 적절한 질문은 코치가 원하는 방향으로 이끌어 갈 수 있는 힘이 있는데, 질문은 코치이로 하여금 생각을 하도록 유도하여 스스로 결정하게 하고, 행동을 결정하게 하기 때문에 코치는 좋은 질문을 통하여 코치이를 바른길로 인도하여야 한다(노혜숙, 2002). 질문에는 직접적인 질문, 개방적인 질문이 있다. 직접적인 질문은 짧은 시간에 상황과 생각을 분명히 정리하거나 분명한 대답을 요구할 때 사용하는 질문이다. 개방적인 질문은 단답형 대답이 아니라 더 많은 생각과 내용을 대답하게 하는 방법이다.

세 번째 기술은 피드백이다. 피드백은 커뮤니케이션 면에서는 어떤 말을 한 후에 그 뒤의 반응이나 결과에 대해서 다시 새로운 행동으로 나갈 수 있도록 돕는 것을 의미한다. 코칭에 있어서 피드백은 중요한 기술 중의 하나이다. 코칭을 받은 코치이가 코칭 과정 이후에 어떻게 행동했는지를 살펴야 하고, 또한 그 행동으로 어떤 결과가 왔는지를 점검해 보아야 하며, 어떤 영향력을 이루어졌는지를 알아야 한다. 그러므로 코치는 코치이가 앞으로 어떻게 행동할 것인지를 조심스럽게 점검해 주어야 한다(전도근, 2006).

마지막으로, 인정·칭찬은 상대가 실제적이고 구체적인 행동을 할 수 있도록 격려하고 지지하는 기술이다(이미선, 2014). 인정과 칭찬하기는 코치가 이미 알고 있는 청소년의 무한한 에너지와 힘을 스스로 깨닫게 하는 과정이라고 할 수 있기 때문에 스스로 문제를 해결하고 자신의 무한한 가능성을 발견해 가는 데 매우 중요한 기술이라고 말할 수 있다(Coach, 2005).

## 2) 청소년참여활동의 실제

청소년참여활동이 효율적으로 운영되기 위해서는 청소년뿐만 아니라 청소년지도사가 주도적으로 참여활동을 진행하고 참여해야 한다. 이를 위해서 청소년참여활동을 위한 가이드라인을 제시하면 다음과 같다(한국청소년활동진흥원, 2017).

### (1) 청소년참여기구 연간계획 수립 시 고려사항

청소년참여기구 연간계획을 수립하기 위해서는 몇 가지 사항을 고려하고 참고해야 한다. 전년도 평가결과를 반영하는 환류, 예산, 일정, 역대 위원과의 교류를 통한 의견수렴 등이 있다. 내용을 정리하면 다음과 같다.

① 환류: 전년도 평가 내용을 최대한 반영하기 위한 노력을 통해서 당해연도 계획에 반영하고, 특히 개선 사항이 있다면 개선된 내용을 정확하게 기입한다.

② 예산: 예산은 시·군·구 및 시·도별 여성가족부에서 교부하는 사업비 이외에 자체적으로 추가예산을 편성할 수 있다. 정기회의 운영 시 지역에 따른 교

통비 편차가 크게 나타나기 때문에 정기회의 횟수를 고려하여 예산을 책정한다. 참여기구의 목적 사업인 정책제안 및 현장 모니터링은 반드시 시행할 수 있도록 예산을 반영한다. 위촉식 및 워크숍, 정기회의, 최종보고회, 평가회의, 현장 모니터링 사업을 꼭 포함하여 연간계획을 수립할 수 있도록 준비한다. 지속적으로 해 온 고유 참여활동이 있는 경우, 전년도 평가 및 규모 등을 고려하여 예산 책정 참여기구의 역할에서 중요한 것으로서 제안한 정책의 실효성 있는 검토와 이를 지원받기 위한 전문가 및 멘토 자문단을 구성할 수 있다. 예

• 시·도 청소년참여위원회

| 모집 및 선발 (2~3월) | 위촉식 및 워크숍 (3월) | 정기활동 (3~12월) | 기타 사업 | 최종보고회 (10~12월) |
|---|---|---|---|---|
| 활동 기구 지원 | 지역사회 및 정책 이해 ※ 정책발굴 및 브레인스토밍 | 연 8회 이상 (매월 1회) | 모니터링 토론회, 시·도 단위 포럼 및 토론회 개최, 지방자치단체장과의 대화 등 | 정책제안 보고 및 활동 보고 등 |

• 시·군·구 청소년참여위원회

| 모집 및 선발 (2~3월) | 위촉식 및 워크숍 (3월) | 정기활동 (3~12월) | 기타 사업 | 최종보고회 (10~12월) |
|---|---|---|---|---|
| 활동 기구 지원 | 지역사회 및 정책 이해 ※ 정책발굴 및 브레인스토밍 | 연 8회 이상 (매월 1회) | 모니터링 토론회, 시·도 단위 포럼 및 토론회 개최, 지방자치단체장과의 대화 등 | 정책제안 보고 및 활동 보고 등 |

• 청소년특별회의 지역회의

| 구성 | 출범식 (5월) | 정기활동 및 기타 사업 (5~10월) | 본회의 (11월) |
|---|---|---|---|
| 시·도참여위원회 위원을 특별회의 위원으로 구성 | 특별회의 출범식 및 활동 계획 | 시·도 청소년포럼, 토론회, 정책제안대회 등 개최 및 참여 캠페인, 설문조사, 온오프라인 의견 수렴 등 | 정책제안 보고 및 활동 보고 등 |

[그림 10-1] 청소년참여기구 운영절차

산은 참여기구 위원에게 공개하여 운영할 수 있어야 한다. 예산 집행에 있어서 위원들이 직접 계획·준비·운영할 수 있는 참여예산제 과정이 진행될 수 있도록 권장한다.

③ 일정: 일정은 가이드북에서 제시하고 있는 범위 내에서 지역 및 기구의 참여위원의 일정에 따라서 다소 변동될 수 있으나 활동 횟수는 준수할 수 있도록 한다. 17개 시·도별 청소년포럼, 참여대회 등의 개최를 통해 지역별 교류하는 프로그램이 있는지 확인이 필요하다.

④ 역대위원과의 교류: 위촉식 및 워크숍에 역대 위원들과 만나서 활동을 공유하고 자연스럽게 유대감을 통해 연계할 수 있도록 한다. 필요에 의해서는 역대 위원에게 멘토나 자문지원단 등과 같은 역할을 부여함으로써 체계적인 지원을 받을 수 있다.

[그림 10-1]은 청소년참여기구들의 연간 운영 절차를 보여 주고 있는데, 각 기구들은 월별로 일정을 고려하여 계획한다.

### (2) 청소년참여기구 오리엔테이션

오리엔테이션의 핵심은 참여기구 정체성 인식, 친밀감 형성, 역할 나누기로 구분할 수 있다. 따라서 오리엔테이션을 진행할 때 반드시 해야 할 것은 다음과 같다.

첫째, 참여기구에 대한 정체성을 인식해야 한다. 참여기구의 정체성 인식은 청소년(기)에 대한 이해와 권리·의무·책임에 대한 담론, 관련 법령 및 자치법규, 지역사회 및 시설, 참여기구에 대한 정보 공유, 임기 동안에 진행해야 할 과제에 대한 밑그림과 기초적인 연간 일정으로 설명할 수 있다.

둘째, 참여활동 구성원 간의 친밀감 형성을 위한 활동이 진행되어야 한다. 즉, 나이, 지역, 좋아하는 것, 싫어하는 것, 관심 분야 등 다른 위원들의 특성을 이해하는 시간을 통해 서먹한 분위기에서 마음의 안도감이 드는 수준 정도로 전환하면 성공적인 오리엔테이션으로 볼 수 있다. 다만, 짧은 시간 동안 친해지기는 어렵기 때문에 이름, 나이, 사는 동네, 좋아하는 것, 싫어하는 것, 잘하는 것 등 서로가 기억할 수 있는 내용을 중심으로 이야기할 수 있는 레크리에이션이나 간단한 게임으로 진행한다.

셋째, 오리엔테이션에서 진행해야 하는 내용은 역할 나누기이다. 역할 나누기는 임기 동안 수행할 다양한 과제를 모두가 함께 참여해 완수한다는 목표를 가지고 최소 1인 1역할 이상을 가져갈 수 있도록 하며, 친밀감 형성 시간에 진행한 좋아하는 것, 잘하는 것에 대한 정보를 가지고 역할을 나누면 효과적이다. 정보수집, 기록, SNS 관리, 촬영, 일정 또는 과제 체크, 분위기메이커 등의 역할별 2인 이상으로 구성할 수 있다. 임원진은 지역 및 시설의 최초 계획에 반영된 내용에 준하여 선출을 하면 되고, 입후보−출마의 변−투표−개표 등의 절차에 따라 진행할 수 있다. 대표자가 선출됐다면 이후 임원진의 역할에 대해 설명과 권한을 부여하고, 이후 대표청소년이 진행하도록 한다.

### (3) 청소년참여기구 분과 구성 및 계획서 작성

#### ① 분과 구성

분과는 자신이 관심이 많고 제안하고 싶었던 분야를 고려해서 선택하는 것이 중요하다. 1년 동안 하나의 분과에 속해서 청소년의 목소리를 듣고 정책을 제안해야 하기 때문에 본인의 흥미가 있어야 열정적인 활동을 할 수 있다. 분과명은 크게 중요하다고 볼 수 없지만, 정해진 명칭이 분과의 목표와 비전에 있어 영향을 미칠 수 있기 때문에 해당 연도 청소년 위원들의 관심 영역 및 분야를 고려해서 명칭이 정해질 수 있도록 노력해야 한다. 또한 분과를 이루고자 하는 분과위원들의 의견을 충분히 고려하여 정하는 것이 중요하다. 분과장을 선출할 때는 시간적으로도 해당 참여활동에 많이 기여할 수 있고 활동에 적극적이며 책임감이 강한 사람이면 좋으나, 분과장 혼자만의 능력으로 이끌고 가는 것이 아니기 때문에 부담을 크게 가질 필요는 없다. 그러나 구성원들의 의견을 잘 듣고 협의할 수 있어야 하며, 회의가 잘 진행될 수 있도록 이끌어 가는 노력이 필요하다. 최근에는 스마트폰을 통한 단체 채팅방이나 SNS를 통해 분과별 게시판을 생성함으로써 소통과 공유를 활발하게 진행하도록 한다. 각 분과 형성을 할 때 연령과 성별이 균형을 이루도록 진행하는 것이 활동 시 적극적인 능동성을 이끌어 낸다고 볼 수 있다. 분과회의는 정기회의가 있는 날을 제외하고 분과원들 간 시간과 장소를 조정하여 모임을 가질 수 있다. 이때 정해진 장소와 시간은 담당 청소년지도사에게 꼭 알릴 수 있도록 하고, 장소나 시간이 협의되지 않을 경우 청소년지도사는 도움을 줄 수 있다. 분과회의를 할 때는 그 회의에서 혼자 생각을 발표하는 것이 아니라 구성원 전체의 생각을 모아서 하나의 의견으로 합치해 갈 수 있는 시간이 될 수 있도록 모두가 충분하게 자신의 의견을 제시하고 합의해 갈 수 있는 진행을 하는 것이 중요하다. 분과회의를 마친 이후에는 다른 분과와 회의록 공유 등을 통해 서로 피드백을 하는 시간도 필요하고, 담당 청소년지도사와도 충분히 회의 내용을 논의할 수 있는 시간이 요구된다.

### ② 활동계획서 함께 작성하기

청소년참여기구 연간 필수 활동을 점검하는데, 이때 참여기구별로 다양하다. 즉, '청소년참여위원회' 활동은 청소년관련 정책 및 사업에 대한 의견 제안, 자문 및 평가, 청소년 권리·인권 모니터링, 개선 제안, 청소년포럼·토론회·정책 제안대회 등 개최·참여 등이다. '청소년특별회의' 활동은 청소년관련 범정부적 정책과제 제안을 위한 다양한 활동을 한다. '청소년운영위원회' 활동은 모니터링, 기관장 간담회, 교류활동, 연간보고서 작성, 신규 청소년운영위원회 모집 홍보 등이다.

활동계획서 예시를 나눠 주어 청소년위원이 서류 작성에 당황하지 않도록 지원한다. 이때 활동계획서 예시 양식에서 동일한 작성 틀을 제시하고, 활동내용 참고 예시는 다양하게 제시하여 다양한 생각이 정리되어 담길 수 있도록 조력할 필요가 있다. 지도자가 정해 놓은 연간일정을 청소년참여기구 위원들이 수행해 나가는 수동적인 조직이 되지 않도록 유의해야 한다. 그리고 청소년참여기구의 주체성은 '내 활동은 내가 정하는 것'에서 발현된다. 그것의 가장 기초적인 단계가 계획 수립단계이다. 연간 시점을 정하는 것을 어려워한다면 그 정도는 보조하되 전적으로 위원들이 틀을 짤 수 있게 조력하도록 한다.

### ③ 정책 발굴 및 정책 제안서 작성

정책 발굴은 문제점 진단(언론, 학교, 친구, 개인 생각 등), 현황과 관련 정책 파악(통계, 정책, 시민사회단체 활동 등 탐색), 정책 미반영 여부 논의(전문가 의견, 문제점 발견, 문헌 탐색 등), 영역별·부서별 세부 과제 분류 및 체계화, 정책과제 관련 통계, 국내·외 사례 수집, 관련 캠페인, 토론회, 각종 행사 개최(설문조사, 세미나, 포럼, 토론회, 캠페인, 지역 간 연합 워크숍, 권리교육 등), 실효성·실천적 정책과제 발굴(전문가 자문단 참가 및 지도), 생활 주변의 문제점 파악하기 등인데, 이때 문제점 파악을 위해서 몇 가지 질문을 제시한다. 예를 들어, 불편하고, 불쾌하고, 이해할 수 없는 것,

---

### 정책 제안서 작성 예시

- 의제: 효율적 진행과 효과적 논의 집약을 위해 구체화되는 논의 주제
- 정책명: 세부 정책과제들을 아우를 수 있도록 한 줄 내외로 작성. 누구나 한 번 보고 어떤 정책 제안인지 가늠할 수 있도록 작성
- 제안배경
  - 제안 정책의 필요성, 제안 근거, 현황 자료, 연구 자료, 통계 자료, 미디어 자료
  - 정책 관련 현황
  - 제안 근거(객관적인 자료, 최신 자료, 많은 인원을 대상으로 한 자료일수록 필요성에 유리, 1개 이상 첨부, 통계치가 있는 경우 수치화된 현황 제시) 및 제안 이유 등 작성

※ 출처 표기방법
책: 지은이, 『제목』, 출판사(출판일), 쪽수
신문기사: 기자명, 기사제목, 신문명, 발행일, 면수
연구 자료(논문): 지은이, "논문제목", 발행처, 발행연도, 쪽수

- 세부 정책과제별 결과
  - 제안하고 싶은 내용을 한 문장으로 작성 1
    · 제안하고 싶은 내용을 구체적이고 자세하게 작성
    · 사례로 참고할 수 있는 사진이나 그림을 함께 포함시키면 설명력이 높아짐
  - 제안하고 싶은 내용을 한 문장으로 작성 2
    · 제안하고 싶은 내용을 구체적이고 자세하게 작성
    · 사례로 참고할 수 있는 사진이나 그림을 함께 포함시키면 설명력이 높아짐
- 기대효과
  정책대상 및 지역사회에 어떤 직접적인 효과가 있는지, 또한 그에 대한 간접적인 효과는 무엇인지 가늠해 볼 수 있는 내용으로 작성

고쳐야 할 것 생각해 보기, 다같이 공감하는 문제 찾아보기, 청소년이 꼭 해결하고 싶은 문제 찾아보기, 나는 무엇을 하고 싶은가, 나는 무엇을 제공할 수 있는가, 다른 사람들에게 어떤 이익이 있는가를 중심으로 검토해 본다.

### ④ 회의 운영방식

오리엔테이션 또는 청소년참여활동 운영 초기에 위원회 위원을 선정하거나 자체 규칙을 제정하는 등의 의사결정 과정을 진행하는 절차를 경험한다. 이 과정에서 도 (광역시 등) 또는 국가 단위 위원회의 경우는 회의 참석을 위해서 상당히 먼 곳에 이동을 하는 경우가 있기 때문에 이동 시간에 대한 고려가 필요하다. 따라서 회의 시간 규모를 정하고, 가급적 시간 내에 마치는 것을 원칙으로 하는 것이 좋다. 이를 위해서는 앞서 제시한 여러 가지 의사결정 기법을 적정히 활용하여 회의가 진행될 수 있도록 사전에 회의 진행에 대한 방법들을 구상하고 미리 공지하면 청소년참여활동 위원들이 시행착오를 줄일 수 있다.

회의 진행은 전체적으로 앞서 제시한 순서를 토대로 진행하되 각 시기별 과업이 다르므로, 계획 단계 회의, 활동확산 단계 회의, 활동수렴 단계 회의, 제안-평가 단계 회의에 따라 탄력적으로 적용하여 진행하는 것이 필요하다. 그리고 청소년지도사는 이러한 절차와 과정을 기록하는 회의록을 작성하도록 지도한다.

### ⑤ 평가 및 피드백

평가는 크게 회기평가, 중간평가, 종결평가를 실시할 수 있고, 여기에서 나온 결과를 통해서 피드백한다. 회기평가는 참여한 청소년들을 대상으로 주관적인 자기 자신을 평가(자신의 참여에 대한 만족도, 참여 정도)해 보고, 중간평가는 기존에 진행했던 내용에 대한 장점과 단점 그리고 개선되어야 할 것들을 평가해 본다. 이때 청소년뿐만 아니라 청소년지도사도 함께 평가한다. 종결평가는 주관적인 평가와 함께 앞으로 개선되어야 할 것을 좀 더 집중해서 살펴볼 필요가 있다. 이때 활동에 대한 평가 외에 담당 공무원은 주기적으로 정기회의를 참관하여 참여위원들이 제안하려는 정책 아이디어들에 대해 듣고 피드백해 줄 수 있도록 한다. 이미 시행되고 있는 정책 또는 실효성이 없는 정책이 제안되는 경우가 많아 수많은 시간을 허비하

는 사례가 발생될 수 있기 때문에 사전에 정책 이해를 충분히 함으로써 동기부여 요
인을 만들어 줄 필요가 있다.

**요약**

1. 청소년참여는 청소년이 자신의 판단에 따라 주체적으로 참여하고 의사결정 과정을 공유
   하며 이를 통해 자신과 자신이 속한 지역사회, 기관, 시설에 영향을 미쳐 변화를 가져온다
   는 점을 포함하고 있다.

2. 청소년참여는 청소년이 능동적으로 자신의 생활환경에 참여하는 기회이며, 자신이 살고 있
   는 지역사회에 영향을 주는 의사결정을 공유하는 과정으로 임파워먼트, 개입, 자문과는 다
   른 의미이다.

3. 청소년참여의 중요성은 첫째, 청소년의 참여는 청소년의 '성장'을 위해 필수적인 요소로 제
   기되고 있기 때문이다. 둘째, 청소년의 참여를 보장하는 것은 민주주의의 현재와 미래를 위
   해 중요하기 때문이다. 셋째, 청소년의 참여는 공동체 발전에도 중요한 역할을 한다. 생활
   환경이나 사회 환경의 개선과 개발에 참여하는 활동은 지역사회를 하나로 결속시켜 주는
   촉매제가 될 수 있다는 점이다. 넷째, 청소년의 참여는 자신의 권리를 확장하고 완성하는
   과정이기 때문이다.

4. 청소년참여활동은 대상·목적·방법에 따라서 또래중심의 참여활동, 지역중심의 참여활동,
   정책과정의 참여활동, 단체자율 참여활동, 사이버 참여활동으로 나눌 수 있다.

5. 청소년참여활동의 성과는 학습영역, 자기개발 영역, 성장과 발전 영역으로 나눌 수 있다.

6. 청소년참여기구는 청소년특별회의, 청소년참여위원회, 청소년운영위원회로 나눌 수 있다.

7. 청소년참여활동이 효율적으로 운영되기 위해서는 청소년뿐만 아니라 청소년지도사가 주
   도적으로 참여활동을 진행하고 참여해야 한다.

강현아 · 김희숙 · 신원영 · 장승원(2006). 청소년 참여권 현황과 지표개발. 서울: 한국청소년개발원.

김경섭 · 박창규 역(2002). 원칙중심의 리더십. (저자 시티븐 코비). 서울: 김영사.

김정주 · 길은배 · 정화수(1997). 청소년의 지역사회 참여운동 연구. 서울: 한국청소년개발원.

김희성(2004). 청소년 참여를 통한 정치 · 사회 임파워먼트 형성에 관한 연구. 서울: 한국청소년개발원.

김희성(2005). 청소년의 정치사회 임파워먼트에 대한 참여의 효과 분석. 청소년학 연구, 12(1), 326-346.

남화성(2010) 청소년참여기구 활동경험이 진로태도성숙에 미치는 영향 경기대학교 대학원 석사학위논문.

노혜숙 역(2002). 질문의 7가지 힘. (저자 도로시 리즈). 서울: 더난출판사.

모경환 · 차경수(2008). 사회과교육. 서울: 동문사.

문성호(2006). 정책과정에서의 청소년참여 확대방안의 모색. 청소년학연구, 13(6), 201-219.

여성가족부(2015). 2015 청소년백서. 서울: 여성가족부.

여성가족부(2016). 2016 청소년사업 안내. 서울: 여성가족부.

이미선(2014). 부모코칭 프로그램이 아버지의 부모효능감과 자녀 상호작용에 미치는 효과. 남서울대학교 대학원 석사학위논문.

이혜정(2013). 청소년 참여예산활동 사례연구: 인천기 연수구와 동구를 중심으로. 성공회대학교 대학원 석사학위논문.

전도근.(2006). 생산적 코칭. 서울: 북포스.

정그린(2015). 코칭리더십이 조직시민행동에 미치는 영향:심리적 주인의식의 매개효과. 광운대학교 대학원 석사학위논문.

조은현 · 탁진국(2011). 코칭리더십 척도개발 및 타당화. 한국심리학회지 산업 및 조직, 24(1), 127-155.

청소년위원회(2005). 청소년참여의 현황 · 문제점 및 운영방안 연구. 서울: 청소년위원회.

최창욱 · 전명기 · 김윤희(2013). 청소년참여기구 활성화 방안 연구. 세종: 한국청소년정책연구원.

최창욱 · 조혜영(2006). 청소년 정책참여 활성화 및 참여권 확보 방안 연구. 서울: 한국청소년정책연구원.

한국청소년개발원(2003). **청소년정책론**. 서울: 교육과학사.

한국청소년활동진흥원(2017). **청소년참여활동 가이드북**. 서울: 한국청소년활동진흥원.

한정수(2016). 지역사회 청소년지도자 직무역량에 관한 연구. 한국방송통신대학교 대학원 석사학위논문.

Bell, M. (2002). Promoting children's rights through the use of relationship. *Child & Family Social Work, 7*, 1-11.

Benjamin, K., Jennifer, L. O., & Milbrey, W. M. (2002). Youth Participation(improving institutions and communities). MA: A Wiley Company.

Checkoway, B. (1998). Involving Young People in Neighborhood Development. *Children and Youth Services Review, 20*(9), 765-795.

Checkoway, B. (1999). Adult ad allies. A Kellogg Foundation Publication, Online: http://wkkf.org.

Coach, U. Inc. (2005). *The Coach U Personal and Corporate Coach Training Handbook*. Hoboken, NJ: Wiley.

Crane, T. G. (2006). *The Heart of Coaching*. The FTA Press Publishing.

Day, D. V. (2001). Leadership Development: A Review in Context. *The Leadership Quarterly, 11*(4), 581-613.

Ellinger, A. D. (1997). Managers as facilitators of learning in learning organizations. Unpublished doctoral dissertation, University of Georgia, Athens, GA,

Grant, A. M. (2007). Enhancing coaching skills and emotional intelligence through training, *Industrial and Commercial Training, 39*(5), 257-266.

Greene, J., & Grnat, A. M. (2003). *Solution-focused coaching: A manager's guide to getting the best from people*. London: Peason Education Limited.

Handerson, S. (2007). Neighbourhood. In Martin. R. (Ed.), *Youth in context: Frameworks, settings and encounters*(pp. 124-154). London: Sage Publications.

Hart, R. A. (1997). *Children's participation: The theory and practice of involving young citiznes in community development and environmenta lcare*. Unicef. Earth scan Publications Ltd, London.

Heslin, P. A., Vandewalle, D., & Latham, G. P. (2006). Keen to help? Managers' implicit person theories and their subsequent employee coaching. *Personal Psychology, 59*(4),

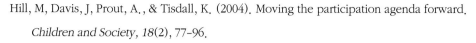

871-902.

Hill, M, Davis, J, Prout, A., & Tisdall, K. (2004). Moving the participation agenda forward. *Children and Society, 18*(2), 77-96.

Newmann, F. M., Bertocci, T. A., & Landsness, R. M. (1977). *Skills in citizen action: An English-social studies program for secondary schools.* Skokie, IL: National Textbook Co.

Parker, C. (1996). *Educating the Democratic Mind.* State University of New York Press.

Winter, M. (1997). *Children as fellow citizens.: Participation and commitment.* Oxford: Radcliffe Medical Press.


청소년참여포탈 http://www.youth.go.kr

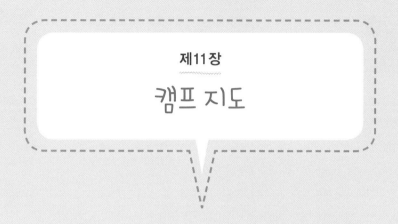

# 제11장

## 캠프 지도

학습개요

　산업이 발달하고 경제수준이 향상되면서 여가를 즐기는 사람들이 증가하게 되었고, 특히 캠핑(캠프)을 즐기려는 사람이 많아지기 시작했다. 우리나라는 2000년대 이후 캠핑이 개인 및 가족 단위로 자연 속에서 즐기는 여가로서 주목받기 시작하였다. 그러나 캠프는 그 이전에 청소년활동으로서 이미 시작되었다고 할 수 있다.

　이 장에서는 캠프가 무엇인지에 대해 개념과 역사를 살펴보고, 캠프의 목적과 캠프의 다양한 유형을 제시한다. 또한 지도자로서 캠프를 지도하기 위한 자질 및 임무, 참가자와의 관계, 캠프를 지도하기 위한 원칙을 알아보고, 마지막으로는 캠프 프로그램의 기획원칙과 프로그램의 순서를 이해하여 캠프지도의 실제를 살펴본다.

# 01 캠프의 이해

산업이 발달하고 경제수준이 향상되면서 여가를 즐기는 사람들이 증가하게 되었고, 특히 캠핑(캠프)을 즐기려는 사람이 많아지기 시작했다. 우리나라는 2000년대 이후 캠핑이 개인 및 가족 단위로 자연 속에서 즐기는 여가로서 주목받기 시작하였다. 그러나 캠프는 그 이전에 청소년활동으로서 이미 시작되었다고 할 수 있다.

## 1) 캠프의 정의와 역사

'캠프(camp)'의 어원은 라틴어의 '캄푸스(campus)'와 그리스의 '케포스(κήπος)'에서 유래되었다. '캄푸스'는 전쟁이나 훈련 시 군대가 주둔하였던 '들'을 의미하며, '케포스'는 정원을 뜻하는 단어이다(함정혜·김옥례·김영선, 2001). 구체적으로 살펴보면, 캠프는 "휴양이나 훈련 따위를 위하여 야외에서 천막을 치고 일시적으로 하는 생활이나 그런 생활을 하는 곳"(국립국어원 표준국어대사전[1])을 의미한다. 캠프라는 단어의 사전적 의미는 명사와 자동사로서의 의미가 있다. 우선 명사로는 '군대의 야영(지), 군대나 보이스카우트 또는 여행자들의 임시막사, 그리고 군대생활, 천막생활, (미국의 경우) 산장'이라는 뜻을 지니며, 자동사로는 '천막을 치다' '야영을 하다'라는 뜻이 있다(전국재·우영숙, 1998). 이와 같이 캠프는 야영을 한다는 것과 야영(훈련)을 하는 공간 등 크게 두 가지 의미를 갖고 있다. 다만, 캠프를 우리말로 표기하면 '야영'이며, 이 두 가지 의미 중 휴양이나 훈련 등을 위하여 야외에서 천막을 치고 일시적으로 하는 생활을 뜻한다. 한편, 캠프와 유사하게 사용되는 캠핑(camping)도 산이나 들 또는 바닷가 따위에서 텐트를 치고 야영하는 것, 또는 그런 생활을 의미한다(국립국어원 표준국어대사전).[2] 특히 '캠핑'이라는 용어는 2000년대 이후 개인

---

1) https://stdict.korean.go.kr/search/(2020. 1. 26. 검색)

및 가족 단위의 활동이 시작되면서 많이 사용되고 있으며, 청소년의 경우 청소년단체 및 사설 학원 등에서의 숙박활동을 총칭하여 (텐트를 치고 야영하는 것과 관계없이) '캠프'로 불리고 있다.

캠프의 사전적 의미 외에도 미국캠핑협회(American Camp Association: ACA)는 캠프를 야외의 풍족한 환경을 이용하여 인간의 신체적 · 지적 · 사회적 · 정서적 또는 영적 성장을 위하여 유능한 지도자의 지도하에서 협동적인 공동생활을 하는 창조적이며, 교육적인 생활경험이라고 하였다(송병국 · 오해섭 · 이채식 · 주대진, 2002). 한국보이스카우트연맹(1993)은 산, 들, 숲, 호수, 강, 바다 등 자연 속에서 이루어지는 모든 활동으로 정의하였고, 한국청소년연맹(1985)은 자연 속에서 천막이나 막사를 세워서 노숙을 하면서 야영생활 자체와 활동내용에 목적을 두고 활동하는 것이라고 정의하였다. 이와 같이 캠프는 자연 속에서 텐트를 치고 휴양 및 훈련을 하는 활동으로 전문 지도자의 지도에 따라 목적을 설정하고 그 목적을 이루어가는 활동이라고 정의할 수 있다. 이 장에서의 '캠프' 개념 역시 야외에서 텐트를 치고 활동하는 것으로 개인 및 가족 단위가 아니라 전문 지도자의 지도에 따른 활동으로 목적을 세우고 일정 기간 동안 규칙적인 활동을 하는 것으로 조직캠프[3]의 개념으로 정의하였다.

캠프의 시작은 개인이 아닌 집단으로서의 조직캠프를 중심으로 살펴보고자 한다. 우리나라에서 놀이문화와 캠프를 오랫동안 연구하고 지도해 온 전국재와 우영숙(1998)은 조직캠프의 시작을 메이플라워호(Mayflower) 안에서의 결의로 제시하였다. 그 당시 청교도들이 해변에 착륙하면 적당한 캠프지(camp site)를 물색하여 파티를 열자고 했던 것이다. 이 당시 미대륙의 원주민이었던 인디언들이 이방인인 청교도들에게 지역 사정과 움막 짓는 방법을 알려 주고, 식량을 가져다주기도 하면서 생존기술을 터득할 수 있었다. 이것이 바로 청교도들이 낯선 땅에서 야영생활을 하게

---

3) 조직캠프(organized camp): 교육목표와 구체적인 프로그램을 중심으로 운영되는 집단활동으로 전문지도자에 의해 자연에서 일정 기간 규칙적인 생활을 하는 것을 의미한다. '조직캠프'보다는 '조직화된' 또는 '구조화된 캠프'로 번역하는 것이 좀 더 적절할 것으로 판단되지만, 기존 문헌에서 주로 사용된 용어인 '조직캠프'로 지칭하였다.

된 시초이다. 그러나 이후에 미국인(청교도)들이 오히려 원주민이었던 인디언 캠퍼(camper)들을 내쫓고, 인디언은 짐승만도 못한 취급을 받으며 신대륙에서 강제수용(캠프)생활을 해야만 했던 아픈 역사가 고스란히 담겨 있기도 하다.

신대륙 북아메리카에서 조직캠프가 탄생하고 발전할 수밖에 없었던 것은 우선 신대륙이 끝없이 펼쳐져 있는 숲이었고, 수많은 짐승과 물고기들이 가득한 오염되지 않은 땅이었기 때문이다. 또한 신대륙에 이주한 초기 유럽인들이 신대륙을 개척하며 끊임없이 서쪽으로 전진하면서 어쩔 수 없이 캠핑을 해야 했다. 마지막으로는 북아메리카에서 오랫동안 살아왔던 인디언은 이미 자연과 공존하는 지혜와 온갖 생존기술을 소유하고 있었으며, 이들이 전수해 준 기술과 정보들이 서부개척에 결정적인 도움이 되었기 때문이다(전국재·우영숙, 1998).

이러한 과정을 거쳐 세계 최초의 조직캠프는 1885년에 미국 YMCA의 열성회원인 더들리(Sumner Francis Dudley, 1854~1897)가 소년들을 선발하여 1주일간 캠핑을 떠나면서 시작되었다. 이 당시에는 7명의 소년과 함께 천막을 치고 야영하면서 성경 공부, 보트 타기와 낚시, 수영, 예배와 기도 모임 등의 시간을 가졌다. 이후 1901년에 최초로 캠핑클럽이 창설되었고, 1933년에 국제 캠핑회의를 개최하게 되었다.

같은 시기에 독일과 영국에서도 캠프활동의 움직임이 있었는데 우선 독일에서는 1901년에 반더포겔운동(철새라는 뜻으로 도보여행을 통해 청년들의 조국애와 인문적 식견을 넓히자는 운동)이 전국적으로 발전하면서 도보여행과 함께 캠핑문화도 급속도로 확산되었다. 그리고 영국에서는 육군 중령 출신인 베이든 포우엘(Robert Stephenson Baden-Powell, 1857~1941)이 스카우트 운동을 창설하고 1907년에 20명의 소년을 데리고 스카우트 야영을 실시하였으며, 걸스카우트 역시 1909년에 정치에 관여하지 않고 인종·국민·종교를 초월하여 우정을 다지고 수양 및 봉사하는 것을 목적으로 창립되었으며 주요 활동으로 캠프를 실시하였다.

이러한 역사 속에서 캠프가 변화와 발전의 과정을 거치게 되었는데, 구체적으로 캠프의 발전단계는 다음과 같다(김종국, 1997; 전국재·우영숙, 1998).

첫째, 레크리에이션 단계(1861~1920년)이다. 이 시기에는 도시의 부패한 환경에서 청소년을 보호할 수 있는 길은 이들을 자연 속에 돌려보내서 자연을 접하게 하는 것이라고 생각하였다. 야외에서 경험하는 고된 생활은 참가자가 신체적으로 성장하는 데 유익한 것으로 인식하였고, 산업혁명 이후의 인간 개개인의 이기적인 사조로 인해 도덕적으로 상실해 가는 인간성을 회복하기 위해 수준 높은 품격과 성품개발이 중요시되었다. 당시 지도자는 운동선수들이었고 지도자 1~2명이 4~50명의 참가자들을 지도하였으나, 지도자의 대부분은 사명감이 투철하였고 청소년에 대한 남다른 애정을 가진 이타적인 사람으로, 청소년을 이해하기 위해 노력할 뿐 아니라 유머러스한 모습을 갖추었다.

둘째, 교육단계(1920~1930년)이다. 제1차 세계대전이 종료된 직후였는데도 캠프 운동은 오히려 급속한 발전을 이루게 되었다. 조직캠프의 수가 급증하였고, 방법과 프로그램에도 많은 변화가 있었다. 존 듀이(John Dewey)에 의해 확립된 진보주의 교육은 심리학과 정신의학의 기초를 이루게 되었고, 교육계에 지대한 영향을 끼쳤다. 특히 조직캠프의 이론적 기초를 세우는 데 결정적인 공헌을 하였다. 학습자의 욕구와 흥미에 더욱 적극적인 관심을 기울이게 되면서 연극, 예술, 공장, 무용과 음악 등이 학교 교육과정에 새로이 편입되기에 이르렀다. 그 결과, 캠프에서도 과제해결의 그룹워크[4] 형태를 가져오게 되었고, 이때부터 지도자 훈련이 시작되었다. 이때의 지도자는 유명 운동선수보다는 교육받은 기능중심의 지도자를 선발하게 되었다.

셋째, 사회적응과 책임 단계(1930년대)이다. 이 시기에는 교육적인 단계에서 그룹워크의 규모가 확대되어 가는 과정으로 특정 대상뿐만 아니라 지역사회가 필요로 하는 문제해결을 위한 캠프가 성행하였다. 이는 사회와 직접 관련된 문제들을 캠프를 통하여 해결하고자 하는 것으로 이때부터 캠프협회의 캠프기준이 설정되어 민주적인 생활훈련의 장으로서의 캠프와 캠프운영의 조직ㆍ관리ㆍ보건ㆍ안전 등에 대한 관심으로 이어졌다. 또한 이 당시 중요한 캠프 관련 문헌이 많이 출판되었는데, 대부분 사회적 자율성과 사회 구성원으로서의 책임감을 중요시하였다. 이 외에도 (소집단 중심의) 분산형 캠프가 YMCA를 중심으로 확산되었는데, 참가자인 청소년들의 인격과 개성을 존중하고 이들의 욕구와 흥미에 우선하는 소집단활동을 통해 자신이 원하는 활동을 선택할 수 있게 되었고 이에 따른 책임도 부과되었다.

---

4) 그룹워크(group work): 의도적인 집단경험을 통하여 개인의 사회적 기능을 향상시키고 개인ㆍ집단ㆍ지역 사회의 문제에 효과적으로 대처하도록 원조하는 활동이다.

넷째, 민주적 단계(1940년대)이다. 미국 민주주의 원리에 대한 회의와 제2차 세계대전에 대한 비판과 함께 캠프의 모든 장면 속에서 민주적인 과정이 강조되기 시작하였다. 캠프 참가자들은 프로그램 계획에 더 많이 참여하게 되었고, 캠프협의회 역시 프로그램, 훈련, 기타 운영 부분에도 참여할 수 있게 되었다. 또한 이 당시에 많은 캠프가 분산형(소집단 중심)으로 운영되었으며, 그에 따라 캠프 참가자들의 욕구를 고려하여 프로그램들이 수정되기 시작하였다.

다섯째, 생존캠핑 단계(1960년대 이후)이다. 경제적으로 풍요로운 시대를 맞아 카누, 배낭여행, 선조들이 사용하던 생존·야영기술을 익히는 등 원시시대의 광야생활로 회귀하는 것이 바로 생존캠핑이다. 이 시기에는 단순한 생활하기, 천연자원과 가치 있는 야생동물의 보존, 그리고 생태학적 균형 내에서의 각각의 생물에 대한 중요성을 알고자 하는 욕구 등에 대한 탐색도 시작되었다. 이에 각 프로그램별로 전문지도자에 의해 자연과 야외생활에 대한 전문 지식을 습득할 수 있는 전문화된 캠프 교육이 이루어지게 되었다(함정혜 외, 2001).

한편, 우리나라의 캠프활동은 서양의 발전과정에 비해 늦게 시작되었다. 고대 캠프활동의 기원은 화랑도를 들 수 있다. 화랑도는 신라뿐만 아니라 고구려, 백제에서도 쉽게 볼 수 있었던 고을을 중심으로 한 집단 놀이활동이나 병사활동, 명절놀이 등에서 찾아볼 수 있으며, 민간인 사이에서 자생적으로 발생하였다고 볼 수 있다(라정선, 1985).

근대 우리나라의 캠프는 YMCA로부터 출발한다. 황성기독청년회(현 서울 YMCA)는 1910년 6월 22일부터 26일까지 서울 근교의 진관사에서 제1회 학생 하령회[5]를 개최하였다. 이때 전국의 46명 학생이 참석하였고, 기독교 6개 교파와 4개국 대표 16명이 연사로 초빙되었으며, 강습회 성격의 학생 중심 집회로서 그 후 매년 송도(개성의 옛이름), 우이동, 북한산성 등 주로 야외에서 거행되었다. 이후 해방을 맞아 YMCA는 극심한 정치적·경제적 혼란 속에서도 청소년을 위하여 캠프 프로그램을

---

5) 하령회: YMCA의 지도자였던 무디(Dwight Lymn Moody, 1837~1899)의 주도하에 1880년 메사추세츠주의 노스필드에서 개최되었던 여름 콘퍼런스를 그대로 번역한 말이며, 무디의 1910년 집회는 최초의 성경수양회 모임으로 기록되어 있다.

적극 추진하였다. 1951년 대한 YMCA연맹에서는 한국 최초로 경기 의정부 기슭에 '다락원'이라는 이름으로 캠프장을 마련하여 청소년운동의 훈련장으로서 교육, 계몽, 지도자 양성에 주력하기 시작하였다. 이 캠프들은 YMCA를 비롯하여 새문안교회, 정동교회, 영락교회 등 기독교 단체에 의해 현재까지 꾸준히 계속 되어 수많은 지도자를 양성하였고, 성인의 그늘에서 제대로 기를 펴지 못하는 청소년에게 지도자로서의 자질을 키워 주는 요람이 되었다.

1970년대가 되면서 고도의 경제성장과 산업화에 따른 비인간화현상이 뚜렷하게 나타나기 시작하였고, 이때 보이스카우트, 걸스카우트 등의 청소년단체 야외수련활동이 활발히 이루어지게 되었다. 또한 사설 캠프장이 생겨서 일반 사설 교육기관에서의 캠프가 실시되었다. 이 시대의 캠프는 인간성 회복에 역점을 두고 프로그램을 전개하였다.

1980년대에는 야외수련활동의 중흥기라고 할 수 있을 만큼 다양한 발전을 이루었다. 한국청소년연맹, 한국해양소년단, 한국우주정보소년단 등의 청소년단체가 설립되었고, 학교마다 들어가서 청소년단체활동이 시작되었다. 이 시기에는 겨울캠프, 조류탐사캠프, 문학캠프, 음악캠프, 과학캠프 등이 실시되어 캠프의 목적과 대상에 관해 세분화되고 다양한 형태의 캠프가 이루어졌다.

1990년대에 들어서는 국가 시책으로 청소년 주무부처에서 청소년문제에 대한 적극적인 해결과 바람직한 청소년육성을 위해 「청소년 기본법」이 제정되었다. 이로 인해 청소년수련활동이 체계적으로 활성화되었고, 청소년단체의 수련활동에 대한 문화체육부나 지방자치단체 등의 예산지원도 확대되었다.

## 2) 캠프의 목적

캠프는 주관 기관 및 대상에 따라 그 목적이 다르지만, 조직캠프의 경우 여섯 가지 목적에 의해 발전되어 왔다. 즉, 즐거움과 모험, 기술과 지식, 건강과 안전, 자연과 친밀해짐, 감사와 영적 가치들, 사회적응을 통한 개인의 성장이다. 이는 캠프의 참가자가 성취해야 할 것들이며, 이를 구체적으로 살펴보면 다음과 같다(Rodney & Phylis, 1971: 전국재 · 우영숙, 1998 재인용).

- 지도자가 개입하는 야외프로그램을 통하여 건강한 즐거움과 모험을 경험한다.
- 캠프생활에서의 안전을 강조하고, 힘·활력·인내심을 증진시키는 기회를 제공하며, 정신적 스트레스에서 해방될 수 있도록 격려함으로써 건강한 일상생활 습관을 배양하여 안전하고 건강한 삶의 지혜를 익힌다.
- 자연환경을 이해하고 감사할 수 있도록 도와주고, 자연에 의지하는 마음가짐과 자연보호에 대한 책임의식을 기르며, 기본적인 캠핑기술을 사용하는 능력을 증진시킴으로써 자연 속에서 가정의 평안함을 느낄 수 있도록 한다.
- 참가자가 질서정연한 우주의 아름다움을 감상할 수 있는 예리한 감각을 개발하며, 다른 문화·종교·국가와 인종의 사람들을 존중하고 이해하는 소중한 경험과 안정감을 가질 수 있도록 격려해 줌으로써 영적 의미와 가치개념을 증진시킨다.
- 건강한 레크리에이션을 지속적으로 즐길 수 있는 기술과 지식들을 습득할 수 있도록 한다.
- 참가자 자신과 다른 사람의 인격을 존중하고 사회에서 효과적으로 기능하고 사회적 이해와 책임감을 계발하도록 도와줌으로써 집단생활에 잘 적응할 수 있는 인물이 되도록 도와준다.

다음으로 미국야영위원회에서 제시한 야영교육의 목적은 다음과 같다(한국청소년단체협의회, 1991).

- 자연 생활에서 적응하는 능력을 길러 일상생활에 필요한 기술을 습득한다.
- 이상적인 사회생활의 방법을 몸에 익힌다.
- 지도력의 배양과 동료들과의 우애를 돈독히 한다.
- 책임감을 고취시키고 자립정신을 길러 준다.
- 다른 사람과 명랑하게 사귀고 교제하는 방법을 배운다.
- 자기 생활에 자신감을 갖게 하고 협동정신을 기른다.
- 강인한 체력과 의지력을 기르며, 새로운 지식과 기술을 습득한다.

제
11
장

캠
프

지
도

마지막으로 함정혜 등(2001)은 캠프의 목적을 다음의 다섯 가지로 제시하였다.

- 자연 가운데에서 집단적으로 자율생활을 함으로써 자신을 발견하고 진실한 협력과 공동생활을 체험한다.
- 캠프생활의 기술을 배워 일상생활에 적용하는 능력을 기르고, 캠프생활 전체의 여러 활동을 통해 자신의 체력과 정신력을 단련시킨다.
- 건강을 증진시킨다. 자연 속에서의 생활은 맑은 공기와 밝은 햇빛, 적당한 휴양, 적절한 운동, 즐거운 식사, 규칙적인 생활을 함으로써 혼탁하고 소란한 도시에서는 갖기 힘들었던 건강을 되찾게 된다.
- 새로운 취미와 기술을 배움으로써 여가를 선용한다. 자연 속에서의 생활과 작업을 통하여 삶에 대한 창의적인 지혜가 생기고, 동료들과 함께 즐기는 합동 창작, 자연관찰, 작업, 운동, 단체 놀이 등의 생활을 통하여 새롭고 창의적인 기술을 익히게 된다.
- 집단생활의 경험을 통하여 사회생활에 대처하는 적응력을 기르고 책임감을 향상시킨다. 공동생활 속에서 타인과 조화를 이루며 살아가는 방법을 배우고, 타인의 눈에 비친 자신과 스스로의 습관이나 태도를 발견하며, 자신이 가진 장점을 발전시키고 단점을 보완함으로써 사회적인 성장에 기여하게 된다. 또한 연대의식을 느끼면서 그에 따른 책임감이 향상된다.

이와 같이 캠프는 참가자들이 자연 속에서 자연과 조화를 이루며 그 과정에서 심신을 건강하게 할 뿐 아니라 다른 참가자와 함께 소통하며 연대의식을 느끼고 그에 따라 책임감을 증진시키는 데 그 목적을 둔다고 할 수 있다.

## 3) 캠프의 유형

캠프의 유형은 구조화 여부, 공간, 기간, 주관기관, 참가대상, 프로그램 등에 따라 다양하게 구분된다. 구체적으로 살펴보면 다음과 같다(전국재 · 우영숙, 1998; 함정혜 외, 2001).

## (1) 구조화 여부

캠프가 구조화(체계화)되었는지에 따라 비공식캠프와 공식(조직)캠프로 구분된다. 구조화되었다는 것은 캠프의 목적을 두고 그에 따른 세부 프로그램이 제시되어 지도자가 함께 참여하여 운영한다는 의미로, 보통 청소년기관·단체·시설에서 하는 캠프를 의미한다. 이에 비해 구조화가 되어 있지 않은 캠프로는 개인 또는 가족 캠프를 들 수 있다. 캠프가 비구조화로 운영된다면 '비공식캠프(informal camp)'로, 구조화되어 있다면 '조직캠프(organized camp)'로 불린다.[6]

조직캠프는 '집중형 캠프' '분산형 캠프' '절충형 캠프'로 구분된다. 집중형 캠프는 지도자중심의 대규모 캠프를 말하며, 분산형 캠프는 참가자가 중심이 되는 소집단 캠프이다. 절충형 캠프는 집중형 캠프와 분산형 캠프의 장점을 중심으로 운영되는 캠프를 의미한다.

**표 11-1** 집중형 캠프 VS 분산형 캠프

| 구분 | 장점 | 단점 |
|---|---|---|
| 집중형 캠프 | -전체를 대상으로 진행되므로 지도자의 개인 역량이 절대적인 영향을 미친다. | -지도자와 개별 참가자와 소통할 수 있는 시간이 한정되어 있다.<br>-전체가 함께 활동함에 따라 개인적인 기술 습득 및 경험의 기회가 적다. |
| 분산형 캠프 | -참가자가 세부 프로그램을 선택할 수 있다(자율성 강화).<br>-지도자가 소집단을 효과적으로 지도할 수 있다. | -집단별 지도자의 역량에 따라 캠프의 목적 달성 및 집단의 분위기에 영향을 미친다. |

## (2) 공간

캠프를 어디에서 하는지에 따라 시설캠프, 야외캠프, 여행캠프, 추적캠프 등으로 구분된다. '시설캠프'는 소속 기관의 건물이나 학교 운동장, 캠프장 등의 시설을 이

---

6) 기존 문헌들이 사용하는 용어인 '비공식캠프' '조직캠프'라는 용어를 그대로 사용하였으나, '비공식캠프'는 오히려 '비형식적인 캠프' 또는 '구조화되지 않은 캠프'로 명명하는 것이 더 적절할 것이라고 생각한다.

용하는 방식이다. '야외캠프'는 일시적인 숙식을 위하여 야외에 텐트를 치는 등 캠프장을 설치하여 생활하는 캠프이다. 이 경우는 장기보다는 단기 캠프로 적절하다. '여행캠프'는 적은 인원이 텐트, 취사도구, 식량 등을 휴대하고 장소를 이동하여 캠핑을 하는 것이다. 이동 시에는 자전거, 보트, 버스 등을 이용하며, 여행코스를 사전에 검토해야 하고 경험있는 지도자가 필요하다. '추적캠프'는 자연을 이용하는데 지도상에 표시된 몇 개의 지점을 나침반이나 정해진 추적 방법을 사용하여 통과함으로써 가능한 한 짧은 시간 내에 목표 지점을 찾아가는 것이다.

### (3) 기간

기간에 따라 일주일 이상인 경우 '장기캠프', 일주일 미만인 경우 '단기캠프', 주말 동안 하는 '주말캠프', 하루 동안 운영되는 '일일캠프' 등이 있다.

### (4) 주관 기관

캠프는 영리를 목적으로 사설 기관에서 주관하는 '사설캠프(상업캠프)', 정부 및 정부 기관, 학교 등에서 운영하는 캠프를 '공공기관 캠프', 특정 지역의 참가자들을 위해 개설하거나 청소년단체의 회원들을 위한 캠프로 참가자들에게 적합한 특징 있는 프로그램으로 진행할 수 있는 '지역 및 청소년단체 캠프'로 구분된다.

### (5) 참가 대상

캠프는 참가대상에 따라 학령 전 아동이 참여하는 '유아 캠프', 초등학생이 참여하는 '어린이 캠프', 중·고등학생이 참여하는 '중·고등학생 캠프', 그 외에 '성인캠프' '가족캠프' '장애인 캠프' 등이 있다.

### (6) 프로그램 내용

프로그램 내용에 따라 캠프의 유형이 구분된다. 첫째, '스포츠 캠프'는 수영, 축구, 체조, 요트, 등산, 스케이트 등과 같이 여러 스포츠 동호회 회원들끼리 진행하는 캠프와 일정 스포츠를 배우며 친목을 도모하는 캠프가 있다. 둘째, '조사·연구캠프'는 해양 탐사, 강 지류와 수질 탐사, 지도 탐사, 지질 조사, 토양 조사, 기후 연구, 날씨 조사, 자연물 채집 및 관찰 등을 위한 캠프이다. 셋째, '노동·봉사캠프'는 제2차 세계대전 이후 전승국의 청년들이 국가와 민족을 초월하여 화해하고 함께 육체노동을 하며 공동생활, 친교, 우정, 봉사정신, 검소, 근면을 목적으로 시작하게 되었다. 오늘날에는 봉사가 필요한 곳에 찾아가 캠프를 실시하며 교육적 목적을 병행하는 캠프이다. 넷째, '예술·취미캠프'는 음악, 미술, 조각, 회화, 연극, 소설, 시 등과 같은 예술 방면이나 수석 수집, 곤충 채집, 조류 보호, 별자리 관찰 등을 위해 함께 일하고 토론하며 교제하는 캠프이다. 다섯째, '생존캠프'는 특수 장비나 지원 없이 요트, 카누, 배낭 등과 같은 도구로만 해양탐험, 급류 타기, 암벽 등반, 대륙횡단 등을 함으로써 모험을 즐기고 대자연 속에서 생존 방식을 체험하는 캠프이다.

## 02 캠프 지도방법

### 1) 캠프 지도자의 자질 및 임무

청소년기관·단체·시설에서 실시하는 청소년캠프는 업무 담당자인 청소년지도사와 이를 지원하는 스태프인 직원(청소년지도사) 및 성인 자원봉사자가 함께하게 된다. 캠프에서 청소년을 지도하는 지도자는 다음과 같은 자질을 가지고 있어야 한다. 참가자에 대한 호감을 가지고 참가자를 돕고자 하는 열성과 참가자의 심리를 파악하고 캠프의 목적을 이해하며 캠프 프로그램을 도울 수 있는 능력, 협동정신, 캠프규칙, 전통을 준수하고 이에 적응할 수 있는 성향을 지니고 있어야 한다(청소년과 놀이문화연구소, 1993). 이 외에도 어떠한 상황에서도 청소년의 언행에 대해 참고 받아들일 수 있는 관용과 인내심, 청소년을 웃게 할 수 있는 유머감각, 그리고 친절, 성실함 등이 필요하다.

청소년캠프에서 캠프 지도자는 다음과 같은 임무를 수행해야 한다(한성균, 1983). ① 참가자로 하여금 즐거운 시간이 되도록 한다. ② 안전하고 건강한 방법으로 유익한 습관을 갖도록 한다. ③ 다른 사람과 잘 어울리고 책임성을 갖도록 한다. ④ 최대한 프로그램을 다양하게 경험하게 한다. ⑤ 개인이 갖고 있는 고민과 문제를 해결할 수 있도록 도와준다. ⑥ 참가자의 친구나 선배가 되어 준다. ⑦ 야외에서도 불편하기보다 편안할 수 있다는 것을 느낄 수 있도록 기회를 준다.

## 2) 캠프 지도자와 참가자의 관계

첫째, 캠프 지도자와 참가자는 상호 존중해야 한다. 캠프 지도자는 참가자가 지도자보다 나이가 어린 청소년이지만 독립적인 인격체로 존중할 수 있어야 한다. 캠프 과정에서도 본인이 참가자를 이끌어 가야 한다는 책임감으로 인해 청소년의 발달과정 및 특성을 고려하지 않은 채 지도자가 독단적으로 움직여서는 안 되며, 과정마다 참가자의 상황을 꼼꼼히 파악할 뿐만 아니라 상호 동등한 입장에서 원만한 소통이 이루어지도록 해야 한다. 참가한 청소년 역시 지도자에게 예의를 갖추고 지도자를 인정하는 자세가 필요하다.

둘째, 캠프 지도자와 참가자의 캠프 목적은 동일해야 하며, 이를 공유해야 한다. 캠프의 목적은 기관에서 설정하기도 하지만, 원활한 캠프 운영을 위해 캠프를 실시하기 전부터 참가자들과 사전모임을 통해 캠프의 목적을 함께 수립할 수 있어야 한다. 이러한 과정이 이상적일 수는 있으나 지도자도 청소년을 이해하는 기회가 될 것이며, 참가자도 캠프에 관심을 갖고 적극적으로 참여할 수 있는 계기가 될 것이다.

셋째, 캠프의 주체는 참가자인 청소년이며, 지도자는 지원자·촉진자의 역할을 담당한다. 캠프에서 지도자는 청소년이 적극적으로 잘 참여할 수 있도록 지원하며, 이 과정에서 촉진하는 역할을 한다. 청소년보다 너무 앞서서 이들로 하여금 피로감이 누적되지 않도록 해야 하며, 다만 이들의 잠재력과 재능을 발휘할 수 있도록 지원해야 한다.

| 주최측 중심 | 참가자 중심 |
|---|---|

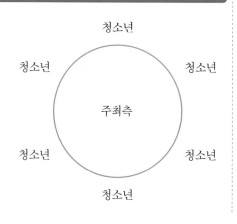

[그림 11-1] 지도자(주최측) 중심 VS 참가자 중심 청소년활동

*출처: 전국재(1988).

## 3) 캠프 지도의 원칙

캠프활동에서 지도의 원칙은 다음과 같다.[7]

• 참가자 개개인이 고유한 특성을 가진 인격체임을 인정하고 이에 상응하는 행동을 해야 한다(집단 구성원의 개별화).
• 집단은 목적, 참가자의 수준, 성격, 응집력, 참가자 간의 상호작용, 지도력 등 집단 내의 여러 가지 요인에 의해 고유한 특성을 이룬 유기체임을 인정하여 집단별 특성에 따라 이에 상응하는 행동을 해야 한다(집단의 개별화).
• 참가자는 각각 고유한 장점과 단점을 가진 인격체라는 사실을 그대로 수용하고 이를 지도자의 가치체계에 입각하여 사정 평가한다.
• 개인의 변화는 다른 사람과의 상호작용을 통해서 가능하므로 지도자는 참가자와 원만한 인간관계를 맺음과 동시에 도움자의 관계를 맺는다.

---

7) 코놉카(Konopka, 1972)가 제시한 집단지도의 14가지 원칙을 전국재(2002)가 참가자 중심의 캠프에 적합하게 수정하였다.

- 집단 활동에서 참가자 간의 관계는 참가자-지도자간의 관계 이상으로 중요하다. 따라서 지도자는 집단 내에서 참가자와 참가자 간의 관계가 원만하고 건설적인 방향으로 진행되도록 돕는다.
- 지도자는 집단과정에 개입하여 집단 내에서 발생하는 여러 가지 문제에 대해 적절히 조정한다.
- 집단의 모든 참가자는 각각 자기의 재능과 능력에 따라 활동에 참여하도록 함으로써 한 사람도 소외되는 일이 없도록 하며, 시간이 지남에 따라 이들 참여의 폭이 넓어지고 자발적이 되도록 한다.
- 지도자는 청소년활동(캠프)의 주인공이 아니다. 참가자들이 협력하여 집단의 목표를 성취하고 발생되는 문제들을 자체적으로 해결할 수 있도록 돕는다.
- 집단과정 속에서 참가자 간에 연속적으로 발생되는 갈등을 토론과 협의를 통한 민주적인 방법으로 갈등을 자율적으로 해결해 나가도록 돕는다.
- 참가자가 새롭고 다양한 경험을 통하여 성숙한 대인관계를 성취할 수 있도록 기회를 제공한다.
- 집단활동에서 각 개인과 전체적 상황을 고려하여 합의한 규칙과 제한을 엄격하게 준수한다.
- 모든 집단활동은 참가자의 욕구와 흥미를 존중하는 데 기초하여 활동이 이루어져야 한다. 아울러 집단의 목적·진단·평가도 이러한 원칙에 입각하여 진행한다.
- 참가자 개개인의 욕구와 흥미, 집단의 목표를 동시에 달성하기 위한 집단과정에서 이루어지는 슈퍼비전은 계속적인 평가에 의해 이루어지는 것이다. 모든 평가는 지도자의 전유물이 아니라 지도자와 집단 구성원이 상의과정을 거치는 것이 이상적이다.
- 캠프에서 지도자 자신은 가장 중요한 도구이다.

## 03 캠프 지도의 실제

캠프에서 청소년을 지도하기 위해서는 우선 캠프 프로그램이 있어야 하고, 프로그램은 미리 기획되어야 한다. 캠프 프로그램은 캠프의 취지와 철학, 목적 등에 의해 캠프의 목표를 설정한 뒤에 기획하게 된다.

### 1) 캠프 프로그램 기획의 원칙

첫째, 프로그램은 캠프의 목적과 직접적인 관련이 있어야 한다. 캠프 기간 중에 운영되는 프로그램은 막연히 청소년의 올바른 인성 함양에 도움을 주기 때문에 선정하는 것이 아니라 캠프의 목적에 따라 그에 필요한 내용을 담은 프로그램으로 결정해야 한다.

둘째, 프로그램은 참가자인 청소년의 욕구와 흥미를 반영하여야 한다. 청소년의 욕구와 흥미는 자발성과 연결되기 때문에 프로그램에 있어 매우 중요한 요소 중 하나라고 할 수 있다. 또한 자발성이 결여되면 프로그램의 목적 역시 달성하기가 어려워지기 때문에 참가한 청소년의 욕구ㆍ관심ㆍ흥미 등을 파악하는 것이 중요하다고 하겠다.

셋째, 프로그램은 개인 중심의 활동보다 소집단과 같이 집단이 함께 노력하여 해결할 수 있는 활동이어야 한다. 청소년활동(캠프활동) 자체가 개인 활동이 아닌 다른 사람과 함께하는 집단활동이기 때문이다. 이러한 집단활동을 통해서 타인을 배려하고 소통하는 능력을 습득하게 된다.

넷째, 프로그램은 계획에 따라 운영하지만 상황에 따른 융통성이 반영되어야 한다. 캠프 프로그램과 같은 청소년활동 프로그램이 일반 학교의 수업과 다른 큰 특징 중 하나가 바로 참가자 및 상황의 특성에 따라 수정이 가능하다는 것이다. 물론 계획과 목표에 근거하되 프로그램이 운영되는 상황을 반영하여 참가한 청소년이 프로그램에 잘 참여할 수 있도록 운영상 일부를 수정할 수 있다.

다섯째, 단발적인 경험이 아닌 지속적인 영향을 줄 수 있는 프로그램이 제시되어야 한다. 캠프 프로그램의 특성상 연 1~2회 정도, 1회당 1박 2일 또는 2박 3일, 길게는 3박 4일 등의 일정으로 프로그램이 운영된다. 이러한 짧은 일정은 참가자가 목표를 달성하기에는 다소 부족한 부분이 없지 않고, 참가자에게 영향을 미치기에도 한계가 있다. 그러나 캠프 프로그램 역시 청소년활동의 궁극적인 목적인 조화로운 성장과 발달을 이루기 위하여 하는 활동이므로 프로그램 기획 시에 제한적이나마 청소년의 성장에 반드시 필요한 것이 무엇인지에 대해 심도 있는 고민이 우선되어야 하여, 이를 반영한 프로그램이 제공되어야 할 것이다.

여섯째, 캠프 프로그램은 청소년의 일상과는 다른 차별화된 내용이어야 한다. 특히 자연 속에서 이루어지는 활동이므로 기존에 건물 또는 시설 내에서 주로 활동하는 프로그램의 내용과는 달라야 한다. 즉, 자연과 교감하고, 자연 속에서 체험할 수 있는 거리를 풍부하게 제공하여야 한다. 이는 평상시에 학업, 입시 등으로 인한 부담을 털어내고 자연 속에서 마음껏 이들의 에너지를 발산할 수 있도록 하기 위함이다.

## 2) 캠프 프로그램의 순서

캠프 프로그램의 순서를 이른 아침활동, 오전활동, 낮활동, 밤활동으로 크게 구분하여 살펴보면 다음과 같다. 우선 이른 아침활동의 프로그램으로 기상, 체조, 청소, 캠프장 정리, 사물과의 대화, 명상 및 산책시간을 갖는다. 오전활동 프로그램으로 지적인 활동, 교양 학습활동, 가벼운 신체활동 프로그램을, 오후활동 프로그램으로 활발한 신체활동, 조사활동, 개척활동, 노작활동의 프로그램으로 구성한다. 마지막으로 밤활동 프로그램으로 정서프로그램, 레크리에이션, 캠프파이어, 촛불의식, 노래, 토론, 발표회 등을 포함하는 것이 적절하다(한국청소년단체협의회, 1991).

캠프가 시작되면 첫 순서는 오리엔테이션이다. 이때에는 처음 함께 모여서 캠프 전체 일정 및 프로그램에 대한 소개를 듣고, 참가자들과 지도자가 서로 인사를 나누는 시간이다. 참가자와 지도자가 서로 친해질 수 있도록 관계 형성에 도움이 되는 레크리에이션을 진행하는 것이 좋다.

그 다음부터는 주요활동 프로그램이 계속된다. 다양한 활동을 진행함으로써 캠프 분위기가 최고조에 이르게 된다. 참가자들이 선택한 활동을 포스트별로 운영하

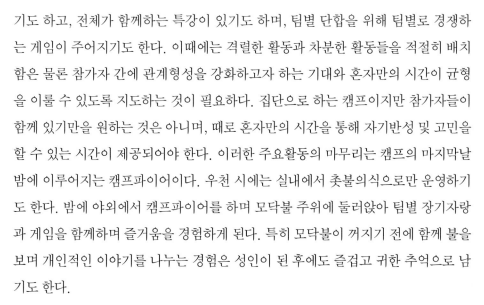

기도 하고, 전체가 함께하는 특강이 있기도 하며, 팀별 단합을 위해 팀별로 경쟁하는 게임이 주어지기도 한다. 이때에는 격렬한 활동과 차분한 활동들을 적절히 배치함은 물론 참가자 간에 관계형성을 강화하고자 하는 기대와 혼자만의 시간이 균형을 이룰 수 있도록 지도하는 것이 필요하다. 집단으로 하는 캠프이지만 참가자들이 함께 있기만을 원하는 것은 아니며, 때로 혼자만의 시간을 통해 자기반성 및 고민을 할 수 있는 시간이 제공되어야 한다. 이러한 주요활동의 마무리는 캠프의 마지막날 밤에 이루어지는 캠프파이어이다. 우천 시에는 실내에서 촛불의식으로만 운영하기도 한다. 밤에 야외에서 캠프파이어를 하며 모닥불 주위에 둘러앉아 팀별 장기자랑과 게임을 함께하며 즐거움을 경험하게 된다. 특히 모닥불이 꺼지기 전에 함께 불을 보며 개인적인 이야기를 나누는 경험은 성인이 된 후에도 즐겁고 귀한 추억으로 남기도 한다.

캠프 프로그램을 운영하는 과정에서 고려해야 할 사항은 다음과 같다(전국재·우영숙, 1998).

- 지도자는 프로그램을 실시하기 전에 참가자들과 합의된 공동의 목표를 가지고 있어야 한다.
- 참가자 전원이 프로그램에 참여하여 어느 누구도 소외되는 일이 없도록 해야 한다.
- 참가자 간에 의견교환과 협력이 원활히 이루어지도록 한다.
- 즐거운 분위기에서 진행되도록 한다.
- 지도자는 참가자 개개인의 특징과 장점을 정확히 파악하여 이들이 능동적으로 참여할 수 있도록 한다.
- 활동을 시작하기 전에 활동에 필요한 제반 준비물에 대한 점검을 완료해야 한다.
- 계획했던 시간을 엄수해야 한다. 아무리 잘된 프로그램이라도 정해진 시간을 지나치게 초과하면 그것은 실패한 프로그램이다. 프로그램에서 시간엄수는 절제의 덕을 익힐 수 있는 소중한 기회가 된다.

마지막 종결단계에서는 그동안의 모든 활동에 대해 정리하며 일상으로 돌아갈 준비를 하는 시간이다. 이때에는 수료식이 있으므로 전날 충분한 수면을 취하고 마지막까지 최선을 다할 수 있는 분위기가 형성될 수 있도록 지도해야 한다. 수료식에서는 캠프 기간 동안 모범적으로 활동한 참가자를 선정하여 시상하고, 참가 소감을 발표하도록 기회를 준다. 종료 시에는 참가자 전원이 평가 설문지를 작성할 수 있도록 한다. 이 외에도 캠프장 주변을 깨끗하게 청소하고, 장비 및 비품을 말끔하게 정리할 수 있도록 지도한다.

## 3) 캠프 지도의 실제

2000년대 이전에 청소년캠프를 실시할 경우에는 청소년들이 조별로 모여서 계획을 세우고 캠프용품 전문점에 가서 텐트와 코펠 등의 용품들을 빌려서 캠프장에 갔고, 조별로 모여서 조원들끼리 서로 의논하면서 텐트를 치는 것이 일반적이었다. 그러나 최근에는 텐트를 치더라도 손쉽게 칠 수 있는 텐트가 판매되고 있으며, 개인이나 가족 캠핑이 아닌 청소년기관에서의 캠프는 대부분 건물 내부로 들어가서 하는 경우가 많다. 여기에서 제시하는 캠프지도의 실제는 오늘날 비교적 편리하게 하는 건물에서의 캠프가 아닌 초기의 캠프활동인 텐트를 치면서 야영을 하는 활동으로 제시한다.

### (1) 준비물

#### ① 기관의 사전준비
조편성표 및 이름표, 캠프 일정표, 핸드북, 구급함, 생수, 간식 등

#### ② 조별 준비
식재료, 텐트, 돗자리, 바닥깔개용 비닐, 취사도구(버너, 코펠 등), 연료, 칼, 도마, 수통, 손전등, 라이터, 모기약(여름), 쓰레기봉투 등

③ 개별 준비

식기류(수저포함), 세면도구, 필기도구, 우비, 침낭, 여벌옷, 백반, 초, 화장지, 야전삽 등

(2) 안전관리 및 지도[8]

① 우천
- 준비물: 우비, 우산, 손전등, 라이터, 초, 밧줄, 여분의 비닐, 삽 등
- 텐트 관리: 텐트의 비가 새는 곳은 미리 손질한다. 초를 녹여서 새는 곳을 막는다. 구멍은 헝겊을 대어 막아야 하고, 지퍼도 고장 나지 않았는지 확인한다. 지붕천막을 준비한다. 비가 많이 올 경우에는 비닐을 덮어 둔다.
- 의류 및 신발, 연료 등 관리: 비에 젖지 않도록 주의한다.
- 건강 관리: 젖은 옷은 마른 옷으로 갈아입어 감기에 걸리지 않도록 한다.
- 취사 관리: 불 없이 하는 요리를 준비하거나 비상식량 등을 활용한다.
- 짐 관리: 모든 의류 및 책은 비닐봉투 속에 넣어 두고, 짐은 텐트에 닿지 않도록 한다.

② 강풍
- 강풍을 대비하여 텐트를 살아 있는 굵은 나무나 바위에 매어 두거나 굵은 말뚝을 더 박는다.
- 모래땅에 텐트를 칠 경우에는 반드시 긴 나무말뚝을 사용한다.

③ 벼락
- 언덕 위, 높은 나무, 옆으로 퍼진 큰 나무, 바위의 모서리, 철탑 등은 위험하고 전기 기구를 사용하는 것도 피한다.
- 벽에 기대지 말고 물 밖으로 나와야 하며 여럿이 모이지 말아야 한다.

---

8) 출처: 함정혜 외(2001).

- 머리핀, 우산, 카메라 등은 비닐에 넣어 별로 보관해야 한다.
- 시계, 안경, 목걸이, 펜던트, 나이프 등은 몸에서 떼어 놓아야 한다.
- 천둥칠 때에는 낮은 곳이나 대피소, 자동차 안으로 피하고, 바위 밑이나 움푹 패인 곳에서 자세를 숙이고 다리를 모으고 있어야 안전하다.

④ 화재
- 화재 진압이 어렵다고 판단되면 빨리 119로 전화 신고한다. 이때 당황하지 말고 화재가 발생한 위치를 정확하게 알려 주어야 한다.
- 우선 건물 안의 사람을 신속하게 대피시킨다.
- 대피 유도원의 지시를 잘 따른다.
- 경우에 따라서는 구조를 기다리지 않고 커튼을 로프 대용으로 사용하여 안전하게 대피할 수도 있다.
- 화재나 사고에 대비하여 건물 안으로 들어갈 때에는 비상구의 위치를 확인하는 습관을 갖는다.

(3) 캠프 안내 및 일정표 예시

청소년단체에서 실시하는 캠프(야영)에 대한 실제 사례로, 한국스카우트 전남연맹에서 주최한 '남도 국제 청소년야영대회'의 안내문, 일정표, 신청서 양식 등을 제시한다.

### 캠프 안내 및 일정표 예시

- **사업명**: 남도 국제 청소년 야영대회
- **사업목적**
  1. 국내외 청소년에게 전라남도문화를 체험케 하여 남도문화의 우수성을 알리고 이미지 제고에 기여
  2. 다국적 청소년의 만남을 통하여 청소년 간의 우의를 나누는 기회를 제공하여 세계화, 정보화 시대를 이끌어 갈 청소년으로 육성

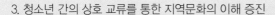

3. 청소년 간의 상호 교류를 통한 지역문화의 이해 증진

4. 청소년 활동을 통한 조화로운 인간상 정립 및 사회 적응성 제고

5. 성장과정과 생활환경이 다른 지역 청소년들 간의 활동을 통한 화합과 우의 증진

6. 청소년에게 다양한 체험활동을 통하여 세계 주역으로 성장할 수 있는 자질 향상

• 사업 개요

- 행사명: 남도 국제 청소년 야영대회

- 기간: 2019년 8월 4일(일) ~ 8월 7일(수)/3박 4일

- 장소: 순천시청소년수련원 일원

- 참가 규모: 국내 청소년 500명, 해외 청소년 100명, 운영요원 100명

　· 국내청소년(서울, 인천, 전라남도)

　· 해외청소년(중국, 네팔, 필리핀)

- 참가대상

　1. 2019년 등록을 필한 대원(컵스카우트, 스카우트, 벤처스카우트)

　2. 국내외 스카우트 지도자(운영요원 및 대 지도자)

- 참가비(티셔츠, ID카드, 숙·식비, 과정활동비, 운영비 등)

　· 대원: 150,000원

　· 대 지도자 및 운영요원: 50,000원

- 지급품: 티셔츠, ID카드, 참가패치

• 체험 프로그램

1. 과정활동 A: 오리엔티어링 첼린지벨리 10종

2. 과정활동 B: 인공암벽, S-보드, R/C레이싱, VR가상체험

3. 과정활동 C: 워터서바이벌(물놀이프로그램)

4. 과정활동 D: 1인 1기 프로그램 (방송댄스, 수화, 핸드벨, 난타)

5. 특별 프로그램: 스파이더맨 어워드(스카우트, 벤처스카우트)

6. 기타 체험활동 및 홍보 부스 운영(5종 프로그램)

• 일정표

| 구 분 | 8. 04.(일) | 8. 05.(월) | 8. 06.(화) | 8. 07.(수) |
|---|---|---|---|---|
| 06:00 | | 기상, 체조, 세면 | | |
| 07:00 | 입영 | 아침식사 | | |
| 08:00 | | | | |
| 09:00 | | | | |
| 10:00 | | 과정활동 A | 과정활동 B | 철영 및 해산 |
| 11:00 | | | | |
| 12:00 | | 점심식사 | | |
| 13:00 | | | | |
| 14:00 | 설영 | 과정활동 C | 과정활동 D | |
| 15:00 | | | | |
| 16:00 | | | | |
| 17:00 | | | | |
| 18:00 | | 저 녁 식 사 | | |
| 19:00 | | | | |
| 20:00 | 개영식 축하공연 (환영의 밤) | 친교활동 (친교의 밤) | 폐영식 (남도의 밤) | |
| 21:00 | | | | |
| 22:00 | | 정리 및 취침 | | |

※ 일정은 상황에 따라 변동될 수 있음.

• 기타사항

1. 숙박: 야영생활(텐트 야영) 단, 컵스카우트(초등학생) 대원들은 숙박시설 이용

2. 식사: 식당 배식

3. 기타 사항은 추후 안내 및 연맹 별 협의에 의해서 진행함

*출처: 한국스카우트 전남연맹(http://jeonnam.scout.or.kr/BoaNotice.do, 2020. 2. 19. 검색).

## 요약

1. 캠프는 자연 속에서 텐트를 치고 휴양 및 훈련을 하는 활동으로 전문 지도자의 지도에 따라 목적을 설정하고 그 목적을 이루어 가는 활동이라고 정의할 수 있다.

2. 캠프는 레크리에이션 단계(1861~1920년), 교육단계(1920~1930년), 사회적응과 책임단계(1930년대), 민주적 단계(1940년대), 생존캠핑 단계(1960년대 이후)를 거치면서 발전되어 왔다.

3. 근대 우리나라의 캠프는 황성기독청년회(현 서울 YMCA)의 제1회 학생 하령회를 개최하면서부터 시작되었다.

4. 캠프는 참가자가 자연 속에서 자연과 조화를 이루며 그 과정에서 심신을 건강하게 할 뿐아니라 다른 참가자와 함께 소통하며 연대의식을 느끼고 그에 따라 책임감을 증진시키는데 그 목적을 둔다고 할 수 있다.

5. 캠프의 유형은 구조화 여부, 공간, 기간, 주관 기관, 참가 대상, 프로그램 등에 따라 다양하게 구분된다.

6. 캠프 지도자는 참가자에 대한 호감을 가지고 참가자를 돕고자 하는 열성과 참가자의 심리를 파악하고 캠프의 목적을 이해하며 캠프 프로그램을 도울 수 있는 능력, 협동정신, 캠프 규칙 및 전통을 준수하고 이에 적응할 수 있는 성향을 지니고 있어야 한다.

7. 캠프 지도자와 참가자는 상호 존중해야 하며, 캠프 지도자와 참가자의 캠프 목적은 동일해야 하고, 이를 공유해야 한다. 또한 캠프의 주체는 참가자이며, 지도자는 지원자·촉진자의 역할을 담당한다.

8. 캠프 프로그램 기획의 원칙은 다음과 같다. ① 프로그램은 캠프의 목적과 직접적인 관련이 있어야 한다. ② 프로그램은 참가자인 청소년의 욕구와 흥미를 반영하여야 한다. ③ 프로그램은 개인이 중심이 되어 하는 내용보다 소집단과 같이 집단이 함께 노력하여 해결할 수 있는 활동이어야 한다. ④ 프로그램은 계획에 따라 운영하지만 상황에 따른 융통성이 반영되어야 한다. ⑤ 단발적인 경험이 아닌 지속적인 영향을 줄 수 있는 프로그램이 제시되어야 한다. ⑥ 캠프 프로그램은 청소년의 일상과는 다른 차별화된 내용이어야 한다.

9. 캠프 프로그램의 순서는 이른 아침활동, 오전활동, 낮활동, 밤활동으로 크게 구분한다. 이른 아침활동에는 비교적 가볍고 차분한 활동으로, 오전활동에는 가벼운 신체활동 중심으로, 낮에는 활발한 신체활동 위주로, 밤에는 정서적인 활동을 중심으로 운영하는 것이 좋다.

 참고문헌

김종국(1997). 청소년캠프의 실태와 만족도에 관한 연구-청소년단체의 청소년캠프를 중심으로. 명지대학교 사회교육대학원 석사학위논문.

송병국·오해섭·이채식·주대진(2002), 청소년의 야영활동 참여와 프로그램 개선방안에 관한 연구. 한국농촌지도학회지, 9(1), 121-130.

전국재(1998). 캠핑의 이론과 실제. 서울: 엠마오.

전국재(2002). 조직캠프의 전인교육적 모형 연구. 연세대학교 대학원 박사학위논문.

전국재·우영숙(1998). 야외집단활동 지도론. 서울: 예영커뮤니케이션.

청소년과놀이문화연구소(1993). 기독교 캠핑/수련회 프로그램 모음집. 서울: 예루살렘.

한국보이스카우트연맹(1993). 소년대 대장교범. 서울: 한국보이스카우트연맹.

한국청소년단체협의회(1991). 청소년야영수련활동 프로그램집: 청소년지도자용. 서울: 한국청소년단체협의회.

한국청소년연맹(1985). 야외활동과 청소년지도. 서울: 한국청소년연맹.

함정혜·김옥례·김영선(2001). 캠핑의 즐거움. 서울: 이화여자대학교 출판부.

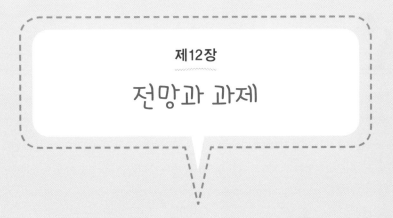

제12장

전망과 과제

학습개요

　　청소년지도사는 청소년의 다양한 욕구를 이해하고 충족시킬 수 있어야 한다. 이를 위해 청소년지도는 청소년이 어느 시점에서 어떤 욕구를 원하고, 얼마만큼 욕구를 충족하고 있는지 또는 부족한지를 파악하여 적절하게 대처해야 한다. 즉, 전문가로서 청소년지도사는 청소년을 효과적으로 지도하기 위한 지식과 기술이 필요하고, 습득된 다양한 지도방법을 발휘하여야 한다. 또한 전문가로서 일정 수준 이상의 성취표준을 설정하고, 자기개발을 위해 지속하고 유지할 수 있는 역량을 가지고 있어야 한다.

　　이 장에서는 청소년지도사가 청소년을 지도할 때 필요한 지도방법의 중장기적 발전방향과 청소년지도방법의 과제를 제시함으로써 청소년지도방법의 전문성을 강조하고자 한다.

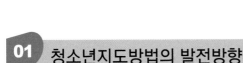

# 01 청소년지도방법의 발전방향

청소년지도는 청소년의 학습과정과 사회화 과정에서 사회가 그들에게 발달적 도움을 주는 것이다. 도움은 학교나 직업과는 다른 내용과 방법으로 주어지며, 부모를 통한 간접적 지원도 아니며, 동시에 청소년에 의해 자발적으로 수용되어야 하는 원칙을 가지고 있다(김문섭, 2000). 청소년지도가 자발성을 그 특징으로 한다면 이에 대한 정당성은 청소년 스스로에 의해 주어질 때 가능하다고 할 수 있다. 이것은 청소년 스스로에 의해 그 정당성이 주어진다고 할 수 있다. 이러한 청소년지도원리의 정당성은 청소년의 욕구와 흥미가 얼마만큼 충족되고 다시 생겨나느냐에 따라 청소년지도활동의 성공과 지속성이 이러한 기준에 따라 결정될 수밖에 없다. 따라서 청소년을 지도하는 방법에 있어서 청소년의 '욕구'와 '흥미'에 기반을 두어야 한다. 즉, 청소년이 개인적으로 다양한 욕구와 특성을 지니고 있음을 인식해야 한다. 청소년지도사는 이러한 청소년의 다양한 욕구를 획일적인 방법으로 지도하기보다는 청소년에게 적용할 수 있는 다양한 방법으로 지도할 수 있어야 하는 지도능력도 갖추어야 한다. 아울러 지도력 외에 청소년지도사의 역할을 수행하는 직무도 다양하다. 청소년지도사의 역할과 직무는 다음과 같다(정혜원·윤명희·서희정, 2016).

첫째, 청소년지도사는 청소년활동 운영을 위해 프로그램 기획자·운영자로서의 역할을 담당하고 있다. 이들은 프로그램 기획자의 역할을 담당하기 위해서 요구분석, 프로그램 설계 및 개발의 직무를 수행하고 있으며, 프로그램 운영자의 역할을 담당하기 위해 프로그램 운영 및 평가 직무를 수행하고 있음을 알 수 있다. 둘째, 청소년지도사는 청소년활동에 참여한 참가자와의 관계에서 교육자와 활동 촉진자의 역할을 담당하고 있다. 이 중 교육자의 역할은 청소년교육이라는 직무를 통해, 활동 촉진자의 역할은 청소년 상담, 청소년 촉진, 참가자 조직과 같은 직무를 통해 성취되고 있다. 셋째, 행정업무 수행 영역에서는 관리 행정가와 변화 촉진자로서의 역할을 담당하고 있는데, 관리 행정가로서 기관의 운영관리와 프로그램 예산 관리 및 집행의 직무를, 변화 촉진자로서는 조직구조 및 풍토 개선의 직무를 수행하고 있다. 넷째, 청소년지도사는 네트워크 실행의 차원에서 네트워크 실행자로서의 역할을 담당하고 있으며, 네트워크 구축 및 운영의 직무를 담당하고 있다. 이때, 청소년지도방법은 청소년활동 운영과 청소년참가자에 따라 다양한 직무를 선정하고, 활용하여 접근할 수 있다.

이러한 직무, 즉 청소년지도방법을 적절히 수행하기 위한 발전방향을 제시하면 다음과 같다.

첫째, 청소년지도사는 청소년지도방법을 준비하기 전에 청소년에 대한 충분한 이해가 선행되어야 한다. 청소년의 요구와 흥미 반영은 청소년지도방법의 원리 중에 '자율참여의 원리'를 충족하는 것이다. 이는 청소년 스스로가 청소년활동 참여의 주체가 되어 능동적으로 자신의 활동 목적을 달성하도록 하는 것이다. 즉, 청소년이 스스로 청소년활동의 중요성과 필요성을 인식하고 자발적으로 활동을 선택하며, 나아가 활동에 적극적으로 참여하도록 하는 것이다. 이러한 청소년의 자발적인 참여는 청소년활동의 효과를 증진시키고, 향후 청소년활동에 대한 지속적인 참여의 동기를 유발하기 때문에 청소년지도활동을 유지해 나가는 데 있어서 아주 중요하다. 이것은 공급자 중심의 청소년지도방법이 아닌 수요자 중심, 즉 청소년 중심의 유연한 청소년지도로의 패러다임 전환이 전제되어야 하며, 그리기 위해서는 청소년이 어떤 부분에 '요구'와 '흥미'를 가지고 있느냐가 아주 중요한 부분으로 볼 수 있다.

청소년은 전통적인 사회문화의 영향으로 높은 학구열로 인해 학업성취도가 높지만, 개인의 삶의 질은 담보할 수 없는 상황에 있다. '2016 제8차 어린이 · 청소년 행복지수 국제비교 연구' 보고서에 따르면, 우리나라 아동의 주관적 행복지수는 82점으로 조사 대상인 OECD 회원국 22개국 중 가장 낮은 것으로 나타났다(염유식 · 김경미 · 이승원, 2016). 또한 청소년을 둘러싼 주변 환경의 문제 및 변화도 청소년에게 크고 작은 위기로 작용하고 있다. 청소년 유해환경 역시 지속적으로 증가하고 있는 것이 하나의 예가 될 수 있으며, 점점 고도화되어 가는 우리 사회의 다문화 심화 현상도 청소년이 받아들이기에 쉽지 않은 현상이라고 할 수 있다. 지구촌의 다른 문화를 이해하고 대화하며 정치적 · 경제적 · 문화적으로 발전할 수 있는 방안을 모색하고 다문화교육의 내용과 방법을 어떻게 접촉해 나가야 할지에 대한 구체적인 방안 마련과 실행은 우리의 당면과제이다.

둘째. 청소년을 둘러싸고 있는 다양한 환경에 대한 이해와 이에 대한 대처능력을 습득해야 한다. 현재 구글, 페이스북, 트위터, 인스타그램 등 인터넷 서비스는 다양한 문화를 관용적으로 이해하고 수용할 수 있는 열린 공간을 제공하고 있다. 이같은 개방적 공간의 활용은 문화적 정체성을 회복하는 새로운 교육을 위해 중요한 도구가 될 수 있다. 이는 과거의 배타적, 자민족 중심주의를 벗어나 다양하고 독특한 문화 자체를 이해하고 존중할 수 있는 중재적 역할을 하는 데 중요하게 작용할 수 있다(최충욱, 2009).

그러나 청소년을 지도하는 데 있어서 이러한 미디어 환경에 대한 문제점들이 있다. 즉, 미디어 기술 발달에 따른 새로운 미디어교육에 대한 진지하면서도 과학적인 탐구 노력이 부족하다는 점이다. 또한 여전히 미디어교육이 미디어 내용(콘텐츠)을 이해하고 비판적으로 해석하는 차원에 머물고 있을 뿐, 미디어·인간·사회를 총체적으로 이해하고 해석하는 인문학적 접근이 부족하다는 점을 지적할 수 있다. 그리고 각급 학교나 기관 또는 단체에서 미디어교육 지도자가 각자의 현실에 맞게 시행하고 있는 다양하면서도 특별한 교육 사례들이 체계적으로 종합·정리·소개되는 자리가 아직도 크게 부족하다. 마지막으로, 체계적인 지도자 양성 프로그램보다 일회적이고 행사 중심의 프로그램이 주류를 이루고 있어서 여전히 교양 강좌 수준의 지도자 양성 프로그램이 난무하고 있다. 최근 들어 다양한 형태의 미디어교육 전문가나 교사 또는 지도자 양성 프로그램이 시행되고 있으나 이 또한 대부분 특정 기관이나 단체의 사업 추진 수준을 벗어나지 못하고 있다(김기태, 2017).

청소년지도사가 이러한 변화에 대비하기 위해서 청소년과 사회 환경을 정확하게 이해하고 대비하는 전문적인 청소년지도사의 양성이 절대적으로 필요하다고 본다. 청소년과 사회 환경이 변화하고 있으므로 청소년지도사 역시 지속적인 자기 개발과 역량강화를 위한 자기 변화가 있어야 할 것이다(박선영, 2011).

전문직 정체성은 현장에서 하루아침에 형성되는 것이 아닌 교육과 사회화의 과정을 통해 축적되는 결과물이다(Kinch, 1968). 청소년지도사도 자신의 역할을 책임있게 수행하고 전문성을 발휘하기 위해서는 직무와 연관된 지식·기술·태도를 포함하는 역량을 갖추어야 하는데, 이는 청소년지도사의 역할과 직무에 대한 이해를 통해 가능하다. 이미 오래부터 학계에서는 청소년지도사의 역할이 무엇이며 그에 따른 구체인 직무가 무엇인지를 규명하려는 연구가 지속적으로 이루어져 왔는데, 청소년지도사가 가장 많은 시간을 할애하고 있는 청소년활동 운영과 참가 청소년과의 관계가 강조된 교수자로서의 역할 직무가 가장 강조된 경향이 있었다(김진화, 2000; 장미, 2011; 한상철, 2009). 다시 말하면, 청소년지도사의 역할과 직무를 책임 있게 수행하기 위해서는 청소년활동 현장에서 요구되는 역량을 잘 갖추어야 한다. 이를 위해 역량이 높은지 낮은지를 측정할 수 있는 역량척도가 필요하다. 청소년지도사 활동역량모델의 역량과 하위 역량, 세부 지표는 제4장 청소년지도사 직무역량 〈표 4-2〉에서 제시하였다. 1개의 공통역량과 5개의 하위 역량 그리고 26개의 하위 역량으로 구성되어 있다. 총 지표수는 130개이다.

## 02 청소년지도방법의 과제

### 1) 청소년지도사의 전문성 강화를 위한 추진 체제 수립

청소년지도사는 친권자의 법정의무자를 대신하여 청소년을 보호하고 관리하는 대리감독자로서 크게 대리감독자로서의 책임과 일반 불법행위자로서의 책임, 안전배려의무책임을 지니고 있다. 그러나 아직까지도 학교안전사고에 비해 청소년활동안전사고에 대한 청소년지도사의 책임과 대책 및 교육은 상당히 부족한 실정이다. 청소년지도사는 학교에서 교사가 청소년의 발달에 기여하듯이 주로 학교 밖에서 청소년이 건강하게 성장하도록 지원하는 역할을 맡고 있지만, 여전히 청소년지도사의 직무역량 증진과 지도방법과 관련해서 청소년학에서 지금까지 이루어진 연구들과 관련 학술 및 세미나에서도 논의 수준에 그치고 있는 실정이다. 특히 청소년지도사 인식에 관한 연구 역시 교사에 비해 상당히 부족하다. 전문직에 대한 이미지 연구는 해당 전문직에 대한 이해를 높이는 데 중요한 기여를 한다는 점에서 청소년지도전문가로서 확고한 지원과 지지가 필요하다.

청소년활동의 활성화와 청소년 부분의 실질적인 발전을 주도하기 위해 중요하게 대두되는 현안과제가 바로 청소년지도인력, 즉 청소년지도사의 전문성의 확보이다. 아무리 단위시설 및 시설 간의 네트워크 구축 등 가족 인프라가 잘 갖추어지고, 효과적이고 질 높은 프로그램이 개발되어도 이를 실제로 운용하고 실천하는 전문지도 인력의 전문성이 수반되지 않고서는 프로그램의 효과성을 기대하기 어렵기 때문이다. 청소년의 건강한 성장과 잠재능력 개발을 위해 정규 교과와 청소년활동의 비정규 교과 체제가 상호 동반적이고 상호작용하는 기능을 발휘하는 파트너십 체계가 확산되면서 청소년지도사의 전문성은 더욱 강조되고 있다(LaBell, 1981). 청소년지도사는 청소년활동의 활성화와 도모를 위해 청소년활동 프로그램을 직접 개발·운영하는 업무를 담당하고 있기 때문에 청소년지도사의 전문성은 더욱 중요하다.

청소년지도사의 전문성 강화를 위한 추진체제 수립은 [그림 12-1]과 같다. 첫 번째는 전문가 정체성 수립의 단계이다. 현장에서의 전문성을 확보하기 전에 예비 청소년지도사 교육에 있어서 전문가로서의 정체성 수립과 동기유발을 선행할 필요가 있다. 예비 청소년지도사의 전문직 정체성 확립에 있어 교과과정이 필요한데, 그 이유는 비전문가인 학생은 공식 교육기관에서 전문직으로서 필요한 가치·태도·기술 등을 습득하여 전문가로서의 정체성을 형성하기 때문이다(Carpenter & Platt, 1997). 두 번째는 전문성 확보 단계이다. 수련활동 현장에서 유능한 지도인력을 확보하기 위해서 근로환경을 개선하고, 제도를 마련하기 위한 노력이다. 세 번째 단계는 활동현장과의 전문성 연계 단계이다. 이 단계는 자격검정제도의 수정·보완·개선, 응시자격 기준 강화, 전문 선택 영역 검정제도 개선을 통해서 전문 지도인력을 선발·배치하고, 전문성을 더욱 강화하는 단계이다. 네 번째는 지속적인 전문성 개발 단계이다. 지도인력의 교육·훈련을 통해서 지속적인 전문성을 향상시키는

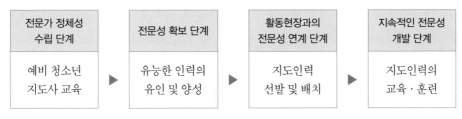

| 전문가 정체성 수립 단계 | 전문성 확보 단계 | 활동현장과의 전문성 연계 단계 | 지속적인 전문성 개발 단계 |
|---|---|---|---|
| 예비 청소년 지도사 교육 | 유능한 인력의 유인 및 양성 | 지도인력 선발 및 배치 | 지도인력의 교육·훈련 |

[그림 12-1] 청소년지도사의 전문성 강화를 위한 추진체제 수립

*출처: 김민(2004)의 내용을 재구성함.

청소년활동별 전문연수제도와 보수교육 등이다. 그리고 향후 우수 청소년지도사 표창과 같은 보상, 전문가 간의 네트워크 형성 교류 등을 지원하는 단계이다.

## 2) 청소년지도방법을 위한 지도역량 개발

청소년지도가 단순히 학교교육을 보충하는 정도로 인식되어서는 안 되고, 청소년의 발달과 성장을 위해 학교교육과 함께 파트너십을 발휘 할 수 있는 또 다른 체제여야 한다. 또한 청소년지도는 전문적 지도방법으로 인식하는 것이 선행되고 이것이 청소년과 사회 전 분야로 확산될 때 청소년지도에 종사하는 청소년지도사의 전문성이 확보될 수 있다. 이를 위해서 청소년지도를 위한 기존 청소년지도의 다양한 지도역량이 필요하다.

청소년지도사의 지도방법은 특수한 기술과 지식이 필요하다는 점을 감안해야 한다(김선호, 2008). 청소년지도사의 특수성은 첫째, 청소년지도사는 다른 지도자와 다른 독특한 전문 영역의 과업을 가지고 있다. 청소년지도사는 다양한 분류와 특성의 청소년을 대상으로 생활지도 및 상담, 수련활동 및 삶의 체험활동, 봉사활동 등을 수행하는 실행자이고, 청소년의 요구와 발달과정, 성격 등을 진단하고 분석하는 연구자이며, 청소년기관이나 단체를 관리하고 운영하는 관리자이며, 프로그램을 계획하고 구성하는 설계자이다. 둘째, 청소년지도의 교육 효과는 쉽게 눈에 보이지 않으며, 장기적인 안목에서 평가해야 하는 특징이 있다. 청소년지도의 대부분은 지적 영역보다 정의적인 영역이나 기능적인 영역이 더 많다. 이러한 영역에 대한 지도 효과는 쉽게 가시화되지 않으며, 장기적인 지도와 투자를 필요로 한다.

청소년지도사는 청소년을 지도하는 데 이러한 특수성을 고려하여 다양한 지도방법을 활용하여야 한다. 청소년활동에 적용 가능한 지도방법으로 창의적 지도방법을 들 수 있다. 창의적 지도방법에서 핵심 원리로 강조하고 있는 청소년의 참여는 청소년활동과 자발적인 참여와 맥락을 같이하고 있다. 청소년 중심의 활동에서 '중심'이 청소년이기에 청소년에게 모든 포커스를 맞춰야 하는 것은 아니다. 청소년지도사, 청소년, 수련활동 내용이 균형을 이루어 상호작용적인 활동을 하는 관계이다(길형석, 2001). 즉, 창의적 지도방법이 청소년의 역량 증진에 효과적인 이유는 해석학적 의미의 핵심인 개방성에 있다는 것을 알 수 있다. 즉, 지도방법의 다양성을 열어 주고, 상호작용할 수 있는 다양한 방식으로 소통하고, 여러 가지 경험을 통해 삶에 적용할 수 있도록 하는 것이다(김세광, 2011).

청소년지도방법의 지도역량은 외부 전문기관의 교육과 연수를 통해서 습득할 수 있는데, 청소년지도사 대상에 따라 다양하게 적용할 필요가 있다. 특히 신입 청소년지도사를 위한 청소년지도방법은 무형식학습의 학습경험이 효과적일 수 있다.

이성엽(2008)은 무형식학습은 다섯 가지 방법으로 이루어진다고 하였다. 첫째, 대화는 일터에서의 무형식학습으로 주요한 방법일 뿐만 아니라, 조직(일터) 문화를 익혀 가는 신규 지도자에게 주요한 경험이다. 또한 동료 간의 대화는 업무에서의 대화와 사적인 모임에서의 대화로 나누어지며, 상황에 따라 나누는 대화의 내용이 다르기 때문에 각각 다른 학습이 일어난다. 둘째, 관찰과 모방은 경험 많은 선배들이 근무하는 모습을 가까이에서 보고 따라하는 것으로서 대화로부터 이어지는 시범이 되어, 그들의 노하우를 익힐 수 있다. 셋째, 실전경험은 성인학습에서 최고의 자원으로 평가되며, 이렇게 실제로 경험한 것에 대하여는 심리적 안정감을 느끼며, 스스로 업무를 관리하고 있다는 자기 주도성에 큰 영향을 주어, 업무를 익숙하게 하고, 원리를 깨우칠 수 있도록 한다. 넷째, 지도대상 또는 지도대상과 관련 있는 집단 응대는 기존의 대화, 관찰과 모방에서는 배우지 못한 새로운 것을 학습할 수 있는 기회이다. 다섯째, 성찰은 자신의 업무 행동을 다시 한번 돌아보면서 시사점을 얻어 자신만의 업무 방식으로 맞게 조정함으로써 자신만의 노하우를 얻을 수 있으며, 특히 타인의 경험에 대한 성찰은 타인의 경험을 자신의 경험으로 전환하여 학습하는 지혜를 얻는다(이성엽, 2008). 무형식학습 방법에 대한 사례를 들면 다음과 같다. 집단 전체의 계획 짜기(group projects), 파트별 계획 짜기(panels), 토론(debates), 회의(forum), 소집단 회의(buzz groups), 그리고 아이디어 산출(brainstorming), 그리고 각자 역할을 담당해서(role play) 시도해 본다. 이 중 가장 손쉽게 할 수 있는 형태는 소집단 회의이다.

지도방법은 학습을 효과적으로 이끌기 위한 수단에 불과하다. 방법 그 자체가 효과적이거나 비효과적일 수는 없다. 효과는 그 프로그램 목적에 가장 적합한 방법을 어떻게 사용하느냐에 달려 있다. 그래서 어떤 지도방법을 선택할 것인가는 여러 가

지 요인에 따라 달라질 수 있다. 프로그램 목표, 참여자의 연령, 프로그램 참여경험 정도, 지도사의 능력, 참여자의 인원, 프로그램 소요시간, 그리고 프로그램 진행방법 등에 따라 달라질 수 있다(이성엽, 2009).

### 3) 지도방법의 질적 향상을 위한 청소년지도사의 처우 개선

전문직으로서의 역할을 충실히 해 내기 위해서는 처우와 근무환경이 중요한데, 처우 만족도가 높을수록 자기 삶에 끊임없이 변화를 추구하고 잠재력을 개발하고 있다는 연구결과를 통해서 근무환경 개선은 전문 직업군으로 확고하게 자리매김할 수 있는 많은 기회를 제공한다고 할 수 있다(서문희, 2011). 그러나 그동안 청소년지도사는 양적 확대와 함께 역할의 증가 및 전문성 향상을 위한 노력에도 불구하고 여전히 낮은 보수와 과중한 업무량, 복지 및 인사 등으로 인해 청소년지도사의 업무향상에 대한 동기 부여 및 사기진작에 부정적인 영향을 미쳤다.

청소년지도사의 근무환경과 실태 및 직무만족을 실증분석하고 처우 개선방안을 모색하고자 하는 연구에서는 청소년지도사의 복지현실이 열악함을 지적하였다. 임금에 대한 만족도가 낮고, 승진에 대한 불신, 이직에 대해 고려한 확률도 높았다(김선호, 2008). 즉, 청소년지도사라는 직업은 불안정한 처우와 사회적 대우로 인해 이직률이 높고 직무만족도가 낮은 직종의 하나로 인식되고 있기 때문에 효과적인 청소년지도를 위해서는 직무만족도를 높이기 위한 방안이 필요하다. 이를 위해 청소년지도사의 직무에 대한 명확한 분류가 필요한데, 이때 청소년지도사의 업무 파악을 통해서 필요한 직무역량을 살펴보아야 한다.

일반적으로 청소년지도사의 업무는 크게 세 가지로 분류할 수 있다. 첫째, 기획·관리·행정 영역으로 소속 기관의 비전 및 연간·중장기 사업계획의 수립, 인사·노무관리, 청소년·성인 회원 및 자원봉사자 관리 등의 업무를 한다. 둘째, 홍보·비영리마케팅·대외협력 영역으로 사업홍보 및 마케팅, 사업성과 분석, 홈페이지 운영, 청소년욕구 및 실태조사 개최 등의 업무를 한다. 셋째, 청소년활동·청소년지도 영역으로 활동 프로그램의 개발 및 편성, 활동 프로그램 실행, 공모사업제안서 작성 및 결과보고서, 청소년생활지도 및 상담 등의 업무를 한다(진은설, 2014).

청소년지도사는 청소년지도 업무 외에 순환보직을 통해 다양한 업무를 수행하고 있다. 특히 행정 및 행정지원의 업무를 담당할 경우 청소년 프로그램에 대한 이해가 높고 지도방법을 쉽게 이해하기 때문에 청소년지도사를 조력할 수 있는 장점이 있지만, 자칫 청소년지도 전문가로서의 역할이 소홀해질 수 있는 단점이 있다.

전문가 역량습득(활동, 행정지원, 교육문화 등) 등의 업무 역량이 필요하다. 그리고 청소년지도방법론 연구, 야외활동 프로그램 개발과 지도교안작성 연구, 다문화가정 이해와 문화체험, 위기사항 대처방법론 이해와 사례연구, 원가 개념에 따른 시설물 및 교육기자재 운영, 문서작성과 보고서 작성방법 교육, 재무관리, 예산관리 등 기초적인 회계교육, 시설물에 대한 안전점검과 재물조사 등이 포함된 전문교육을 의무적으로 실시하여 청소년지도사의 업무역량을 강화하는 것이 중요하다. 또한 청소년지도사도 청소년을 만나는 대인서비스 종사자로서 감정노동자의 심리적 스트레스를 경험하고 있고, 소진(burn-out)을 겪고 있다. 또한 청소년지도사는 청소년활동 프로그램을 직접 진행함과 동시에 행정 업무까지 담당하고 조직의 역기능적 수행까지 감당해야 하기 때문에 역할 갈등과 역할 과다로 높은 스트레스를 경험하고 있다. 이러한 스트레스가 누적되어 장기간 지속되면 결국 심리적 소진에 이르게 되는데, 소진의 하위요인인 개인 성취감이 감소되면 '청소년지도사'라는 직업에 대한 회의감과 직무에 대한 부정적 태도, 무력감, 신체화 증상을 보이기 때문에 청소년지도사의 정신건강을 회복하고 스트레스 관리를 위한 지원도 필요하다(박소영, 2013).

## 4) 소수집단 청소년 중심의 청소년지도방법 개발

청소년을 바라보는 사회적 시각의 변화는 청소년 중심의 활동에 초점을 두고 있으며, 이는 치료적 패러다임과 사회순응적 패러다임 그리고 통합적 패러다임으로 진행되어 왔다. 통합적 패러다임이 세계적인 추세로 정착되면서 청소년을 더 이상 일탈청소년 또는 문제청소년으로 보거나 사회병리의 희생자로 간주하지 않고, 지역사회 발전을 위한 구성원으로 인정하기에 이르렀다. 이제 지역사회와 국가는 청소년의 건강한 성장 및 발달을 지원할 수 있는 환경을 제공함으로써 청소년의 잠재적 역량(적응 유연성)을 개발해야 할 도덕적 책임을 지니게 되었다(Kurtines et al., 2008).

청소년은 어떤 시대와 환경에서도 그들의 발달적 특성상 다양한 위험행동(risk behavior)에 개입하는 경향이 있다. 청소년이 위험행동에 더 많이 개입하는 것은 그들이 단순히 위험요인에 더 많이 노출되어 있기 때문이 아니라, 위험요인의 부정적인 영향력을 상쇄시켜 주는 보호요인(protective factors)을 더 적게 지니고 있음으로써 주변의 열악한 환경 및 조건들에 유연하게 대처하지 못하기 때문이다(Steinhausen, Hans-Christoph, & Metzke, 2001). 특히 우리나라는 저출산으로 인해 청소년 인구는 더욱 감소되고 있지만 특별한 관심과 지원이 필요한 청소년이 증가하고 있는 실정이다. 청소년이 위험이 노출되거나 극복할 수 있는 보호요인을 향상시킬 수 있는 지도방법을 연구하고 개발하여 적용함으로써 모든 청소년이 건강하게 청소년기를 보내고 성인기로 전환되어야 한다.

이때 소수집단 청소년이라고 한다면, 다문화가족 청소년, 장애 청소년, 성소수자 청소년, 교정이 필요한 청소년, 외국인 유학생 청소년 등이다. 이들을 위한 청소년 지도방법으로 혁신적인 방법이 필요하다. 청소년지도방법 혁신의 방향으로서 청소년 중심 교육은 몇 가지 특성을 가지고 있다. 청소년참여자의 주도권을 인정하며 고차원적 활동목표를 추구하고, 지도방법으로서 다양한 활동이 필요하다는 점이다. 특히 소수집단 청소년에게 적용 가능한 활동은 소집단 활동이다. 소집단을 통해 동료와의 협력과 토론을 강화하는 것은 전통적 단체중심의 지도방법의 한계를 극복하는 방법으로 지속적으로 그 중요성이 강조되고 있다.

## 요약

1. 청소년지도원리의 정당성은 청소년의 욕구와 흥미가 얼마만큼 충족되고 다시 생겨나느냐에 따라 청소년지도활동의 성공과 지속성이 이러한 기준에 따라 결정될 수밖에 없다.

2. 청소년지도사의 역할과 직무는 첫째, 청소년활동 운영을 위해 프로그램 기획자·운영자로서의 역할을 담당하고 있다. 둘째, 청소년활동에 참여한 참가자와의 관계에서 교육자와 활동 촉진자의 역할을 담당하고 있다. 셋째, 행정업무 수행 영역에서는 관리 행정가와 변화 촉진자로서의 역할을 담당하고 있는데, 관리 행정가로서 기관의 운영관리와 프로그램 예산 관리 및 집행의 직무를, 변화 촉진자로서는 조직구조 및 풍토 개선의 직무를 수행하고 있다. 넷째, 네트워크 실행의 차원에서 네트워크 실행자로서의 역할을 담당하고 있으며, 네트워크 구축 및 운영의 직무를 담당하고 있다.

3. 청소년지도사가 성공적으로 청소년을 지도하기 위해서는 첫째, 청소년지도방법을 준비하기 전에 청소년에 대한 충분한 이해가 선행되어야 한다. 둘째, 청소년을 둘러싸고 있는 다양한 환경에 대한 이해와 이에 대한 대처능력을 습득해야 한다.

4. 청소년지도방법의 과제는 첫째, 청소년지도사의 전문성 강화를 위한 추진 체제 수립, 둘째, 청소년지도방법을 위한 교수역량 개발, 셋째, 지도방법의 품질 향상을 위한 청소년지도사의 처후 개선, 넷째 소수집단 청소년 중심의 청소년지도방법 개발 등이다.

김기태(2017). 청소년 미디어교육의 현황과 문제점. 한국소통학회 2017년 봄철 정기학술대회 한국언론진흥재단 후원 특별세션 자료집, 1-17.

김문섭(2001). 청소년욕구를 중심으로 본 청소년지도방법 연구. **청소년 전문정책연구**, 3-56.

김민(2004). 청소년수련시설 지도자 전문성 개발을 위한 연구. **한국청소년시설환경학회지** 2(1), 43-63.

김선호(2008). 청소년지도사의 처우개선 방안에 관한 연구: 청소년수련시설 종사자 중심으로. 고려대학교 행정대학원 석사학위논문.

김세광(2011). 청소년 역량 증진을 위한 창의적 교수법 실행연구. 명지대학교 대학원 박사학위논문

김진화(2000). 청소년지도사의 전문성과 자격검정제도에 관한 연구. 명지대학교 대학원 박사학위논문.

길형석(2001). 학습자 중심교육에서의 교수원리 연구. **학습자중심교과교육연구학회지**, 1(1), 1-27.

박선영(2011). 청소년지도자 역량강화 및 양성 방안에 대한 고찰. **청소년학 연구**, 18(2), 97-122.

박소영(2013). 청소년지도자의 직무스트레스가 소진과 이직의도에 미치는 영향에 관한 연구. 명지대학교 대학원 박사학위논문.

서문희(2011). 전문상담교사의 처우만족과 심리적 안녕감 및 소진의 관계. 이화여자대학 교 교육대학원 석사학위논문.

서희정(2018). 청소년지도사의 활동역량모델 개발 타당화 연구. **청소년문화포럼**, 54, 125-153.

염유식 · 김경미 · 이승원(2016). 한국 어린이 · 청소년 행복지수: 국제비교연구조사결과보고 서. 연세대학교 사회발전연구소.

이성엽(2009). 무형식 학습에 영향을 미치는 요인에 대한 연구. **한국교육학연구**, 15(1), 133-185.

장미(2011). 청소년지도자 직무역량 척도개발에 한 연구. **청소년문화포럼**, 28, 114-144.

정혜원 · 윤명희 · 서희정(2016). NCS를 활용한 청소년지도사의 직무 수행실태 및 요구 분석. **미래청소년학회지**, 13(4), 121-143.

진은설(2014). 청소년지도사의 업무갈등이 업무성과에 미치는 영향: 관계갈등의 매개효과 및 조절효과를 중심으로. **청소년학연구**, 21(5), 417-438.

최충옥(2009). 다문화사회와 다문화교육정책. 학교다문화교육의 이해. **다문화교육교사연수자 료집**, 4, 105-142.

한상철(2009). 청소년의 글로벌역량개발을 위한 학교 밖 활동의 중요성과 과제. **미래청소년학 회지**, 6(3), 91-110.

Carpenter, M., & Platt, S. (1997). Professional identity for clinical social workers: Impact of change in healthcare delivery system. *Clinical Social Work Journal, 25*(3), 337-350.

Kinch, J. W. (1968). A formalized theory of self-concept, Symbolic interaction a reader in social psychology. Boston: Bacon and Allyn.

Kurtines, W. M., Ferrer-Wreder, L., Berman, S. L., Lorente, C. C., Briones, E., Montgomery, M. J., Albrecht, R., & Garcia, A. J. (2008). Promoting positive youth development: The Miami Youth Development Project. *Journal of Adolescent Research, 23*(3), 256-267.

LaBell, T. (1981). An Introduction to the Nonformal Education of Children and Youth. *Comparative Education Review, 25*(3), 313-329.

Steinhausen, Hans-Christoph, & Metzke, C. W. (2001). Risk, compensatory, vulnerability, and protective factors influencing mental health in adolescence. *Journal of Youth and Adolescence, 30*(3), 259-280.

# 찾아보기

## 내용

찾아보기

# 저자 소개
----------

**이혜경**(Hyekyong Lee)

경민대학교 효충사관과 교수/진로심리개발센터장(사회복지학박사, 청소년 전공)

청소년지도사 1급

전 김포시청소년육성재단 파트장

저서 및 논문 『청소년수련시설 안전매뉴얼』(공저, 한국청소년활동진흥원, 2016)

「청소년참여 척도 개발 연구」(2016) 등


**김도영**(Doyoung Kim)

제주국제대학교 상담복지학과 교수(사회복지학박사, 청소년 전공)

청소년지도사 2급

전 제주특별자치도청소년활동진흥센터 팀장

저서 및 논문 『청소년활동론』(공저, 학지사, 2019)

「청소년활동 참여행동 예측모형 검증」(2016) 등


**진은설**(Eunseol Jin)

사단법인 청소년과 미래 이사장(사회복지학박사, 청소년 전공)

청소년지도사 1급

전 삼도1동청소년문화의집 관장

저서 및 논문 『청소년활동론』(공저, 학지사, 2019)

「제주지역 중·고등학생의 자존감과 지역사회 공동체의식의 관계에 관한 연구: 학교생활만족도, 청소년활동만족도의 매개효과를 중심으로」(2017) 등

청소년학총서 ⑦

# 청소년지도방법론
## Youth Guidance Methodology

2020년 9월 15일 1판 1쇄 인쇄
2020년 9월 25일 1판 1쇄 발행

지은이 • (사)청소년과 미래
　　　　이혜경 · 김도영 · 진은설
펴낸이 • 김진환
펴낸곳 • ㈜학지사

　　　　04031 서울특별시 마포구 양화로 15길 20 마인드월드빌딩
대표전화 • 02-330-5114　　팩스 • 02-324-2345
등록번호 • 제313-2006-000265호

홈페이지 • http://www.hakjisa.co.kr
페이스북 • https://www.facebook.com/hakjisa

ISBN 978-89-997-2200-4　93370

정가 18,000원

이 도서의 국립중앙도서관 출판시도서목록(CIP)은 서지정보유통지
원시스템 홈페이지(http://seoji.nl.go.kr)와 국가자료공동목록시스템
(http://www.nl.go.kr/kolisnet)에서 이용하실 수 있습니다.
(CIP 제어번호: CIP2020036688)

출판 · 교육 · 미디어기업 학지사

간호보건의학출판 학지사메디컬 www.hakjisamd.co.kr
심리검사연구소 인싸이트 www.inpsyt.co.kr
학술논문서비스 뉴논문 www.newnonmun.com
원격교육연수원 카운피아 www.counpia.com